LE MONDE DES FEMMES

DU MÊME AUTEUR

AUX ÉDITIONS FAYARD

La Recherche de soi. Dialogue sur le sujet (avec Farhad Khosrokhavar), 2000.
Comment sortir du libéralisme ?, 1999.
Pourrons-nous vivre ensemble ? Égaux et différents, 1997.
Le Grand Refus. Réflexions sur la grève de décembre 1995 (avec François Dubet, Farhad Khosrokhavar, Didier Lapeyronnie, Michel Wieviorka), 1996.
Lettre à Lionel, Michel, Jacques, Martine, Bernard, Dominique… et vous, 1995.
Qu'est-ce que la démocratie ?, 1994.
Critique de la modernité, 1992.
Le Retour de l'acteur, 1984 (rééd. 1989).
Le Mouvement ouvrier (avec M. Wieviorka et F. Dubet), 1984.
Solidarité (avec F. Dubet, J. Strzelecki, M. Wieviorka), 1982.
Un nouveau paradigme, 2005.

AUTRES ÉDITEURS

Un débat sur la laïcité (avec Alain Renaut), Stock, 2004.
Barbarie et progrès (avec Edmond Blattchen), Alice, 2002.
Sociologia, Milano, Jaca Book, 1998.
Eguaglianza e diversità, Laterza, Roma-Bari, 1997.
La Parole et le sang, Odile Jacob, 1988.
Actores sociales y sistemas politicos en America latina, Santiago, PREALC, 1987.
Le Pays contre l'État (avec F. Dubet, Z. Hegedus, M. Wieviorka), Seuil, 1981.
L'Après-socialisme, Grasset, 1980.
La Prophétie antinucléaire (avec F. Dubet, Z. Hegedus, M. Wieviorka), Seuil, 1980.
Mort d'une gauche, Galilée, 1979.
Lutte étudiante (avec F. Dubet, Z. Hegedus, M. Wieviorka), Seuil, 1978.
La Voix et le regard, Seuil, 1978, et éd. rev. « Le Livre de Poche », 1993.
Un désir d'histoire, Stock, 1977.
Les Sociétés dépendantes, Duculot, 1976.
La Société invisible, Seuil, 1974.
Lettres à une étudiante, Seuil, 1974 et Point Politique, 1976.
Pour la sociologie, Seuil, 1974.
Vie et mort du Chili populaire, Seuil, 1973.
Production de la société, Seuil, 1973, et éd. rev. « Le Livre de Poche, 1993. »
Université et société aux États-Unis, Seuil, 1972.
La Société postindustrielle, Denoël, 1969.
Le Mouvement de Mai ou le communisme utopique, Seuil, 1968 et « Le Livre de Poche », 1998.
La Conscience ouvrière, Seuil, 1966.
Sociologie de l'action, Seuil, 1965.
Ouvriers d'origine agricole (avec O. Ragazzi), Seuil, 1961.
L'Évolution du travail ouvrier aux usines Renault, CNRS, 1955.

SOUS LA DIRECTION DE L'AUTEUR

Mouvements sociaux d'aujourd'hui. Acteurs et analystes, Éditions ouvrières, 1982.
Les Travailleurs et les changements techniques, OCDE, 1965.
La Civilisation industrielle, in *Histoire générale du travail*, tome IV (avec B. Cazes, J. Dofny, P. Mercier, B. Mottez, J.-R. Treanton), NLF, 1961.

Alain Touraine

LE MONDE DES FEMMES

Fayard

À Simonetta
qui comprend les femmes
aussi bien que les hommes

Présentation

Beaucoup de philosophes sociaux ont proclamé qu'il fallait supprimer du vocabulaire des mots comme « acteur social », « mouvement social » et surtout « sujet », parce qu'ils se référaient à des conceptions dépassées de la conscience et de l'action politiques.

Je conteste cette vision désespérante et même autodestructrice, et je crois au contraire que les luttes féministes, comme d'autres, portent de nouvelles aspirations – et surtout une nouvelle représentation que les femmes ont d'elles-mêmes et de leur place dans la vie sociale.

Mais je voudrais montrer en premier lieu que l'impuissance, la fausse conscience et la totale dépendance des femmes sont des affirmations démenties par les faits. Au « On ne peut rien faire », je réponds qu'il faut aller y voir et surtout écouter les femmes au lieu de parler en leur nom. Réaction d'évidence pour un sociologue.

J'avais déjà fait la même proposition pour l'étude de la conscience de classe ouvrière. Presque toujours on parlait d'elle en pensant qu'elle ne pouvait être que le reflet des contradictions du capitalisme auquel les prolétaires étaient entièrement soumis. Un long travail me permit au contraire d'apercevoir qu'elle répondait à une situation et à des conflits précis. C'est quand l'autonomie professionnelle des ouvriers, surtout qualifiés, est envahie par les méthodes de rationalisation du travail mises au service du profit que s'affirme la conscience de classe, qui, dans les pays industrialisés, atteignit son point le plus élevé au début du XXe siècle, au moment du fordisme triomphant. Et si j'ai pu dire que la conscience de classe existait, c'est parce que je l'ai entendue s'exprimer dans les usines et les mines, sur les chaînes de production et dans les ateliers d'outillage. En France, la grève de Lip fut sa dernière grande flambée.

De même, pour connaître la pensée et l'expérience vécue des femmes, j'ai « été y voir », découvrant au passage combien rares étaient ceux ou celles qui entreprenaient cette démarche pourtant élémentaire. Et j'ai découvert que ce que pensent et font les femmes est différent, et même l'opposé, de ce qu'on nous dit qu'elles disent et font.

Ce ne fut pas une simple enquête, dans la mesure où nous avons passé de longues heures en compagnie de celles que nous écoutions. Une soixantaine d'entretiens, de deux heures chacun, ont été réalisés en 2004 et retranscrits intégralement, de même que les trois longues réunions des trois groupes de discussion que nous avons formés. L'étude complémentaire sur les femmes musulmanes à été menée au printemps et à l'automne 2005. Elle s'est limitée à des réunions, longues et passionnées, de deux groupes de discussion. Plusieurs chercheuses, dont les noms figurent au début de ce livre, ont mené avec moi ce long travail et participé activement à l'élaboration des rapports de recherche.

Les femmes que nous avons écoutées, individuellement ou réunies en groupes de discussion, se sont avant tout définies comme femmes et non comme victimes, même quand elles avaient subi des injustices, et ont affirmé que leur objectif principal était de se construire en tant que femmes ; la plupart d'entre elles ont ajouté que c'était dans le champ de la sexualité que cette construction pouvait le mieux réussir ou échouer. Cette représentation d'elles-mêmes se retrouve, dans un contexte plus complexe, chez les femmes musulmanes auxquelles une étude particulière a été consacrée.

Je n'aurais pas osé, étant homme, écrire un livre qui traite directement des femmes, de leurs attitudes et de leurs expériences. Non pas que je pense que seul le même peut étudier le même, ce qui serait absurde, mais parce que je m'oriente moins bien qu'une femme dans cet univers féminin, si abondamment étudié. J'ai entrepris d'écrire celui-ci parce que mes buts sont différents. Je veux d'abord montrer que les femmes créent une nouvelle culture, et ensuite définir la nature historique et sociale de ce renversement culturel. Ce sont là des préoccupations de sociologie générale, et hommes et femmes sont dans la même situation devant de tels problèmes. J'espère surtout montrer par cette étude la nécessité de rompre avec le discours du type « on ne peut rien y faire » et contribuer à faire redécouvrir les femmes en tant qu'actrices sociales – en révélant leurs objectifs, les conflits dans lesquels elles sont impliquées et leur volonté d'être les sujets de leur propre existence.

Remerciements

Ce livre repose en premier lieu sur une recherche, menée par entretiens et groupes de discussion, d'abord auprès de femmes de diverses origines et appartenances (auxquelles nous avons joint quelques hommes) et, dans un second temps, auprès de femmes d'origine musulmane.

Les chercheuses qui ont participé à cette entreprise ont cosigné des rapports de recherche ; elles ont été associées à toutes les étapes du travail. Celles qui se sont impliquées dans la première étape, la plus importante, sont Sandrine Bretonnière et Brigitte Beauzamy. Elles ont été aidées par Cécile Coudière et Patricia Glaizal. Les chercheuses responsables de la seconde étape sont Axelle Emden et Khadija Marfouk. Elles ont été aidées par Miran Cheong. C'est à elles d'abord que vont mes remerciements, ma grande estime et mes souhaits de réussite professionnelle.

Cette recherche a pu être menée grâce à l'appui financier de la Mairie de Paris, et en particulier d'Anne Hidalgo, et à celui du ministère de la Parité et de l'Égalité des chances, accordé par Madame la ministre Nicole Ameline. La seconde enquête a reçu une aide du ministère de l'Emploi, de la Cohésion sociale et du Logement, grâce à Adil Jazouli.

Le travail de préparation et de présentation de la recherche a été remarquablement dirigé, comme à l'occasion de mes travaux précédents, par Jacqueline Blayac. Elle a été très efficacement aidée par Florence Tanguidé et par Laure Venot.

Cette recherche fut aussi le résultat de trois années de travail dans mon séminaire de l'École des hautes études en sciences sociales, et dans le cadre du Centre d'analyse et d'intervention sociologiques, dirigé par Michel Wieviorka.

PREMIÈRE PARTIE

L'affirmation

CHAPITRE PREMIER

Les femmes veulent-elles supprimer les femmes ?

1. La critique radicale des *queer*

L'objectif de presque tous les auteurs qui analysent ou cherchent à transformer la situation des femmes est de faire disparaître celles-ci – et donc les catégories de genre. Car les mots qui en rendent compte sont tellement chargés de domination masculine, brossent si nettement la figure de l'infériorité ou de l'impureté que la lutte contre l'inégalité, la violence et les interdits ne semble pas pouvoir se donner un but plus ambitieux que d'abolir les différences entre hommes et femmes, dans la mesure où celles-ci jouent toujours en défaveur de ces dernières. Certaines aspirent à une société unisexe ; d'autres, plus simplement, à ce que la mention du sexe disparaisse des offres et des demandes d'emploi, et que la mixité la plus complète soit établie (voire même imposée) dans les lieux publics.

Cet état d'esprit, qui naît de lui-même chez presque toutes les femmes lorsqu'elles prennent conscience des formes d'infériorisation qui les frappent, se retrouve avec plus de vigueur encore chez les plus grandes intellectuelles féministes, qui exercent une influence profonde sur la scène intellectuelle ou artistique, en particulier aux États-Unis et dans certains pays européens, et qui protestent contre les préjugés qui les frappent.

Elles avaient d'abord lutté avec succès contre l'idée de « nature féminine », et même contre celle de « psychologie des femmes », dans la mesure où ces notions se nourrissent d'une psychanalyse qui se limite à appliquer aux femmes des concepts créés pour comprendre les hommes – et les enferment donc dans une position d'infériorité. C'est alors qu'est apparue la notion de « genre » *(gender)*, qui s'imposa vite dans une grande partie du monde, mais ne fut pas vraiment reçue dans des pays comme la France, pour de mauvaises raisons plutôt que pour de bonnes. La réduction des femmes à des êtres sociaux, le remplacement de l'« exploration des mystères féminins » par l'analyse de la manière dont chaque société construit des modes de sexualité et de rapport des femmes aux hommes, sans exclure les relations homosexuelles, gênaient ou choquaient ceux qui parlaient des femmes en termes si admiratifs et si poétiques qu'il était facile d'entendre, derrière ce maquillage, la conviction que les femmes étaient des êtres fragiles, irrationnels mais indispensables au plaisir des hommes. La création de l'idée de genre et sa diffusion rapide, surtout à travers les *gender studies*, marquèrent alors la fin du dualisme qui, derrière de belles apparences, réduisait la femme à n'être que pour l'homme, comme l'a dit Simone de Beauvoir dans son livre fondateur, *Le Deuxième Sexe* (Gallimard, 1949).

Mais cette notion fut vite l'objet d'attaques qui mettaient en évidence sa faiblesse ainsi que les erreurs où elle entraîne. Alors que tant d'auteurs répétaient que la féminité était une construction sociale, expression qui n'est pas plus originale que celles qui soulignent le caractère social des habitudes alimentaires, des programmes d'éducation ou de la nomenclature des maladies mentales, des féministes plus exigeantes, et influencées par le radicalisme intellectuel de cette période, brisèrent cette notion bonne à tout faire et découvrirent, derrière le genre, la domination masculine. À la reconnaissance du caractère social du genre, trop élémentaire pour produire de grands effets, se substituèrent des théories plus élaborées. Celle qui l'est le moins dénonce le pouvoir de l'homme sur la femme en tant que pouvoir d'une classe masculine sur une classe féminine. On chante que la femme est « le prolétaire » de l'homme, ou son colonisé, métaphores qui avaient permis aux dernières générations marxistes, encore très actives après les années soixante, de proclamer l'unité de toutes les luttes et de réduire celle des femmes à former le « front des femmes » dans la lutte contre le capitalisme mondial. Cette formulation avait l'avantage de la simplicité : on se sentait en territoire connu ; mais elle avait l'inconvénient grave de faire disparaître les femmes – réduites au silence, manipulées ou corrompues par leurs seigneurs et maîtres.

Heureusement, d'autres féministes ont poussé l'analyse beaucoup plus loin. Tant à travers l'influence d'un groupe de philosophes dont la chef de file reconnue est Judith Butler ou la diffusion du radicalisme du groupe *queer*, auquel beaucoup de ces philosophes se rattachent, on a vu s'imposer l'idée que les normes de relations entre femmes et hommes étaient créées dans le but de cimenter l'hégémonie d'un système social, celui qui donne un vrai monopole aux relations hétérosexuelles, privilégiées par leur fonction de reproduction sociale à travers la création des familles et à l'intérieur desquelles s'installe une domination masculine fondée justement sur le contrôle par les hommes des formes sociales de la reproduction de l'espèce et donc de la société. Idée forte, qui plonge ses racines jusque dans l'œuvre de Claude Levi-Strauss et qui fut développée par Françoise Héritier dans le premier volume de *Masculin-Féminin* (Odile Jacob, 1996). Le mouvement *queer* donna une forme radicale à ces idées en critiquant les catégories d'homme et de femme, non seulement en revendiquant celles de gay et de lesbienne, mais en niant l'existence réelle de ces catégories historiques.

Le livre féministe le plus important de la génération actuelle, *Gender Trouble*, de Judith Butler (1990, et 1999), met en cause la construction de la notion même de femme par une approche hétérosexuelle qui impose au genre féminin d'être indissociable de la dualité sexuelle des mâles et des femelles. Elle rejette tout essentialisme, toute définition « interne » ou naturaliste de la féminité, qu'elle voit se constituer à travers des pratiques sociales, alors que la pensée dominante a défini une féminité comme raison d'être des conduites particulières des femmes. Cette critique générale s'appuie surtout sur les protestations des homosexuelles, qui rejettent la réduction de la sexualité à la complémentarité des deux sexes. Mais elle confère aussi à la transsexualité ou à d'autres catégories une grande importance, en même temps qu'elle insiste sur la particularité des *butch* parmi les lesbiennes. De même que l'Occident dominant a inventé, selon Edward Saïd, l'Orient, à la fois mystérieux, divin et barbare, le pouvoir masculin a inventé la femme comme la face cachée, trouble et attirante à la fois, de l'humanité. C'est cette construction qui doit être déconstruite en suivant les voies indiquées par Michel Foucault et Jacques Derrida. Judith Butler nous invite à entreprendre la « généalogie », telle que l'a définie le premier, de l'identité féminine qui, loin d'être un fait premier, est une intériorisation, jamais complètement réussie, de cette opposition binaire entre hommes et femmes par laquelle l'homme a fondé son pouvoir culturel et social sur la femme-nature.

Cette analyse comme toutes celles qui ont des points communs avec elle, même si on ne se laisse pas complètement entraîner par elles, font apparaître la faiblesse des discours en faveur de l'égalité des femmes (en dépit de leurs effets positifs). Cette égalité consiste le plus souvent, en effet, à élever les femmes au niveau des hommes et à les faire entrer dans une masculinisation générale, derrière le thème proclamé de la recherche de la construction d'une société unisexe. Antoinette Fouque avait déjà répondu qu'il y a bien deux sexes, dont les fondements sont biologiques avant d'être sociaux. Mais les plus radicales des féministes américaines ont récusé ce lien étroit supposé unir le genre au sexe, comme s'il ne pouvait y avoir que deux genres. Il est difficile de résister à la déconstruction opérée par Judith Butler et d'autres. Et j'adopte moi-même comme point de départ cette œuvre critique, et plus largement la méfiance et même le rejet des catégories qui sont trop construites socialement par les hommes pour pouvoir constituer la finalité de l'action féministe. Celle-ci, en effet, ne saurait être une action des femmes au service des femmes et de leur égalité avec les hommes, bien que cette formulation semble à première vue aller de soi et dire l'évidence. C'est ainsi que mon chemin s'éloignera d'emblée de toute approche en termes d'égalitarisme, depuis le rêve d'une société unisexe jusqu'à ce qu'on pourrait appeler un égalitarisme non critique, et qui repose sur l'idée qu'il existe une nature féminine différente de celle des hommes et qu'elle doit être reconnue à égalité avec elle. Ici comme ailleurs, la notion d'identité recèle bien des dangers qui sont devenus plus manifestes encore dans le domaine des relations ethniques en conduisant à un multiculturalisme qui aboutit à occulter les relations de pouvoir elles-mêmes, et, ce qui est plus grave encore, à servir de légitimation à la formation de nouveaux pouvoirs qui imposent leur domination en se présentant comme les représentants et les défenseurs d'une identité menacée. Danger palpable à travers les campagnes du nationalisme féministe. Mais cette critique radicale de l'idée de genre ne fut qu'une des cibles d'une attaque plus générale. En fait, l'analyse critique de la notion de genre a eu d'autres effets que ceux qu'on avait pu voir au premier abord.

L'idée de genre portait en effet en elle un déterminisme social, et même idéologique, des conduites féminines. Les femmes étaient censées agir en fonction de leur place dans la société ; leur subjectivité n'était qu'un ensemble de reflets et d'illusions, et ne les rendait pas capables d'action autonome. Or, à partir du moment où on substitue à ce déterminisme vague mais général la thèse plus aiguë de la domination masculine, il faut prendre conscience de tout ce qui a été chassé : l'histoire personnelle, les sentiments *(feelings)*, les relations interpersonnelles, bref, tout ce qui intervient dans la formation de la personnalité. C'est pourquoi il ne faut pas choisir entre un déterminisme social et une subjectivité d'ordre psychologique : tout se mêle pour créer les identités singulières.

C'est Nancy Chodorov, psychanalyste et psychologue féministe, qui, la première, a retrouvé le sens de la complexité de l'expérience vécue et des émotions qu'un déterminisme social brutal avait essayé de chasser. L'impact de *The Power of Feelings* (Yale University Press, 1999) a permis de libérer la recherche féministe des principes qui semblaient lui donner une grande force mais qui, en fait, la paralysaient. Elle a en même temps critiqué efficacement le manque d'intérêt des psychanalystes pour les facteurs sociaux du développement de la personnalité.

Pourtant, ce n'est pas du côté de la psychanalyse que j'ai cherché mon chemin. Car, dès le début de ma recherche, j'ai entendu une affirmation de soi chez les femmes que nous avions réunies et écoutées qui ne me paraissait pas s'inscrire dans le monde riche et changeant des *feelings*. Et c'est l'expression de cette volonté, non seulement de libération mais de création de soi, qui m'a semblé la réalité la plus forte et aussi la plus éloignée de tout déterminisme sociologique.

Le mouvement féministe a profondément transformé la condition des femmes dans de nombreux pays et reste mobilisé là où la domination masculine conserve encore sa puissance. Il est de plus en plus rare que l'importance de ses conquêtes et de ses luttes pour la liberté et l'égalité ne soit pas reconnue. Parmi les citoyens des pays occidentaux, seul un petit nombre rejette les acquis et les idées du féminisme. Le succès de celui-ci est même si complet que beaucoup de femmes jeunes considèrent comme évidentes les libertés que le mouvement leur a permis d'acquérir et supportent mal l'esprit « militant », de type politique ou syndical, des groupes ou associations féministes qui ont gardé l'esprit et le vocabulaire du temps des grands combats.

Les actions contre l'inégalité et les discriminations représentent en fait la partie la plus visible de l'action féminine, et celle qui obtient les succès les plus manifestes et dont les conséquences sur le comportement des femmes sont les plus profondes. Mais si je donne la priorité à la critique radicale de la notion de genre, c'est parce que la conviction de l'efficacité des réformes a reculé. Dans le domaine professionnel, les femmes ont largement pénétré les activités marchandes, c'est-à-dire les professions qui remplacent les services non marchands traditionnellement assurés par les femmes, et qui sont aussi ceux où les activités sont le plus mal payées. Nous savons aussi que l'égalité professionnelle ne peut être obtenue que par une action militante, comme c'est le cas dans les pays scandinaves. À l'inverse, nous vivons dans le sentiment que la violence contre les femmes s'accroît. C'est en partie une illusion qui provient de ce que les crimes et délits sont plus facilement dénoncés, jugés et punis qu'autrefois. Mais nous évaluons encore bien mal l'ampleur des violences contre les femmes, en particulier des violences conjugales. Sur un autre terrain, qui sera étudié plus loin, la société marchande fait un usage de plus en plus illimité du corps féminin (et maintenant aussi masculin) comme un stimulant commercial. Bref, le thème le plus répandu aujourd'hui en ces domaines est celui de la femme-victime.

Cette pensée prend une forme radicale quand elle se donne pour but d'abolir la dualité des hommes et des femmes, accusée d'être une construction masculine au service d'une hétérosexualité hégémonique. C'est aussi l'inspiration des homosexuels radicaux : c'est seulement dans une relation entre hommes ou entre femmes que l'égalité peut être atteinte sans abolir l'identité des partenaires, tandis qu'il y a toujours une dimension inégalitaire dans les rapports des hommes et des femmes. De telles expressions soulèvent bien des protestations, même si l'on ne saurait douter de la sincérité des couples hétérosexuels durables ou transitoires qui cherchent une complète égalité, en premier lieu dans les rapports sexuels et ensuite dans tous les domaines de la vie personnelle et collective. Mais, je viens de le rappeler, l'égalité de fait est le plus souvent absente, de sorte que le couple égalitaire, par amour partagé ou par conviction, a conscience de vivre à contre-courant une expérience singulière sans savoir combien de temps elle est susceptible de durer.

Ce qui nourrit le discours pessimiste, mais qui engage cette fois le moins directement la situation des femmes par rapport aux hommes, c'est l'affaiblissement général des liens sociaux, de la famille et des relations de voisinage en particulier. Si l'inégalité diminue un peu, la solidité des liens conjugaux de tous types diminue beaucoup plus vite. Et dans la sphère économique, dont trop d'observateurs se désintéressent, les femmes occupent une plus grande place que dans le passé dans les emplois précaires ou peu qualifiés, au moins si on considère séparément chaque grande catégorie ethnique : Français de longue date, Français d'origine récente, étrangers ou membres d'une communauté d'origine étrangère.

Enfin, il faut introduire ici une observation d'une banalité déconcertante : les hommes continuent à parler si souvent des femmes comme d'un objet de désir que le « harcèlement sexuel » semble avoir de beaux jours devant lui. Comment, dans ces conditions, nier que nous soyons encore si fortement ancrés dans une société d'hommes ? Ce qui explique que pour beaucoup, la seule manière efficace de conjurer cette image de l'infériorité des femmes est de refuser en bloc ce qui constitue l'identité, la personnalité féminines.

2. Les femmes comme actrices de l'histoire

Le pessimisme qui imprègne bien des études descriptives, portant aussi bien sur la situation des femmes au travail que sur leur vie familiale, conduit par d'autres chemins aux mêmes conclusions que les grands travaux sociologiques et philosophiques, entrepris par les féministes américaines contemporaines en particulier. Certes, la lutte contre les inégalités et la violence a été très active et des lois importantes ont donné aux femmes la maîtrise de leur vie personnelle, en particulier dans la reproduction. Mais cela ne suffit pas à nous autoriser l'optimisme. Nous ne parvenons pas à définir d'autres voies pour assurer l'égalité et la liberté des femmes que celles qui consistent à réduire ou à supprimer l'importance du genre, notion qui, dès lors qu'on y reconnaît la marque de la domination masculine, nous apparaît comme une cage dont les femmes ne pourraient s'évader qu'en se niant comme catégorie significative, en préférant l'égalité à la différence et en aspirant à une société sans genres, comme d'autres, avant elles, avaient rêvé d'une société sans classes.

Il est difficile, pour moi comme pour d'autres, d'accepter des conclusions aussi décevantes et qui contredisent la démarche qui m'a conduit, depuis quelques années, à considérer la sociologie des femmes comme l'entrée principale dans la sociologie générale, et non, comme c'est trop souvent le cas, comme un secteur spécialisé des sciences sociales ou bien encore comme un lieu où se croisent la plupart des démarches générales. Comment introduire, dans l'étude d'actions vouées à l'élimination des barrières et des diverses formes de dépendance, la démarche qui m'a conduit à porter mon attention sur les pensées et les conduites des femmes de l'ère post-féministe, c'est-à-dire dans une situation où le mouvement féministe est parvenu à imposer ce qu'on appelle la libération des femmes ?

Je dois d'abord évoquer ici la conjoncture où nous nous trouvons, qui marque fortement les études sur les femmes comme presque tous les secteurs des sciences sociales. Au surlendemain de la chute du nazisme et au lendemain de l'écroulement de l'empire et de l'idéologie communistes, nous avons été conquis par le libéralisme économique, forme extrême du capitalisme qui rompt toutes les attaches du système économique mondialisé avec les institutions et les forces politiques et sociales. Partout on ressent encore cette disparition ou cette impuissance des acteurs, le triomphe des réseaux financiers et des entreprises transnationales, ainsi que le démantèlement de toutes les forces engendrées par la gauche, du léninisme et du maoïsme jusqu'à la social-démocratie et à l'État providence. Plus aucun mouvement social important à l'horizon ; les luttes de décolonisation ont été depuis longtemps remplacées par les crises internes des régimes post-coloniaux ; partis et syndicats se vident de leurs membres et de leurs espoirs. Partout se fait entendre, dans toutes les langues, la même plainte : on ne peut rien faire. Ce qu'on percevait autrefois comme un ordre social contraignant est vécu aujourd'hui comme un mouvement sans fin de désocialisation qui atteint le monde des idées autant que celui de l'organisation sociale et des attitudes individuelles.

Les meilleurs travaux féministes américains, qui s'inspirent souvent, je l'ai dit, des idées de Michel Foucault, participent pleinement à cet état d'esprit dominant. Nous sommes enfermés, surveillés, manipulés et aussi punis quand nous résistons au bulldozer du libéralisme porté par la globalisation de l'économie.

Bref, nous sommes bien loin des espoirs nés après la Libération, en France comme dans les pays du groupe de Bandung – ou, plus tard, dans les pays de l'est et du centre de l'Europe qui se révoltaient contre la domination soviétique jusqu'au moment où fut renversé le mur de Berlin. L'époque des réformes et de la reconstruction avait ouvert un vaste espace au mouvement féministe, et de tous côtés on espéra dans les progrès de l'égalité, en même temps que dans la libération des corps. Puis les projets de changement social conçus à l'époque des libérations furent condamnés l'un après l'autre par le système économique mondialisé, que ne pouvaient plus orienter les institutions et les forces politiques et sociales. Cet enfermement, qui ne laissait de place qu'à la dénonciation, au sacrifice ou au silence, a caractérisé une période qui fut dominée par la figure christique du Che Guevara, fait prisonnier au fond de la Bolivie et mis à mort sur ordre du président bolivien et de l'ambassadeur américain. Son expédition et son sacrifice ne laissaient aucune place aux acteurs sociaux, aux mouvements sociaux; il n'y avait qu'une issue : la révolution. C'est alors qu'on publia des livres sur la domination masculine dans lesquels on ne faisait aucune mention du mouvement féministe, de la même manière que les guerres révolutionnaires d'Amérique latine firent naître la théorie du « foyer » *(foco)* révolutionnaire, mobile et libre de toute alliance et de tout compromis à l'intérieur d'un système politique considéré comme étant au service du capitalisme.

Or j'ai passé toute ma vie à combattre cette représentation désespérée du monde, acharnée à éliminer toute référence aux acteurs sociaux et aux sujets. J'ai constamment identifié et analysé, en les soutenant, les mouvements qui avaient essayé d'ouvrir un espace politique, de mobiliser des acteurs responsables, d'élaborer des stratégies et de faire campagne pour des réformes. Depuis ma première étude sur la conscience de classe ouvrière, menée à deux reprises en France, mais aussi au Chili et en Pologne, au moment de Solidarność, jusqu'à mon interprétation du nouveau zapatisme formé au Chiapas, en passant par le mouvement de Mai 68 en France et le mouvement universitaire américain analogue des années 1964-1968, et aussi par l'Unité populaire chilienne des années 1970-1973, j'ai montré l'existence de mouvements sociaux orientés vers des buts de progrès, en même temps qu'ils étaient engagés dans des conflits sociaux, violents ou non. Et au moment où je me suis engagé dans un travail direct sur l'action des femmes dans la période post-féministe en France, je cherchais, dans ce domaine comme dans d'autres, à échapper à la vision désespérante dont j'étais convaincu qu'elle correspondait surtout à l'épuisement d'un mode de pensée et d'une période historique. J'étais décidé, depuis une quinzaine d'années au moins, à dessiner une nouvelle représentation de l'histoire moderne, de ses conflits et de ses mouvements sociaux et politiques.

Au début de ce livre, il était indispensable pour moi de présenter en quelques lignes les préoccupations et les orientations sur lesquelles aussi se sont organisées ma réflexion et mes recherches. Car la raison d'être de cette étude ne se trouve pas entièrement à l'intérieur de son champ d'étude ; elle réside dans ma volonté constante d'échapper à la représentation d'une vie sociale réduite aux effets d'une domination radicale qui rend *a priori* impossible la formation d'acteurs et de mouvements sociaux. Ce livre, au fond, m'a apporté ce que je cherchais : la confirmation que les femmes, à la différence de la plupart de celles qui parlent sur elles ou pour elles, ne croient pas à la nécessaire disparition de l'identité féminine, ne se considèrent pas comme des victimes, quand bien même elles ont subi des injustices ou des violences et, on s'en convaincra vite, portent en elles des projets positifs, le désir de vivre une existence transformée par elles-mêmes.

Cette présentation de ma démarche ne signifie nullement que je rejette *a priori* le travail de déconstruction qui a été opéré, et souvent poussé à l'extrême, comme si je prétendais en revenir à une image de la femme qui se ferait le défenseur de ses rôles et de ses valeurs propres, affirmant sa liberté au-delà des formes de dépendance et d'inégalité dont personne, assurément, ne saurait nier l'existence, à moins de s'en faire le complice actif. Bien au contraire, je prends comme point de départ l'immense travail critique accompli depuis deux générations au moins. C'est pourquoi il m'a semblé inutile de m'attarder sur des formulations telles que : l'homme représente la culture et la femme la nature, ou encore : la dignité éminente de la femme est qu'elle porte la vie. De la même manière, je n'ai fait et ne ferai aucune référence à une quelconque « psychologie » des femmes, dans la mesure où ce type d'approches enferme celles-ci dans des catégories générales qui ne laissent pas de place aux actrices individuelles et collectives.

En revanche, je dois indiquer pourquoi la destruction des catégories traditionnelles de description et d'analyse m'apparaît comme une précondition nécessaire à mon propre effort de réflexion.

L'existence d'une nature féminine doit être rejetée. Je l'ai dit : l'analyse des conduites des femmes commence avec la reconnaissance du fait que le genre est une création du pouvoir mâle, directement et indirectement, et que cette notion de genre, qui fut utile pour lutter contre l'essentialisme et le naturalisme, doit elle-même être critiquée. C'est sur les ruines de cette notion, si activement détruite par les féministes radicales et en particulier par le groupe *queer*, que se forment des pensées qui peuvent aller dans des sens très différents, mais qui ont toujours en commun un point de départ critique auquel personne ne saurait renoncer. En cherchant à montrer que les femmes s'affirment comme telles, se donnent pour objectif principal la construction d'elles-mêmes comme sujets libres et pensent que c'est à travers la sexualité que s'opère – avec succès ou non – cet effort de construction, j'ai choisi ici le même point de départ que celles qui ont choisi de renverser la domination exclusive du modèle hétérosexuel à domination masculine et qui ont récusé la place centrale accordée traditionnellement au couple homme/femme en lui substituant une pluralité de formes changeantes et partielles de sexualité. Ce qui les a conduites à reconnaître la plus grande importance aux homosexuels, gays ou lesbiennes, mais aussi aux transsexuels et bisexuels, aux « drags », aux travestis et à beaucoup de groupes définis par tel type de sexualité plutôt que par le sexe du partenaire. Sans ce travail radical de critique des idées établies, il ne m'aurait pas été possible de construire une analyse libérée de tout naturalisme et de toute psychologie et qui, on le verra, s'appuie sur une conception de l'histoire culturelle qui fait des femmes, si longtemps définies par une infériorité subie, des agents principaux de dépassement d'un modèle de modernisation « polarisée », construite sur la distance et les tensions les plus grandes entre les « supérieurs » qui sont des hommes et les « inférieurs » parmi lesquels se placent les femmes. Ce modèle est maintenant en ruine, et notre monde tente de recomposer un nouvel univers social et culturel non seulement délivré de cette polarisation, mais attaché à ré-unir ce qui avait été séparé, à recoudre ce qui avait été déchiré, et ce sont les femmes qui sont le plus engagées dans cette recomposition de l'expérience vécue.

Ce livre a finalement deux entrées : d'un côté, il est à la recherche des femmes en tant qu'actrices de leur vie, au-delà même de leurs exigences de libération. De l'autre, il cherche, à travers les paroles et les actes des femmes avec qui nous avons dialogué, à découvrir des mouvements profonds témoignant d'un changement culturel – et surtout cette recomposition du monde que je viens d'évoquer et dont la demande s'entend sous bien des formes aujourd'hui. Loin de s'éloigner l'une de l'autre, ces deux lectures chercheront constamment à se rapprocher et à s'intégrer l'une à l'autre. C'est même un objectif central de ce livre de trouver les chemins de cette intégration.

3. Note de méthode

Après une longue préparation consacrée surtout à l'étude des écrits féministes, j'ai fait le choix de construire ce livre à partir des résultats issus des deux séries d'entretiens individuels et des groupes de discussion.

La première série a été formée de soixante entretiens et de trois groupes de réunion réunis chacun pendant trois séances de trois heures. Les femmes écoutées et interrogées provenaient de milieux et de catégories très divers. Certaines s'étaient déclarées lesbiennes ; d'autres s'étaient identifiées comme musulmanes ; quelques-unes venaient d'une région du sud-ouest de la France ; les autres vivaient dans la région parisienne. Ces groupes comprenaient aussi quelques hommes, sept au total. Il ne s'agissait en aucun cas d'un échantillon « représentatif », et notre objectif n'a jamais été de prétendre à une analyse statistique. Une grande partie de l'information provient d'ailleurs non de « réponses » mais de déclarations soit spontanées soit émises au cours de discussions de groupe menées de manière peu directive. Malgré leur brièveté, les discussions de groupe ont été menées en vertu des principes fondamentaux de *l'intervention sociologique*. Les deux chercheuses se sont réparties le travail, l'une *poussant* le groupe à élaborer ses positions, l'autre éprouvant sur le groupe nos premières *hypothèses* de travail. Au début de la dernière séance de chaque groupe, j'ai moi-même présenté de manière plus directe et plus élaborée ces hypothèses, et les membres du groupe ont réagi à ces propositions.

Cette première recherche a été menée en 2004 par Sandrine Bretonnière et Brigitte Beauzamy qui ont rédigé, en collaboration avec moi, un rapport de recherche d'environ 150 pages, qui a été remis à la Mairie de Paris et à la ministre de la Parité et des Droits des femmes, qui avaient financé cette recherche.

La seconde, construite selon les mêmes techniques, a été entièrement consacrée à des femmes musulmanes, s'identifiant comme telles, mais ayant des opinions très diverses. Environ la moitié de ces femmes, jeunes surtout, étaient voilées. Cette recherche a été menée de mai à octobre 2005. Un rapport de recherche, rédigé par Khadija Marfouk et Axelle Emden, sera remis au ministère des Affaires sociales qui a apporté un financement à cette seconde partie de la recherche.

La caractéristique principale de cette recherche est qu'elle repose, comme les interventions sociologiques, sur une constante interaction entre les chercheuses et les femmes qui participent à la recherche. Celles-ci ont manifesté une véritable passion pour ces échanges qui leur permettaient, pour la première fois dans leur vie, de parler d'elles-mêmes. Et c'est en effet l'écoute de leur parole par les chercheuses et les efforts de celles-ci pour faire expliciter par les participantes leurs expériences, leurs idées, leurs souffrances et leurs espoirs qui ont constitué l'essentiel de la recherche.

Des comptes rendus détaillés de chaque entretien et de chaque réunion de groupe ont été rédigés et, chaque fois que cela était possible, communiqués aux intéressées. Les femmes participantes ont manifesté constamment, au long de ces recherches, leur joie de se découvrir elles-mêmes et de parler de leur propre vie. Elles souhaitaient, à la fin de chaque groupe de recherche, prolonger son activité. Beaucoup sont restées en relations personnelles avec les chercheuses.

CHAPITRE II

Je suis une femme

1. L'AFFIRMATION

Les femmes s'identifient en premier lieu comme femmes.

Cette affirmation domine les entretiens que nous avons eus avec ces femmes de milieux, d'âges et d'opinions pourtant très différents. Il ne s'agissait pas pour elles de répondre à une question, mais d'établir clairement cette évidence, et de la dire sur un ton qui excluait que ces femmes puissent se définir autrement, et en particulier comme des victimes, bien que beaucoup d'entre elles eussent subi des injustices. Être femme n'est pas la pure constatation d'un état de fait, mais l'affirmation d'une volonté d'être. La grande affaire pour toutes est le devoir d'être ce qu'elles entendent par femme. Il ne s'agit pas d'une adhésion à une idée ou à tel mouvement féministe ; la plupart d'entre elles ont une image négative du féminisme, parce qu'elles le perçoivent comme un mode d'action politique. Se définir comme femme revient à placer au centre de sa vie un certain rapport de soi à soi, la construction d'une image de soi comme femme. L'interprétation de quelques mots est, certes, toujours difficile, mais l'essentiel des entretiens et des discussions de groupe que nous avons menés peut être considéré comme une explicitation de cette formule, « Je suis une femme », dont le sens est parfaitement clair pour elles.

Nous sommes habitués à lire et à écouter des discours sur les femmes, en général construits par des femmes, qui mettent à nu la domination masculine, qui dénoncent la réduction des femmes à être des objets sexuels, qui proposent de nouveaux droits en leur faveur – ou encore qui cherchent à comprendre la fragilité croissante des couples et des familles –, et nous en oublions presque de nous demander s'il existe une réalité des femmes qui résiste aux interprétations idéologiques comme aux stratégies politiques. Or, au milieu de cet univers encombré de messages et de bruits, nous entendons : « Je suis une femme », dit simplement mais avec une conviction manifeste ; nous découvrons une réalité qui ne se laisse pas réduire à une analyse objective de type économique ni à une recherche généalogique. Tout à coup un espace nous apparaît qui semble protégé, comme si les vagues de l'analyse critique ne recouvraient pas cette partie de la plage. Ce « je » n'approuve ni ne rejette aucune interprétation ; on ne peut pas le classer en haut ou en bas, à droite ou à gauche. Il n'est ni pour ni contre la psychanalyse, ni pour ni contre les idées des *queer* ; il est un lieu d'où la perception de tout l'environnement est différente de celle que nous proposent les analyses fondées sur des déterminants extérieurs à la confiance et à l'expérience des actrices.

Il n'y a pas d'autre point de départ possible que celui-là, et pas d'interprétation acceptable qui n'explique pas la présence et la force de cette affirmation qui s'entend dans toutes les générations et dans tous les milieux sociaux à l'intérieur du même ensemble, constitué ici par la société française. Pourrait-on parler du mouvement ouvrier et celui-ci aurait-il eu l'importance qu'on lui reconnaît si on ne pouvait pas entendre des ouvriers se définir comme « la classe ouvrière », si la conscience de classe ne s'était pas aussi souvent exprimée, individuellement autant que collectivement, hors des conflits comme en leur sein ?

« Je suis une femme » signifie que je suis moi-même en tant que je suis une femme, en tant que c'est autour de mon identité de femme que se construisent mes conduites et les jugements de valeur que je porte sur elles : positifs quand ils renforcent ma conscience d'être en premier lieu une femme, négatifs quand ils occultent mon affirmation de moi-même comme femme. Ce qui distingue cette identification d'autres, qui se réfèrent à une classe, à une nation ou même à un groupe ethnique, c'est que ces groupes d'appartenance sont aussi des acteurs sociaux et politiques organisés et dont la stratégie ou l'idéologie ne se réduisent pas à une affirmation d'identité, mais comportent une dimension conflictuelle plus explicite. Je ne peux pas m'affirmer comme citoyen d'une nation sans porter un jugement sur sa politique et ses formes d'organisation sociale. Et si cette distinction est importante, c'est particulièrement parce que, contrairement à une opinion répandue, la conscience d'être femme n'est pas dirigée contre les hommes et pas davantage contre telle ou telle forme de relations entre hommes et femmes.

Être femme est une affirmation *première* et, comme on le verra plus loin, elle donne la priorité au rapport à soi sur le rapport à l'autre, c'est-à-dire à l'homme. Sans mettre directement en cause les analyses qui expliquent l'expérience et les combats des femmes par le système de domination qui s'exerce au profit des relations hétérosexuelles et de la domination masculine, l'affirmation de soi comme femme signifie, pour les femmes que nous avons écoutées et avec qui nous avons conversé, qu'elles existent d'abord par elles-mêmes, et pour elles-mêmes, et cette affirmation est maintenue y compris quand elles ont conscience de leur dépendance.

Cette définition de soi comme femme a-t-elle un contenu sexuel ? Même si les femmes interrogées n'ont guère de doutes sur la réalité de la différence biologique entre les hommes et les femmes, surtout à cause de leur rôle dans la reproduction, ce n'est pas de défense d'une vie sexuelle et surtout de liberté dans les conduites sexuelles qu'il est question ici. On verra bientôt l'importance centrale de la sexualité dans la construction de soi que veulent réussir ces femmes, mais c'est bien de l'affirmation de soi qu'il est d'abord question, ce qui inclut les conduites et les relations sexuelles mais ne se réduit pas à la défense de certaines conduites ou attitudes.

Il s'agit encore moins de défendre la « féminité », un ensemble de comportements qui seraient propres aux femmes et les sépareraient des hommes. L'idée d'un univers, d'une personnalité, de conduites féminines semble bien être étrangère à ces femmes qui placent au cœur de leurs préoccupations un rapport créatif à elles-mêmes. Ces femmes qui portent si souvent des jugements critiques sur les féministes vivent dans une société qui a été transformée par les féministes, et elles ne rêvent ni d'un retour à la situation qui a été attaquée par les féministes ni de l'invocation de l'« éternel féminin ». Toutes les auteures qui ont montré combien le sexe féminin était défini négativement par sa séparation du sexe masculin qui l'infériorise nous permettent d'apprécier l'importance de l'affirmation des femmes, centrée sur elles-mêmes et non sur un refus quelconque. Les livres de Luce Irigaray (*Ce sexe qui n'en est pas un*, 1977, ou *Speculum. De l'autre femme*, 1974), en particulier, nous ont préparés à bien mesurer l'importance presque inouïe du renversement qui s'est opéré. De même que le mouvement ouvrier n'a pu se développer que quand des ouvriers, surtout qualifiés, se sont dressés pour défendre leur métier et leur autonomie professionnelle contre une organisation du travail qui était au service du seul profit, c'est l'affirmation par les femmes de leur être positif qui leur permet, en leur donnant une haute estime de soi, de devenir les actrices de leur propre vie et de la vie de toutes et de tous.

2. La chute des idéologies de la domination

Il existe encore beaucoup d'esprits qui s'opposent à ce qui est dit ici et qu'ils regardent comme « réformiste » tandis qu'ils appellent à la nécessaire tempête révolutionnaire, seule capable de renverser la domination capitaliste ; mais leur nombre diminue de plus en plus vite, tant il est devenu dramatiquement clair qu'un mouvement qui repose seulement sur la conscience d'être déshumanisé conduit inéluctablement à la destruction d'acteurs sociaux incapables d'autogérer leur mouvement et condamnés à se soumettre à des élites dirigeantes post-révolutionnaires, parfois plus brutales encore que celles qu'ils ont renversées. Mais ce n'est ni de révolution ni de réformisme qu'il est question ici ; c'est de la présence positive, de l'affirmation d'actrices sociales qui s'opposent à la seule conscience du manque, de l'aliénation et de l'impuissance.

Pendant les années des grandes batailles, la pensée et la parole polémiques se font toujours fortement entendre. C'est pourquoi les femmes d'aujourd'hui, qui se méfient de cette conception purement critique de leur situation et de leur action, manifestent de l'agacement ou de l'inquiétude devant l'évocation d'un « féminisme » qui leur apparaît complètement intégré au monde politique, ce qui n'a jamais été tout à fait vrai, mais l'a dévalorisé à leurs yeux – comme ont été déchus partis et syndicats, naguère pourtant porteurs des espoirs des travailleurs salariés.

Comment ne pas reconnaître l'opposition presque complète qui existe entre une dénonciation générale du pouvoir masculin et l'affirmation d'une conscience féminine ? Une autre comparaison s'impose à moi : les guérillas, rurales ou urbaines, organisées par la jeunesse, surtout de classe moyenne urbaine (étudiants en lutte contre l'impérialisme étranger) n'ont pas réussi à provoquer de fortes mobilisations populaires et ont en retour provoqué l'intervention, le plus souvent brutale, des militaires. Au contraire, le mouvement zapatiste, créé et dirigé par des peuples mayas dans le Chiapas mexicain, a cherché à associer son action de défense culturelle à un programme d'élargissement de la démocratie au Mexique.

Si j'insiste sur le *renversement de perspective* qu'imposent les premiers mots prononcés dans les interviews et dans les groupes de discussion, c'est d'abord parce que l'ensemble des discours tenus peut être considéré comme le développement de cette déclaration fondamentale : « Je suis une femme. » Après tant d'analyses, souvent de grande qualité, qui déplacent systématiquement le regard vers des formes générales d'organisation sociale et de domination culturelle, à partir du moment où nous écoutons les femmes parler d'elles-mêmes, nous sommes ramenés vers les femmes en tant qu'elles sont les actrices de leur histoire – ou en tout cas vers la volonté des femmes d'être actrices de leur vie et de leurs choix.

Ce renversement de perspectives, rencontré brutalement dès le premier instant, ne s'applique pas à certaines catégories particulières mais à toutes. Les lesbiennes déclarées, il est vrai peu nombreuses dans la population étudiée, ont explicitement demandé à participer à cette réflexion générale plutôt qu'à représenter le point de vue particulier des homosexuelles. Pour les mêmes raisons, parallèlement, les femmes issues de l'immigration, très minoritaires elles aussi, se sont jointes à la réflexion générale, ce qui naturellement ne règle en rien les problèmes posés par la rencontre de l'islam et de la culture occidentale, qui seront étudiés dans la seconde étape de la recherche.

Ceux et celles qui réduisent les conduites féminines à être des témoins, conscients ou non, volontaires ou non, des effets de la domination d'une culture hétérosexuelle dominée par les hommes auront de la peine à expliquer pourquoi les femmes disent le contraire de ce que cherchent à leur faire dire leurs maîtres.

C'est dans la période très particulière que nous venons de vivre que les conflits sociaux ont été remplacés par les discours, souvent acceptés et intériorisés par beaucoup, qui voyaient partout une domination imposée. L'actrice sociale est transformée, disent ces discours, en figure de la négation de l'acteur par le système de domination qu'elle intériorise. Les femmes que nous avons écoutées sont unanimement post-féministes, c'est-à-dire qu'elles considèrent la victoire du féminisme comme évidente et qu'elles regardent le présent et non vers le passé. Il faut désormais reconnaître que les femmes, qui ont été si constamment considérées comme soumises à des désirs, à des règles ou à des fonctions imposés par d'autres, sont capables d'agir pour répondre à des exigences intérieures et personnelles, et non pas seulement pour répondre à des contraintes extérieures.

« Je suis une femme » est l'affirmation radicale, dans son évidence, de cette conquête de la *subjectivité* par les femmes. Certains théologiens doutaient que les femmes aient une âme. Il est clair qu'aujourd'hui elles ont au moins conscience d'être des actrices morales, libres, responsables, et qui se considèrent elles-mêmes non plus comme des objets chargés de significations imposées de l'extérieur, mais comme des actrices dont le but principal est de se créer soi-même comme actrices, comme êtres libres. « Je suis une femme » veut dire : « femme, j'ai le droit d'être une femme et de donner à cette figure le contenu que je choisis. Ce choix est une preuve de ma liberté, de ma capacité de me définir, de me conduire et de m'évaluer par rapport à moi-même. »

Je ne peux pas encore répondre ici à la question que suscite ce premier constat : mais d'où vient ce retournement, cette libération, cette conquête de la subjectivité ? Car tout ce livre est conduit par la quête de cette réponse. Mais ce que nous savons déjà, c'est que ce retournement n'est pas illusoire, l'effet de quelque manipulation, une fausse conscience. On a bien affaire ici à des actrices et à un mouvement culturel, car s'il est vrai que le mouvement des femmes a perdu presque toute expression politique, cette conquête de la subjectivité par les femmes est un fait massif, qui déborde les âges et les niveaux sociaux et qui est certainement associé à une transformation profonde de notre culture.

3. Débats anciens

Ces constatations sont si directement opposées aux discours les plus forts qui sont tenus sur les femmes qu'on doit se demander quel rapport existe entre ces deux images opposées : faut-il dire que la conscience des femmes d'être femmes est superficielle et que la critique intellectuelle peut la détruire, ou au contraire qu'elle est une réponse créatrice à la déconstruction de la notion de femme ?

Aucune de ces deux réponses n'est acceptable puisqu'elles reviennent l'une et l'autre à opposer arbitrairement une vérité à une erreur. Je crois au contraire que les deux ordres d'affirmation, les deux images de la femme, ne sont nullement contradictoires, qu'elles sont même complémentaires, que l'une ne pourrait pas exister sans l'autre. Car l'image, qui est mise à mal et même rejetée par les féministes les plus radicales, est définie par une relation et par des rôles sociaux. Elle nous montre que la « nature » d'une femme est construite par la volonté sociale de confier le monopole des relations légitimes entre êtres sexués à une relation hétérosexuelle dominée par l'homme et qui attribue à la femme un rôle de reproduction organisé et contrôlé par l'homme.

Rien ne permet de penser que les femmes que nous avons écoutées rejettent ce type d'analyse, mais elle est étrangère à la définition qu'elles donnent d'elles-mêmes, y compris dans les cas où cette définition de la femme par l'autre, qui la prive en effet de subjectivité, correspond à des expériences vécues. Aucune femme, en effet, n'ignore la subordination des femmes aux hommes et aux fonctions que la société leur attribue et qui les placent en partie du côté de la nature, alors que les hommes seraient les inventeurs et les maîtres de la vie sociale. Mais cette identité que les femmes affirment n'est pas seulement rejet de la domination sociale ; elle est surtout affirmation de l'expérience vécue de la subjectivité apparue, et donc de la capacité de penser, d'agir, d'espérer ou de souffrir pour soi-même. C'est pourquoi il est tellement important de remarquer que les femmes parlent beaucoup moins des hommes qu'on ne le prévoyait, se définissent de moins en moins par rapport à eux – et insistent tant sur la nécessité d'espaces et de moments non mixtes.

Même si les thèmes de la différence, de l'égalité, de la mixité, de la parité, et plus encore de l'androcentrisme des sociétés en général soulèvent encore des passions et des discussions, et ont des effets sur les changements dans la législation ou sur les obstacles qui s'y opposent, je dois marquer, dès le début de cette rencontre avec la parole des femmes, la distance qui s'est établie entre tous ces débats, dont je ne songe pas à diminuer l'importance, et ce que nous avons entendu. La plupart des discours tenus par les femmes sont « progressistes », critiquent l'inégalité dont les femmes sont les victimes et revendiquent en même temps leur droit à la différence. Et cette défense conjointe de l'égalité et de la différence n'est-elle pas au cœur du féminisme autant que des forces de résistance à ses idées et à ses campagnes ? Nous aurions pu demander aux femmes que nous voulions écouter de s'exprimer sur ces grands sujets et d'en discuter entre elles. Mais nous les avons laissées libres de leur parole, et la distance entre ces débats classiques et les paroles d'aujourd'hui est assez grande, assez surprenante, même aux yeux de certaines, pour qu'on la reçoive. Il faut néanmoins indiquer brièvement ici le contenu de ces débats qui n'ont pas eu lieu, qui ne semblaient pas concerner les femmes que nous interrogions.

Défend-on devant elles que tous les êtres humains étant égaux, le fait de prendre des mesures particulières pour les femmes ou une autre catégorie revient à briser le fondement même de l'égalité ? Elles vous répondent brièvement que l'inégalité traditionnelle est présente et massive, et que refuser de parler des femmes revient à accepter la domination masculine et faire preuve d'un androcentrisme qui est ce qu'elles rejettent avec le plus de vigueur. Il est vrai qu'elles n'étaient pas toutes favorables à la parité, mais c'est précisément parce qu'elles craignaient qu'elle ne sanctionne un recul par rapport à la conquête d'une égalité complète. Et reconnaître la différence entre femmes et hommes leur a semblé, selon la formule de Sylviane Agacinski, « penser la dualité sexuelle [qui] exige de rester dans la différence, c'est-à-dire dans l'entre-deux, à penser l'altérité sans vouloir qu'elle revienne au même ni à une identité simple » (*Politique des sexes*, p. 77). Cet auteur a parfaitement défini notre point de départ : reconnaître la détermination sociale des genres ne doit pas conduire à refuser la différence des sexes. L'universalisme qui aboutit à identifier les femmes avec les hommes ne saurait satisfaire une conscience des différences qui est concrète, vécue, et qui est au fondement des luttes pour l'égalité.

Nous pouvons encore lire, grâce aux historiens, les textes écrits pour justifier que le droit de vote n'ait pas été accordé aux femmes pendant si longtemps ou qu'elles aient accepté si facilement d'être si peu représentées dans les assemblées politiques. À cet égard, les féministes, intellectuelles autant que politiciennes, peuvent être satisfaites de l'œuvre qu'elles ont accomplie : un grande partie des anciens débats a basculé dans le passé.

Telle est la différence qui sépare les deux images que les femmes ont ou peuvent avoir d'elles-mêmes. Elles ne peuvent pas ignorer la dépendance qui pèse sur elles et que la domination qu'elles subissent est celle des hommes. Mais en même temps, elles se définissent par rapport à elles-mêmes, très naturellement, comme si c'était une autre pièce qui se jouait et qui parle des femmes, alors que l'autre raconte les rapports entre hommes et femmes. Rien ne doit nous éloigner de cette constatation qui paraît élémentaire, parce qu'elle est fondamentale.

Elle l'est pour les femmes elles-mêmes, mais aussi pour la pensée sociologique. Car d'un côté les femmes sont surplombées par une « structure » sociale, par des relations de pouvoir et des institutions qui leur imposent des normes, des devoirs et des intérêts, et les idéologies qui transforment en « nature » des femmes ce qui est un mode d'existence et de fonctionnement d'une société dominée par les hommes, comme l'ont si bien dit les féministes radicales. Et d'un autre côté s'impose à nous l'image de femmes existant pour elles-mêmes, image que la pensée sociologique classique tend à rejeter, car, dit-elle, parler ainsi revient à écarter tout processus d'explication en s'enfermant dans un état de conscience qui deviendrait sa propre raison d'être. Répondre à cette objection est la tâche principale aujourd'hui d'une sociologie qui cherche à se débarrasser de sa définition ancienne et étroite qui ne voulait expliquer les conduites individuelles ou collectives que par l'organisation sociale, économique et politique. Mais il n'est pas facile de répondre au reproche d'arbitraire qui est adressé à cette nouvelle manière de penser sociologique. D'où viennent cette conscience et cette affirmation de soi, qui semblent tomber inévitablement dans la tautologie et où beaucoup trouvent facilement la preuve d'une fausse conscience ? Ce qui ne nous inquiète guère, car cette idée de la fausse conscience est plus faible encore que celle de conscience. Essayons, c'est indispensable, quand bien même cette tâche est redoutable, d'apporter une réponse sur la nature de cette conscience de soi qu'on a vue s'installer chez les femmes sans que disparaisse pour autant la conscience d'exister pour autrui, mais qui n'est pas non plus détruite par elle.

4. Le sujet, les droits et la démocratie

Si cette réponse peut être trouvée, c'est que le cas des femmes n'est pas fondamentalement différent de celui des autres acteurs de l'histoire. Tous ceux qui ont été dominés et privés de subjectivité ont protesté, mais certains seulement l'ont fait en référence à la valeur positive de ce qui était détruit, interdit ou souillé chez eux. Si le prolétaire a été défini négativement, comme privé non seulement de propriété mais du sens de son travail, les travailleurs, surtout qualifiés, ont pu imaginer une société des travailleurs et la destruction de l'adversaire capitaliste. Les syndicalistes de Solidarność en Pologne (1980-1981) avaient conscience de lutter contre une domination, mais surtout pour leur nation, la liberté et leur bien-être ; le but de leur action était positif, affirmatif. C'est pourquoi ils entraînaient la conviction, la solidarité et l'esprit de sacrifice. Dans ces cas, ceux qui luttent défendent ce qu'ils sont ou ce qu'ils possèdent contre un pouvoir qui leur est imposé par la société, son ordre et ses contraintes. Il faut saisir cette dualité du « je », qui est à la fois déterminé par la société et par l'ordre qu'elle impose, et porteur d'une demande de liberté et d'une capacité de construire la société et les rapports sociaux, au lieu d'être déterminé par eux.

Quand des membres d'une société se définissent par leur capacité et leur volonté de changer plutôt que de maintenir un ordre établi, ils ne peuvent plus être seulement définis par leur appartenance. Un acteur social est né. Mais il est beaucoup plus que la conscience de soi comme séparée de la conscience des autres ; il porte en lui l'idée du droit à la liberté et à la création, d'un droit naturel qui appartient à tous. Et l'affirmation de ce droit implique que les individus concernés se sentent participer aux initiatives qui poussent la société à se transformer, en créant en elle des déséquilibres de plus en plus grands. Cette force prend toutes les formes de l'action sociale. D'abord la recherche de l'intérêt ; mais tout autant l'affirmation d'un groupe défini par un attribut particulier, et plus encore, me semble-t-il, la création d'un modèle d'affirmation de l'individu ou du groupe et de leurs droits contre la communauté. Cette force, qui est à la fois mouvement et recours, a pris des formes de moins en moins extérieures à la réalité vécue, à mesure que l'emprise de la société sur elle-même et sa capacité d'autotransformation – que j'ai appelée son historicité – augmentaient. L'absolu sur lequel s'appuie des individus contre la société, après avoir pris une forme religieuse, devint d'abord le mouvement de l'histoire, le triomphe de la raison ou l'avènement d'une société sans classes. On peut penser que les sociétés comme la nôtre, qui sont parvenues à un niveau très élevé d'action sur elles-mêmes, grâce à un renouvellement rapide des technologies, n'ont plus besoin de faire appel à un nouveau « garant métasocial ». C'est l'affirmation de l'individu comme être de droit qui constitue le fondement de l'action créatrice et libératrice. L'individu devient son propre fondement, trouve sa légitimité en sa volonté d'être un individu qui possède des droits. Il arrive aussi que l'action collective soit envahie par l'utilitarisme ou, à l'opposé, par le communautarisme. Je n'ai donné jusqu'ici aucune raison d'accorder une importance particulière aux femmes dans ces transformations. C'est au contraire une analyse générale qui permet de comprendre le sens de : « Je suis une femme », prononcé par les femmes et qui bouleverse si complètement les images établies et même institutionnalisées des femmes qu'il faut en découvrir les raisons d'être les plus profondes. Elles se trouvent dans la présence, dans leur mouvement, de l'idée de sujet, de l'appel à des droits et au règne de la loi, trois composantes inséparables de la démocratie et qui l'opposent aux situations et aux politiques révolutionnaires.

L'idée de sujet implique celle de droits, et celle de droits celle de démocratie, définie comme le gouvernement de la loi au service de droits qui sont affirmés et défendus par des acteurs et des mouvements sociaux qui parlent au nom de sujets, c'est-à-dire du droit des individus d'avoir des droits. Ces trois notions sont inséparables, de la même manière que domination, intérêt et révolution forment un ensemble. On en revient toujours à la conclusion que démocratie et révolution s'opposent. La démocratie n'existe que quand les droits des individus et des acteurs sociaux peuvent être défendus dans un espace institutionnel, c'est-à-dire par la loi. Mais l'être de droits n'est pas le produit de la démocratie, il en est la condition. C'est pourquoi la démocratie s'est appuyée sur la religion dans certains pays protestants et qu'elle a été si forte dans ces pays. À l'inverse, la France, émergeant de luttes antireligieuses, antimonarchiques et antioligarchiques, a longtemps été dans le monde occidental le pays de la révolution. Mais elle a connu aussi l'équivalent d'une force religieuse par son appel à l'humanisme, à la philosophie des Lumières, à un individualisme extrême, porteur du droit de se révolter contre le pouvoir despotique, tradition politique issue à la fois du monde chrétien et du monde individualiste et « bourgeois ».

Il est clair maintenant que les deux conceptions radicales s'opposent par leurs effets comme par leur logique interne. La première, celle de la révolte contre une domination absolue, aboutit à une libération sans contenu positif, à une conception et à une action révolutionnaires. L'autre, celle qui affirme des droits et la possibilité de défendre ces droits dans le cadre de la loi, constitue la voie démocratique. Il serait faux de croire que la solution révolutionnaire est radicale et que la solution démocratique est modérée. Elles peuvent être aussi radicales l'une que l'autre, tandis que le pur et simple appel à l'égalité peut être une forme modérée aussi bien de l'action démocratique que de l'action révolutionnaire.

Ces deux grands processus de changement historique se mêlent à tout moment, comme l'a bien montré l'exemple des sociaux-démocrates. Malgré leur grande diversité, ils ont longtemps vécu ensemble, mais se sont séparés après la révolution soviétique, l'éclatement de la Deuxième Internationale et la création de la Troisième, révolutionnaire et léniniste.

Ce rappel laisse-t-il encore un doute sur la nature du mouvement féministe et des attitudes post-féministes dans le monde occidental ? Comment peut-on regarder le mouvement des femmes comme révolutionnaire ? Hypothèse aussi étrange que de considérer Solidarność comme un mouvement révolutionnaire. D'autres cas sont plus complexes. J'appelle démocratiques les buts de la Révolution française quand est affirmée la souveraineté populaire, quand sont abolis les privilèges et qu'est rédigée la Déclaration des droits de l'homme et du citoyen. La guerre étrangère, la guerre civile et les conflits internes de pouvoir dans la Convention conduisirent ensuite la démocratie à la révolution, et finalement au pouvoir absolu post-révolutionnaire.

Nulle part le mouvement des femmes n'a agi de manière révolutionnaire, alors même qu'il était très radical; il a transformé des lois, affirmé des droits, reconnu aux femmes les mêmes droits qu'aux hommes. Et ses plus grandes manifestations se mirent au service d'une extension de la démocratie, comme ce fut le cas surtout en Grande-Bretagne. Le discours des femmes que nous avons écoutées est démocratique et non pas révolutionnaire. On entend certes la présence d'éléments révolutionnaires à certains moments, mais ils restent toujours secondaires. Il est donc paradoxal (et finalement inacceptable) de donner une explication révolutionnaire d'un mouvement avant tout démocratique.

5. Le rôle des lesbiennes

Il faut donner enfin un autre sens, plus limité, à cette affirmation du je féminin. Les femmes se définissent comme telles encore plus quand elles sont lesbiennes, comme l'étaient ouvertement quelques-unes des femmes que nous avons écoutées. Les lesbiennes, plus que les gays, affirment l'importance primordiale du genre, et donc de la distinction hommes/femmes par rapport à l'opposition homosexuels/hétérosexuels, qui est plus faible, puisque les non-homosexuelles se définissent peu comme hétérosexuelles, mot tardivement apparu, et ne constituent pas un groupe d'appartenance. On pourrait ajouter que l'image des gays domine celle des lesbiennes, comme celle des hommes a dominé celle des femmes, et que l'homme homosexuel est décrit en termes classiques, « masculins », tandis que les femmes homosexuelles sont en général décrites comme semblables aux femmes non homosexuelles, plus stables dans leurs relations amoureuses que les hommes. Une des forces de l'idée du mariage gay est qu'il introduit des hommes dans un univers affectif qui semble être celui des femmes, mais cela prive l'homme d'une partie de ce qui a donné aux gays leur influence : la transgression, le goût du risque et même la sexualité brutale des *back-rooms*. Le lesbianisme n'est pas un rejet de l'identité féminine; il renforce celle-ci, au contraire, en créant un espace non mixte pour les femmes, alors que traditionnellement seuls les hommes disposaient d'un tel privilège dans les clubs – ou même pendant longtemps dans les bureaux de vote auxquels les femmes n'avaient pas accès. Homosexuelles ou non, les femmes se définissent d'abord comme femmes, de même qu'elles placent cette identification avant les autres, professionnelle, nationale ou autres. Ce qui, probablement, se rencontre moins souvent chez les hommes.

C'est pourquoi, si les gays ont occupé une plus grande place dans les actions en faveur de la liberté sexuelle, ce sont les lesbiennes qui ont poussé le plus loin les réflexions sur les femmes et sur l'ensemble d'un mouvement de libération qui a engagé toutes les catégories et toutes les pratiques sexuelles.

Les lesbiennes, comme les gays, ne peuvent pas se considérer comme un troisième ou quatrième sexe. Être lesbienne n'est pas une nature, c'est une expérience personnelle marquée par des jugements sociaux qui sont généralement défavorables, comme toutes les conduites qui séparent le plaisir sexuel de la reproduction (même s'il est largement admis, et depuis longtemps, que la sexualité a d'autres fonctions aussi significatives que la reproduction).

Et c'est probablement parce que les lesbiennes échappent, dans leur définition première, à ce rôle dans la reproduction qu'elles ont joué un rôle si important dans la déconstruction de la définition de la femme par rapport à l'homme. Ce rôle d'avant-garde se heurte encore à de grandes résistances en France, mais il est très manifeste dans d'autres pays, en particulier aux États-Unis – et pas seulement parmi les *queer*. Il faut encourager les auteurs comme Marie-Hélène Bourcier, qui s'efforcent de mieux faire connaître en France ces tendances des féministes, en particulier parmi les lesbiennes. Et aussi de mieux faire connaître les recherches d'identité des *butch* et des *fems* à l'intérieur du monde lesbien.

Les lesbiennes se sentent plus rejetées et plus privées de leur subjectivité que d'autres femmes. Mais elles vivent l'expérience particulière dont elles demandent la reconnaissance légale. Elles ne se définissent pas seulement par une privation, mais surtout par une expérience, assez forte pour être revendiquée comme un droit. Et ces droits sont même ceux d'une femme-sujet, puisque le choix lesbien ne se réduit pas à des causes sociales. C'est ce qui explique que les lesbiennes aient joué un rôle éminent dans la pensée féministe.

Pourquoi les analyses dont je m'éloigne – sans dénier aucunement leur utilité à d'autres niveaux de la pensée féministe – ont-elles pu conquérir une place aussi dominante, alors qu'elles sont si éloignées des paroles des femmes que nous avons écoutées ? On ne saurait se contenter de dire que la domination masculine était et est encore si forte qu'il fallait avant tout la dénoncer (et surtout arracher les masques qui cachent cette domination) en donnant une représentation « naturalisée » ou « essentialisée » des femmes. Cette explication, en effet, n'est pas suffisante, dans la mesure où rien n'interdit d'associer dès le départ les trois thèmes : femme-nature, femme-victime et femme-sujet.

Ce qui a poussé une partie de la pensée féministe dans ce déni de la conscience féminine fut d'abord sa recherche d'un langage efficace politiquement, et donc le plus guerrier possible. La loi sur le droit d'avorter ne put être votée qu'après une forte campagne de dénonciation de la souffrance des femmes à qui n'était pas reconnu le contrôle de leur corps. Mais ici encore on sent immédiatement l'insuffisance de cette explication : l'affirmation positive de soi, présente dans ces mots : « Je suis une femme », ne constitue-t-elle pas naturellement un soutien puissant aux campagnes des féministes ? Si, après les grandes victoires de celles-ci, les études savantes comme les descriptions des difficiles conditions de vie de bien des femmes se sont concentrées sur la dénonciation de la dépendance, c'est parce que leurs auteures avaient peur d'être entraînées vers une pensée et une action qui, au nom d'un apparent féminisme, rétablirait une image idéalisée et moralisatrice de la femme. Et ce refus s'est inscrit naturellement dans le mouvement plus vaste de rejet de la notion de sujet qui a dominé les sciences sociales pendant une longue période. Il faut en finir avec un tel contresens.

L'affirmation de la conscience féminine ne se réfère pas à ses rôles sociaux, même pas à la mission des femmes de transmettre la vie et au lien exceptionnel qui lie la mère à l'enfant, mâle ou femelle. Bien sûr ces thèmes doivent être abordés, mais il faut d'abord comprendre que l'appel à l'idée de sujet a un autre sens en sociologie que celui que ses ennemis lui prêtent. Cette idée de sujet ne flotte pas au-dessus des réalités sociales, à mi-chemin entre des thèmes religieux ou moralisateurs et la réalité observable. Le sujet, qu'il soit présent dans une femme ou dans toute autre catégorie, est une défense contre l'envahissement de l'expérience vécue par toutes les formes de pouvoir, parmi lesquelles la manipulation des images et de toutes les représentations joue un rôle croissant. La femme reproductrice, la femme repos du guerrier, la femme éducatrice des enfants et la femme agent publicitaire par exposition de son corps détruisent activement la conscience que la femme a d'elle-même comme créatrice d'elle-même, au point qu'il est bien difficile d'apercevoir dans ces figures de la femme l'affirmation d'une volonté de libération.

La conscience de soi comme sujet est en premier lieu une protestation contre le système dominant. La femme à qui on impose tant de services et de devoirs se rebelle et lutte pour sauver sa conscience d'elle-même. Elle se rebelle et sait mobiliser les droits à l'éducation qu'elle a acquis, en grande partie grâce aux féministes. Si on attache de l'importance aux mouvements de libération des femmes, il faut les traiter comme l'action d'êtres libres, conscientes de la responsabilité que les femmes ont en premier lieu à l'égard d'elles-mêmes. N'est-il pas paradoxal que les livres écrits sur les femmes nous renvoient presque toujours l'image d'une femme dépendante et dominée, alors que tant de victoires ont été obtenues ? Le fait que l'inégalité et la violence continuent à frapper les femmes justifie que le travail de dénonciation soit poursuivi, mais celui-ci aurait plus de force s'il s'appuyait sur la conscience féminine qui se développe dans les territoires libérés.

CHAPITRE III

La construction de soi

1. Le regard sur soi

Ce que nous a appris notre commentaire sur l'expression fondatrice de l'expérience féminine : « Je suis une femme », c'est qu'il n'y a pas identité entre le je qui crée, qui aime ou qui refuse, et le je qui se trouve constitué et qui, par conséquent, est vu par l'autre et se définit par ses rapports à l'autre. Les femmes sont encore prises dans le monde féminin tel qu'il a été créé par les hommes pour former un *genre* qui les a soumis à l'intérêt supérieur de la binarité homme-femme et donc de l'hétérosexualité. Être une femme pour soi, se construire comme une femme est au contraire transformer cette femme pour l'autre en femme pour soi. Mais il ne doit pas y avoir de rupture complète entre les deux, sans quoi on tombe dans les paradoxes de Monique Wittig, qui excitent un moment l'esprit mais ne peuvent pas être acceptés par beaucoup de femmes.

Oui, les femmes sont des êtres sexués, des femelles, auxquelles des hommes ont donné certains attributs et qui tentent de les dominer, et en même temps elles veulent devenir des femmes créées par des femmes et d'abord pour elles-mêmes. La construction de soi implique un certain amour de soi. Lisons Luce Irigaray : « *L'amour de soi* crée un mouvement particulier, une sorte de jeu entre l'actif et le passif, où entre moi et moi a lieu ce double rapport, ni vraiment actif ni vraiment passif. Je ne mets pas en acte une matière complètement informe. Elle m'est déjà, pour une part, donnée. Ni le sujet ni le soi ne sont immobilisés dans leur position ni leur donnée, sinon ils seraient séparés sans amour possible. Une liaison a lieu qui ne correspond à aucune opération codée ni codable : ni actif ni passif, ni moyen-passif, même si cette opération est la plus proche » (*Éthique de la différence sexuelle*, Éditions de Minuit, 1984, p. 63).

Ce mouvement de l'analyse nous est imposé, me semble-t-il, par la démarche des femmes que nous avons écoutées. Il faut néanmoins la découvrir comme surprenante, comme opposée en tout point à l'image de la femme contre laquelle travaille sans relâche l'effort des femmes pour se construire comme femmes. Il faut y revenir sans cesse : dès son point de départ la parole des femmes s'exerce pour détruire la représentation de la femme-pour-l'homme, si fortement intériorisée par beaucoup de femmes. Le féminisme critique combat l'image de la femme imposée par l'homme, mais sans pour autant être capable de faire émerger une image positive de la femme. Tant il est difficile de découvrir, au-delà de la féminité imposée à la femme, le travail original de la libération et de la formation de conduites indépendantes : celles-là mêmes que j'essaie ici de saisir directement pour mettre en évidence le retournement qui se produit quand on remonte de la femme-pour-l'autre à la femme-pour-elle-même.

Il ne faut pas craindre ici d'affronter certains constats : pendant toutes ces heures d'entretiens individuels et de discussions de groupe, les femmes ont parlé avant tout d'elles-mêmes et non pas pour elles-mêmes, et elles ont donné aux hommes et aux rapports qu'elles entretiennent avec eux une place plus limitée que nous ne nous y attendions. Il ne s'agit pas ici d'égoïsme ou d'indifférence à la situation des autres, mais d'une volonté déjà transformée en attitude de considérer comme plus central le rapport à soi que le rapport aux autres. Tout se passe comme si les documents réunis par notre recherche reproduisaient les représentations des femmes et les dominations qu'elles subissent, mais en opérant à partir d'elles, de manière pratique et pas seulement en intention, un renversement qui transforme des femmes définies par d'autres, par les hommes, en actrices de la construction d'elles-mêmes. Ce renversement est conscient chez les femmes qui ont participé à notre recherche. Elles sont occupées à se libérer et cherchent à connaître ce qui détermine leurs conduites pour pouvoir s'en libérer. Elles s'appuient donc sur les intérêts et les conquêtes des femmes pour interpréter la dépendance où elles se trouvent et pour trouver des moyens de la faire cesser. Et notre recherche les y aide, car elle modifie la position du chercheur par rapport à celles qu'il étudie. C'est par leur relation au chercheur ou à la chercheuse que les femmes parviennent le mieux à dégager leurs objectifs et le sens de leur combat.

Cette transformation de la vie des femmes et de l'image qu'elles en ont est vécue très consciemment. Les expressions employées pour la définir sont souvent extrêmes. Luce Irigaray, encore elle, définit les femmes d'aujourd'hui comme des molécules folles qui partent dans tous les sens et qui essaient de construire une nouvelle matrice de vie. Position extrême qui va jusqu'à annoncer l'éclatement de la catégorie « femmes », et surtout à refuser toutes les définitions traditionnelles des femmes, de leur féminité et de leur sensibilité.

Plus modérée est une opinion qui se retrouvera plus loin dans l'analyse : ces femmes transformées, si elles s'opposent complètement au modèle ancien de la femme, ne s'opposent pas aux hommes. Au contraire, leur libération signifie que chacun laisse pénétrer en lui une part de l'autre. De même que la part de féminité augmente chez les hommes, la part de masculinité s'étend chez les femmes, mais sans que soit acceptée pour autant l'idée d'unisexe, constamment et clairement rejetée. C'est bien l'image de la construction de soi qui correspond le mieux aux déclarations des femmes étudiées. Elles ne cherchent pas à sauvegarder ou à rétablir un moi ; elles ne cherchent pas davantage à défendre un *Self* qui serait constitué par le regard des autres, selon l'interprétation classique. Elles veulent clairement agir sur elles-mêmes, plus que sur les autres.

Les femmes se placent en face d'elles-mêmes. Leur regard perçoit et évalue ce qu'elles sont, qui est en grande partie ce qu'on a fait d'elles à partir de leur conscience et de ce qu'elles veulent être. Cette attitude n'est nullement narcissique. Au contraire, elles se fixent des buts et jugent du chemin qu'elles ont fait pour les atteindre, ou au contraire de leur impuissance à s'en approcher. Ce qu'elles construisent n'est pas une ipséité, mais un réseau de relations et d'intentions.

En revanche, elles ressentent absolument le besoin d'espaces non mixtes, d'échange de paroles de femmes, non pas pour échapper à la présence dominatrice des hommes, mais parce que les femmes parlent plus, analysent plus et mieux leur situation, ce qui est affirmé comme un fait plutôt que comme une revendication.

Le plus important n'est pas que leur image de femme se soit transformée, soit devenue plus positive, plus active; c'est que les femmes sont passées de la conscience d'être des objets à une conscience de sujets. Leur critique des hommes est modérée, parce que la domination masculine a été largement réduite par l'action de ces féministes historiques dont elles se sentent éloignées, mais dont elles doivent reconnaître l'œuvre importante. Et c'est bien vers la création d'elles-mêmes qu'elles sont orientées, et ce thème ne se réduit presque jamais à celui d'une libération. Leurs buts ne sont pas seulement négatifs, réduits à la destruction d'une domination; ils sont positifs. Elles donnent un sens précis aux buts qu'elles veulent atteindre : la construction de soi. Celle-ci consiste à s'affirmer comme femmes et non pas seulement à se libérer d'une féminité imposée par les hommes, bien qu'elles refusent toute forme de dépendance et la condamnent quand elles la rencontrent autour d'elles ou en elles.

Même si nous n'avons pas encore défini la forme et le contenu de cette construction de soi, nous en savons assez pour recourir au mot qui a été si souvent rejeté, haï ou méprisé et que tant d'auteurs ont voulu éliminer une fois pour toutes. Les femmes veulent agir comme des *sujets*, se considèrent comme telles, si nettement qu'elles sont dans notre société la catégorie qui porte le plus manifestement l'idée de sujet et le changement d'orientation dans les sciences sociales qu'elle entraîne.

2. Changement de perspective

Le renversement de perspective est considérable. Il est même si important pour l'ensemble des sciences sociales qu'il ne faut pas craindre de s'y attarder.

Un exemple, parmi des centaines d'autres, éclaire ce que je veux dire. Au moment où j'écris est annoncé dans l'ensemble des universités et des centres de recherche un colloque qui doit réunir dans plusieurs sessions successives une grande partie des meilleures chercheuses en recherches féministes en France. Ce programme couvre les principaux domaines de la vie des femmes : travail et emploi, rémunération, carrière, études, droits politiques et leur usage, rapports des femmes avec les hommes et les enfants, mariage et divorce, et toutes les formes prises aujourd'hui par la famille et que les sociologues analysent en se gardant de tout jugement normatif. Les études historiques et comparatives ne seront pas absentes de cet excellent programme.

En revanche, si tous les aspects (ou presque) de la situation des femmes sont passés en revue, les femmes ne sont considérées comme des actrices que dans la mesure où leur action est inscrite dans un mouvement collectif « organisé », comme le furent les organisations et les campagnes féministes. Les organisatrices ont probablement pensé que les données sur les opinions et les attitudes des femmes offertes par un grand nombre d'enquêtes, qui ne sont pas toutes commerciales, relevaient d'un autre univers et que les indications sur la subjectivité des femmes étaient moins solides et donc moins dignes de leur attention que les données objectives sur la situation des femmes – et en particulier sur leur dépendance, leur infériorisation et les violences qu'elles subissent.

Prenons des points de comparaison. Il est vrai que la connaissance de la situation coloniale, si approfondie qu'elle soit, ne laisse pas une grande place à la connaissance de la conscience des colonisés ou des esclaves, victimes de cette situation. Mais le besoin d'une telle connaissance est pourtant ressenti. C'est évident aussi pour le mouvement ouvrier, et c'est pourquoi le nom de E.P. Thompson est admiré et respecté par tous ceux qui ont étudié la situation et l'action des ouvriers tout au long de la société industrielle, et même au cours de la période qui a précédé la « révolution industrielle » anglaise.

Comment expliquer une telle coupure entre les discours sur les femmes et les paroles qu'elles tiennent sur elles-mêmes ? Certainement pas par l'absence de documents ; pas davantage par un manque d'intérêt du public ; au contraire. L'attention se porte massivement sur les femmes, alors que les hommes forment une catégorie de plus en plus mal définie et de moins en moins comme victime de la domination masculine qui a confondu les êtres mâles avec l'ensemble de l'humanité. Une hypothèse s'impose : la description et les études, surtout quand elles se veulent critiques de la domination masculine, s'inscrivent à l'intérieur de celle-ci de manière souvent si complète qu'elles semblent exclure toute solution positive. Rien n'attire plus le succès que la dénonciation de la domination masculine, surtout quand elle réduit les femmes à n'être que des effets de cette domination, ce qui prive ces femmes de tout moyen de s'émanciper de cette domination. Position difficile à tenir, mais qui conduit à faire du féminisme un simple « front » de l'action de la classe ouvrière. Interprétation dont la diffusion a été très large et qui n'a pas encore complètement disparu, mais qui apparaît aussi inadéquate et même fausse que celle de ceux qui ont cherché à donner une explication marxiste des régimes totalitaires, des guerres et des crises économiques, de la littérature existentialiste ou de la social-démocratie. Notre sol est jonché des débris de ces tentatives d'explication objective en termes de classes et de domination de tous les aspects de la vie sociale et politique moderne, en ne définissant les acteurs qu'à travers des catégories de description et d'analyse étrangères à leur propre orientation. Bref, si l'on parle et si l'on écrit si peu sur la « conscience » des femmes, c'est parce que cette notion a été rejetée si complètement qu'on ne sait plus comment entrer dans le domaine de la réalité vécue. C'est ainsi que nombre d'analystes se contentent de lire distraitement des enquêtes d'opinion qui apportent, pensent-ils, des matériaux de qualité trop basse pour être utilisés par des spécialistes universitaires.

Maintenant que le mouvement féministe a fini de mener (provisoirement) de grandes batailles et que les problèmes de la vie privée apparaissent au moins aussi importants que ceux qui relèvent de la sphère publique, n'est-il pas temps de chercher l'explication des conduites des femmes à l'intérieur d'elles-mêmes, non pas en les enfermant dans une « psychologie des femmes » plus ridicule que dangereuse, mais en cherchant à comprendre les transformations à long terme de nos conduites culturelles ?

Qui se construit et qu'est-ce qui est construit ? Il n'existe pas de réponse immédiate à ces deux nouvelles questions, car elles risquent d'encourager le retour à une idée de la « femme » comme personnage constitué et même comme essence qui agirait sur elle-même pour créer une autre figure plus artificielle encore que la première. Manière de penser qui est chargée de préjugés et de croyances et qu'il est devenu impossible d'admettre, surtout après le travail de déconstruction opéré depuis dix ans par Butler, Sedgwick et tant d'autres. En outre, la démarche que j'ai adoptée est à l'opposé de l'idée qu'il existerait une femme définie par son maître ou inversement par certains de ses attributs psychologiques ou sociaux.

La compréhension des conduites des femmes peut commencer par l'exploitation de ce qui permet aux femmes de ne pas se cantonner à la place inférieure qui leur a été attribuée. Si l'identité des femmes leur est donnée par les représentations que les hommes et les institutions dominées par eux ont d'elles, l'idée d'une construction de soi par une femme n'a aucun sens. Car la logique de la domination qu'elles subissent est avant tout la privation de subjectivité, ce qui justifie l'importance primordiale de l'affirmation déjà rencontrée : « Je suis une femme », car ce « je » est en rupture avec toutes les définitions « fonctionnelles » des femmes. Ce qui résiste dans la vie féminine à cette représentation sociale d'elles-mêmes qui les enferme dans l'infériorité est leur lien direct avec la reproduction de l'espèce, qui résiste en elles à tous les discours produits par la société sur elle-même. C'est la grossesse plus que la maternité, nous disent les femmes que nous avons écoutées, qui indique ce que la femme possède et que l'homme ne possède pas. Elles sont ici en accord avec Antoinette Fouque. Les réalités physiologiques qui caractérisent la vie féminine permettent aux femmes de ne pas se contenter d'intérioriser l'image d'elles que la société a élaborée. En même temps, cette production d'êtres humains par les femmes donne à celles-ci un rapport plus direct avec cet être humain comme pensée et comme conscience de soi.

La femme déborde ses rôles sociaux par l'expérience qu'elle a de la vie qui se forme en elle, et qui ne peut pas être réduite à un rôle institutionnel. C'est cette fonction de reproduction qui met la femme en déséquilibre par rapport à ses rôles sociaux, tandis que l'homme, du fait de sa position dominante, s'identifie plus facilement à des rôles sociaux qui le mettent en position favorable, de sorte que, si le point de départ de la construction de soi par les femmes peut être indiqué, il n'en va pas de même pour les hommes, parce que ceux-ci participent directement au surmoi de la société et peuvent donc difficilement prendre de la distance par rapport à leur *Self* qui est modelé par la société.

Que faut-il entendre par le « soi » de « la construction de soi », puisque ce ne peut être le soi qui est défini au contraire par le regard des autres ? Il faut écarter toute référence à une forme idéale ou de quelque nom qu'on la nomme. Au contraire, puisque les femmes ont été privées de subjectivité et définies par leurs fonctions construites par les hommes, la construction de soi ne peut être pour elles que le passage à l'individualité responsable. Ici intervient la notion de sujet, dont l'individu sartrien est une des images les plus influentes, lui qui est responsable de sa vie et confronté aux limitations de l'expérience humaine.

Il n'y a pas de sujet féminin ou masculin, pas plus qu'ouvrier ou polonais. Mais il y a une subjectivité féminine particulière, puisqu'elle renverse la « condition féminine » en s'appuyant sur l'expérience du corps qu'elle vise à faire entrer dans la subjectivité, dans des êtres humains définis objectivement du dehors et par d'autres.

Il ne saurait être question ici de création d'une identité féminine ; c'est plutôt de sa destruction qu'il s'agit, de la destruction de toute image de la nature féminine ou de toute catégorie de femme définie par sa différence ou son opposition avec la catégorie des hommes. La libération des femmes ne serait pas complète si elle ne les libérait pas de toute référence à leur être propre, à leur nature ou à leur « psychologie ». La construction de soi par les femmes est fondée sur ce qui résiste à leur identité sociale, c'est-à-dire sur une nature qui ne se réduit pas à une culture ou à une organisation sociale. C'est ainsi que les femmes s'élèvent jusqu'à l'affirmation de leur singularité et de leur liberté de choisir leur vie, définie par opposition à toute définition imposée du dehors.

Les femmes que nous avons écoutées sont, sur ce point central, en accord avec les courants les plus vivants et les plus critiques de la pensée féministe. L'ennemi principal est l'essentialisme, le discours sur la nature des femmes et sur la différence entre la psychologie masculine et la psychologie féminine. Les attaques contre l'essentialisme ne s'expliquent pas uniquement par la médiocrité d'une littérature de magazine qui oppose les comportements des femmes à ceux des hommes. L'enjeu est plus important et reçoit, pour cette raison même, des interprétations assez diverses.

Pour les féministes les plus radicales, celles du groupe *queer* en particulier, tout essentialisme doit être éliminé au point que la femme ou la « féminitude » ne se définissent plus par un contenu particulier, spécifique, mais par des conduites acquises et transmises, par une performativité – notion que Judith Butler emprunte aux linguistes et en particulier à John Austin – qui peut être mise au service de l'ordre en place, c'est-à-dire du monopole de l'hétérosexualité. Si rien n'est « naturel », tout est possible, et l'acte intellectuel le plus utile est celui qui consiste à faire éclater toutes les images de la femme. D'autres féministes se préoccupent davantage des effets politiques de ces débats, souvent pour combattre un multiculturalisme qui menace de dissoudre le champ de la conscience féminine, car celui-ci ne se réduit en fait jamais à l'affirmation d'une nature féminine. Elles craignent que l'appel à l'ensemble des femmes soit mis au service d'un pouvoir communautaire ou d'un ensemble éclaté de mini-centres de pouvoir en rivalité les uns avec les autres, mais aussi qu'on enferme les femmes dans un statut de minorité, alors que les hommes continuent à être identifiés à l'humanité toute entière. Le féminisme récent a remporté de grandes victoires dans sa lutte contre l'essentialisme. Et le thème central des entretiens que nous avons menés est bien le refus de tout naturalisme, de tout essentialisme, mais qui sont remplacés ici par l'affirmation d'une volonté de construction de soi qui ne nous semble pas être significativement représentée dans les publications féminines.

3. Quand le privé devient public

Une telle analyse semble nous mener à une affirmation de la vie privée contre la vie sociale, à un individualisme qui peut, certes, avoir un sens libérateur, mais qui est bien incapable de jouer quelque rôle que ce soit dans les problèmes sociaux et encore moins de donner vie à un mouvement social.

Cette opposition avec le monde classique des acteurs et des mouvements sociaux est réelle, mais pas plus que celle qui s'était manifestée au début de la société industrielle, quand la protestation ouvrière se substitua à la lutte pour la citoyenneté. Cette construction de soi en tant qu'individu n'installe donc nullement les femmes en dehors de la vie sociale et de ses conflits. À l'inverse, ce sont les efforts pour définir l'action des femmes comme une phase du mouvement ouvrier, comme une étape dans le mouvement de libération des travailleurs, des colonisés et des femmes, qui enlèvent toute importance réelle à l'action des femmes, puisqu'ils l'enferment dans un ensemble historique qui s'affaiblit constamment, au point d'être perçu souvent comme relevant d'un passé révolu. Le mouvement de construction de soi peut ainsi être défini d'emblée comme une manifestation d'opposition à un statut social qui est imposé aux femmes par le pouvoir masculin et qui, par-dessus tout, les prive d'être des actrices de leur propre existence et plus encore de l'ensemble de la vie sociale.

Mais cette réponse n'est pas suffisante : elle souligne la force positive de cette libération – la privatisation de l'expérience féminine la libère de la domination mâle –, mais elle ne définit pas un conflit, comme l'avaient fait les luttes pour la décolonisation ou pour la défense des droits des travailleurs. Il faut donc ajouter que la rupture de l'ordre social, qui plaçait les femmes en situation inférieure et même dépendante, est renforcée par une nouvelle culture de la domination subie par les femmes. Domination si nouvelle et si présente partout que les femmes la ressentent plus fortement que le fameux patriarcat dont on parle si souvent et qui ne correspond pas pour les femmes d'aujourd'hui à une véritable expérience. La nouvelle domination est, comme le mouvement d'affirmation des femmes, d'orientation individualiste, mais c'est elle qui transforme la femme en consommatrice, rendue plus vulnérable encore par sa libération qui lui donne l'indépendance financière et lui ouvre d'autres horizons que le mariage et la maternité. Une part croissante de la publicité recourt volontiers au thème de la femme « libérée », cherchant à séduire et à plaire, occupée à maintenir son corps en forme et capable de susciter le désir masculin. Il faut tracer aussi nettement que possible la frontière entre cette femme consommatrice de biens et d'équipements, mais aussi de produits de beauté et de gymnastique, et la femme qui se construit elle-même contre les forces de pression sociale et acquiert une conscience de soi.

Cette frontière est la même que celle qui sépare des orientations aussi éloignées les unes des autres que la recherche du profit et la volonté d'autonomie professionnelle des salariés dans la société industrielle. Loin d'être une force de désocialisation, la construction de soi est, autant que la défense de la citoyenneté ou de la classe ouvrière dans des types antérieurs de société, l'expression de ce qu'on ne saurait appeler une classe sociale dominée, mais d'un « genre » qui lutte contre son aliénation et contre une forme d'exploitation imposées non pas au nom de la tradition, mais au nom du triomphe de la marchandise et de l'argent. Comme dans tous les conflits centraux et dans les mouvements sociaux qui les animent, le conflit entre les acteurs est associé à une communauté d'orientation des deux camps. Cette frontière sépare deux images opposées de l'individualisme : celle qui est liée à une consommation de plus en plus diversifiée, à la richesse des étalages dans les grandes surfaces commerciales ou des offres sur Internet. Consommation construite par le système d'offre, puisque les études de marketing permettent d'anticiper une grande partie des comportements.

L'autre individualisme, celui qui donne sa force principale au mouvement des femmes, consiste au contraire à construire une expérience singulière qui met en interrelations tous les aspects de l'expérience vécue et qui contribue par là même à la construction du sujet. Les femmes, plus que les hommes, passent par cet individualisme, par les soins du corps, par le choix des vêtements, etc., pour construire leur « personnalité » singulière, pour s'inventer une image d'elles-mêmes. Et c'est cet individualisme qui donne sa force principale à des revendications collectives et à la résistance au monde de la marchandise et à ses stimulations.

Ces deux formes opposées d'individualisme ont en commun l'idée générale d'individualisme, c'est-à-dire de rupture des catégories dans lesquelles les individus étaient classés et catalogués. Les adversaires en conflit ont un enjeu commun. De même que patrons et salariés, dans la société industrielle, ont partagé la même confiance dans l'industrie, la science, le travail et l'épargne, aujourd'hui les femmes qui se placent à l'intérieur du modèle de la consommation et celles qui veulent se construire comme sujets ont en commun la même orientation individualiste et le même rejet des barrières institutionnelles et culturelles héritées du passé. Ce recouvrement partiel des idées et des intérêts des adversaires n'est ni nouveau ni exceptionnel ; il existe dans toutes les sociétés. Le conflit ne peut se former qu'à l'intérieur d'un champ culturel accepté par les deux camps. Aujourd'hui comme hier, la lutte à mort ne mène pas au conflit social, encore moins à la formation de mouvements sociaux ; elle ne peut mener qu'à une contre-culture qui laisse le terrain libre à un individualisme marchand et à la soumission des femmes à de nouvelles formes de domination.

Ce qui gêne la perception du conflit social dans ce mouvement de construction de soi propre aux femmes ne tient pas au caractère privé des objectifs visés et des conflits qui se produisent entre deux interprétations de l'individualisme ; c'est plutôt l'absence de confrontations de type guerrier. Car nous avons été habitués à ce que les mouvements sociaux aient une face militaire : lutte des classes, révolutions, guerres de libération. De tous côtés les mouvements sociaux sont associés à des guerres, civiles ou internationales. Or, dans la situation présente, il s'est produit une dissociation entre les mouvements surgis à l'intérieur du monde socioculturel et ceux qui débouchent sur un conflit armé. Ce fait majeur n'est pas séparable de la transformation sociale la plus générale que nous vivons : la globalisation de l'économie a séparé celle-ci de ce qu'on nommait la société, qui se dégrade et tombe en ruine. Les conflits « globaux » tendent à opposer non plus des acteurs sociaux à l'intérieur souvent d'un cadre national, mais des ensembles, eux-mêmes globaux, qu'on peut appeler des cultures ou, pour employer le mot de Samuel Huntington, des civilisations, mot qui recouvre souvent des religions. Globalisation et militarisation des conflits sont complémentaires, en même temps que les conflits sociaux se limitent à la société civile. Dans le cas des femmes, on a vu que la frontière entre la création de soi-même et l'individualisme consommateur, si opposés que soient ceux-ci, semble facile à traverser – et en tout cas n'est pas fortifiée.

Mais ce serait une erreur de conclure de cette caractéristique des mouvements et des conflits sociaux actuels qu'ils sont enfermés dans la modération au point que les adversaires ne sembleraient plus clairement opposés l'un à l'autre. Un conflit de grande portée se joue au contraire dans le domaine de la vie privée, comme un autre se joue autour de la défense de l'environnement. Leur caractère pacifique, et surtout non révolutionnaire, ne doit pas cacher leur radicalité et l'importance des intérêts en jeu.

Les événements de Mai 68 en France, comme les campagnes américaines du *Free Speech Movement* à partir de 1964, ont marqué l'entrée de la culture dans le champ politique – et par conséquent l'entrée de la vie privée dans la vie publique, même si certains vieux républicains laïques refusent cette évidence.

Nous pouvons maintenant, après de si longs travaux d'approche, introduire de nouveau la notion de *sujet*, que je n'ai définie que de manière générale. Ce mot semble réintroduire une conception idéaliste de la femme, la féminité ou la personnalité féminine, notions que j'ai combattues sans relâche. Ceux qui ont lu les pages qui précèdent savent que ce n'est pas en ce sens que ce mot est employé ici. Au contraire, la femme-sujet s'oppose aux définitions héritées des fonctions que l'ordre social attribue aux femmes en détruisant leur subjectivité. Le sujet en général, et le sujet-femme en particulier, lutte contre une domination qui cherche à le détruire. Et la femme-sujet n'est pas une déesse ou une statue, mais un être humain qui gère (difficilement) les rapports entre ses rôles sociaux, dont elle ne peut pas se défaire, son expérience biologique inséparable du rapport aux enfants, ses rapports à un être aimé, qu'il soit du même sexe ou non, et enfin son rapport à soi-même, la reconnaissance *(recognition)* de soi qui est au centre de la construction de soi. Le sujet ne plane pas au-dessus des batailles ; il combat pied à pied, reçoit des coups et des blessures auxquels il succombe parfois, mais porte en lui un espoir qui donne sens à la vie de beaucoup.

De beaucoup ou de toutes ? Question embarrassante : cette montée vers le sujet engage-t-elle toutes les femmes ? Mon hypothèse est que toute femme porte en elle un sujet-femme la société dans laquelle elle vit étant polarisée et faisant des femmes l'une des figures principales de l'infériorité et de la dépendance. Pourtant, la plupart des femmes vivent dans des cadres sociaux largement intériorisés et qui les contraignent à se juger elles-mêmes en fonction des devoirs qu'elles doivent accomplir et des sentiments que la société introduit en elles, comme autant de normes qui doivent être respectées et qui le sont en principe « naturellement ». L'image de la femme-sujet que j'évoque ici ne concerne-t-elle pas, dès lors, une minorité de femmes « conscientes » et même « militantes », comme celles qui ont consacré de longues heures à converser avec nous ?

Cette objection est bien connue. Elle a souvent été faite aux études sur la conscience de classe ouvrière, qui ne serait présente, a-t-on souvent dit, que chez un petit nombre de militants « conscients et organisés ». Or mes propres recherches, portant sur des échantillons tirés au hasard dans diverses industries et entreprises, ont montré la possibilité de repérer la force ou la faiblesse de la conscience de classe ouvrière selon les époques et les branches industrielles. Cette conscience de classe est non seulement portée par une proportion importante des salariés, mais elle oriente les réactions de l'ensemble du monde ouvrier. De la même manière, non seulement les nouveaux thèmes de la culture féminine sont largement diffusés, mais ce sont eux qui commandent les échanges entre femmes. On peut penser que, dans le cas des femmes comme dans tous les autres, les pressions de la vie quotidienne réduisent au silence la volonté de construction de soi quand celle-ci n'est pas stimulée. Mais aussitôt que des chercheurs créent un espace libre, délimité par leurs questions et des formes particulières d'interaction avec les personnes interrogées, les réponses abondent. Cette conclusion s'applique aussi aux musulmanes, que nous avons choisi d'interroger à part. Les discours sur la dépendance des femmes par rapport à une idéologie dominante ne résistent pas à cette expérience vécue et à la demande pressante des intéressées de continuer à réfléchir sur leur expérience et celle des autres. S'il en était autrement, et si les agents de domination avaient le pouvoir de tout déterminer, comme le pensent certains, la fausse conscience envahirait tout le champ psychologique, et il faudrait alors admettre que la démocratie n'a aucune assise ; elle ne serait qu'une création de la fausse conscience. Mais nous savons combien cette expression ouvre la porte à tous les arbitraires. Et il faut le répéter : l'analyse sociologique n'est pertinente que si elle rend compte de la conscience des acteurs. La réflexion sur la situation et l'action des femmes serait beaucoup plus avancée si nous disposions d'un grand nombre d'entretiens et d'enquêtes qui permettent à de nombreuses femmes d'exprimer leurs opinions et de les discuter avec d'autres. La rareté des documents provient, je l'ai dit, de cette peur si fréquente qui empêche de donner la parole à ceux ou celles dont on nie *a priori* la capacité d'être les acteurs de leur propre existence.

Ce retour à la notion de sujet est associé, on le sait déjà, à une référence forte à la notion de droits – et surtout de droits culturels, comme je l'ai indiqué dans *Un nouveau paradigme*. Ce souci des droits est présent sous une autre forme dans la philosophie sociale qui se soucie de la communication entre acteurs sociaux, dans l'esprit de Jürgen Habermas et, plus directement encore, dans la reconnaissance de l'autre, telle que l'entend Charles Taylor. La liaison est forte entre ces points de vue qui partent de l'acteur, de ses revendications et des conditions de sa communication avec d'autres, et l'action des femmes qui revendiquent le droit de se construire elles-mêmes, et donc de ne plus être définies par le pouvoir ou le désir de l'autre, mais par une auto-affirmation existentielle.

En d'autres termes, cette volonté de subjectivation, d'auto-affirmation des femmes, devient un des meilleurs exemples d'une conception démocratique centrée sur la volonté de chacun de s'affirmer comme sujet contre la loi imposée par d'autres ou contre les institutions centrées sur le fonctionnement et l'intégration du système social plutôt que sur la conscience de la liberté. Les mots qu'emploient les femmes si simplement, parce que ces mots leur paraissent avoir l'évidence de la vérité et de la démocratie, étendent jusqu'aux limites les plus lointaines ce que nous avons d'abord appelé la citoyenneté, en évoquant les grandes journées de 1789 quand les délégués aux États généraux se transformèrent en Assemblée constituante et en représentants du peuple. Ainsi fut proclamée l'idée d'une démocratie moderne, qui avait déjà inventé ses pratiques en Hollande et en Angleterre. De l'action des citoyens, puis des travailleurs, jusqu'aux projets de libération culturelle, nous avons vu s'étendre la citoyenneté et elle devient complète quand ce sont les femmes qui revendiquent le droit d'être des sujets. La pensée démocratique trouve son fondement le plus solide dans le retour à l'idée des droits de l'homme. Et c'est précisément le mouvement des femmes qui donne toute son ampleur à cette idée, qu'il vaut donc mieux appeler les *droits humains*. La tentation communautariste, qui avait si profondément pénétré le mouvement ouvrier, puis les mouvements de décolonisation, n'a pas exercé la même influence sur les femmes, qui ne sont ni une communauté ni une minorité et qui cherchent seulement à être reconnues comme le sujet de leur propre existence.

Ces réflexions ne nous ont pas éloignés de l'analyse du discours des femmes. Elles nous en ont découvert au contraire la portée générale, qui n'était au départ pas plus évidente que ne l'avait été celle des grèves ouvrières ou des émeutes anticoloniales. C'est avec les femmes et par les femmes que l'action collective se centre sur le sujet et sur son exigence de subjectivation. On comprend les difficultés que rencontrent ceux qui ont en tête le modèle du mouvement « socialiste » révolutionnaire à comprendre la montée et l'importance du mouvement des femmes. Ils n'y voient logiquement qu'une protestation contre l'inégalité et la violence, ce qui reste un objectif négatif, et finalement, comme je l'ai dit en commençant, ne peut avoir d'autre but que d'abolir l'existence des femmes comme catégorie différente des hommes. C'est au contraire le mouvement des femmes qui fait apparaître un nouveau modèle général d'action collective et d'expérience individuelle dont on pourra suivre l'intervention dans les secteurs les plus divers de la vie sociale et politique.

Peut-on dire que c'est la sociologie « féministe » qui a mis en lumière ce retournement de perspective qui a atteint l'ensemble de la discipline ? Non, car une telle conclusion ne rendrait pas compte de l'extrême diversité des travaux sur la situation et l'action des femmes. Ni le courant français du féminisme matérialiste, qui a beaucoup contribué à éclairer la situation professionnelle et économique des femmes, ni la réflexion philosophique remarquable des *queer* américaines, ni les travaux italiens lancés par Laura Balbo n'ont adopté le point de vue que je présente ici. Faut-il expliquer mon point de vue par le fait que son auteur est un homme ? Une telle interprétation doit être rejetée immédiatement. Les hommes qui réfléchissent et écrivent sur les femmes n'ont aucun avantage ou handicap particulier. On peut seulement regretter que le faible nombre de ces hommes donne l'impression que les études sur les femmes sont exclusivement l'affaire des femmes, impression dangereuse, puisqu'elle présente les études sur les femmes comme un secteur particulier, isolé, des sciences sociales, alors que j'essaie, à chaque page de ce texte, de montrer que les études consacrées aux femmes ont aujourd'hui la capacité de renouveler l'ensemble de la sociologie, tâche à laquelle contribuent aussi bien des sociologues hommes que des sociologues femmes.

Quel chemin parcouru ! Non par le développement d'une idée, mais parce que les analyses les plus fortement établies ont subi le choc de la parole de quelques femmes. Elles affirmaient la toute-puissance de la domination masculine et par conséquent l'incapacité des femmes de tenir un discours libéré de cette domination. Et quand l'artificialité de ce discours partout répandu est apparue, nous n'avons d'abord entendu qu'une revendication d'égalité qui aboutissait à faire disparaître la spécificité des femmes, leur différence.

Or voici que la voix des femmes s'est fait entendre et ce que nous avons entendu est complètement différent de ce qu'on nous avait préparé à entendre. Les femmes disent : « Je suis une femme », et non : « Je suis une victime », comme le disaient tant d'hommes et de femmes en leur nom. Et cette déclaration première, qui confère la place centrale à la relation de la femme avec elle-même, se développe en un « souci de soi » qui se substitue aux déclarations des périodes antérieures, quand la définition de l'acteur social était naturellement formulée en termes de transformation du monde, de conflits proprement sociaux et d'évolution historique. C'est vers elles-mêmes que les femmes se tournent, et, si elles procèdent ainsi, c'est avant tout parce qu'elles veulent s'affirmer comme des sujets libres et responsables et non comme des fabrications du pouvoir masculin. J'ai parlé de renversement de perspective ; c'est le moins que je puisse dire.

CHAPITRE IV

La sexualité

Le thème de la construction de soi ne se réduit pas à un volontarisme tourné vers l'affirmation d'un individu détaché des relations et des contraintes sociales qui l'enferment dans des rôles sociaux où il ne se reconnaît pas. Ce thème est beaucoup plus fort, car il s'oppose à des tendances lourdes de la culture contemporaine, celles qui dissolvent l'individu dans un monde que Zygmund Baumann a appelé « liquide ». Tout nous appelle à nous échapper de nous-mêmes, à courir derrière des stimulations si nombreuses et si diverses que notre moi en est surchargé au point de s'affaisser ou de se rompre. Si le sujet tend à disparaître, c'est parce qu'il est jeté dans un univers sans frontières, où les signaux, les langages, les carottes et les fouets l'entourent de tous côtés. Rien n'est plus facile pour un individu ou un groupe que de se fragmenter, de perdre tout contrôle de soi comme unité de référence, de se détourner même d'une conscience de soi qu'on ressentirait comme une lourde chaîne qu'il faut traîner et dont on cherche à se débarrasser parce qu'elle nous empêche de courir vers tout ce qui nous attire. Si, à l'époque des débuts de l'industrialisation et de l'urbanisation de masse, nous avons été atteints par l'anomie, au sens double donné par Durkheim à cette notion, ce n'est pas aujourd'hui notre milieu social qui est en crise, mais notre propre individualité. Une forme déniée de cette constatation pousse même les critiques les plus superficiels de l'école, quand celle-ci cherche à renforcer la personnalité de l'enfant, à accuser les nouvelles méthodes de laisser l'enfant sans défense, de le priver du recours à des règles qui, seules, permettent de se défendre contre la dissolution de l'individu dans le divertissement ou les drogues.

Le contenu du chapitre précédent prend plus de relief quand on l'oppose à la liquidité de la culture contemporaine. Il indique qu'au-delà de la défense de leurs intérêts et de leurs projets professionnels, au-delà même de la protection de soi contre les violences et les discriminations, les femmes sont engagées dans une construction de soi qui résiste activement à toutes les formes d'éclatement ou de dissolution de la personnalité. Sur quoi cette résistance repose-t-elle? D'abord, de la manière la plus manifeste, sur ce qui a été conquis grâce aux luttes des féministes et qu'aucune femme ne saurait ignorer : indépendance financière, égalité juridique, dénonciation – insuffisante mais réelle – de la violence et du harcèlement. Il est impossible à une femme de ne pas être consciente des luttes menées pour elle, des victoires remportées en son nom. Même si elles ne mentionnent pas souvent les problèmes de la vie professionnelle, nos interlocutrices donnent au travail une grande importance, surtout quand le chômage est présent ou menaçant. Cependant, par nature, notre « société de masse » atteint plus directement la personnalité que des besoins particuliers. Ce n'est donc pas une politique sociale – si indispensable soit-elle – qui saurait donner aux individus la capacité de se retourner vers soi au lieu de se laisser entraîner par des tentations venues de tous côtés, de chercher à se reprendre et à redécouvrir leur liberté personnelle.

Le résultat le plus clair de notre recherche, qui rejoint sur ce point nombre d'analyses et de descriptions devenues classiques, est que la construction de soi s'opère avant tout par la sexualité – et plus largement par le corps. C'est par le corps, et surtout le corps désirant mais aussi le corps menacé, que le retour sur soi l'emporte sur les aventures dans le monde. Et même quand les mots employés restent flous et peuvent prendre bien des sens différents, ils indiquent la conviction et l'expérience de presque toutes les femmes : c'est par la sexualité qu'on se construit soi-même, et le regard qu'une femme porte sur sa vie et qui lui fait parler de réussite ou d'échec est commandé par sa conscience de la réussite ou de l'échec de sa sexualité. Résultat d'autant plus impressionnant qu'on le trouve formulé aussi par des femmes qui ont une vie professionnelle très réussie.

Ce résultat, associé à ceux que j'ai déjà présentés et que j'ai résumés autour de deux affirmations : « Je suis une femme » et « Je cherche à me construire moi-même », constitue l'essentiel de notre découverte.

1. Sexe et sexualité

La construction de soi est construction d'une sexualité à partir d'une expérience du corps, dont un des aspects principaux est le sexe ou le désir sexuel. Cette opposition entre le *sexe* et la *sexualité* constitue le cœur du raisonnement suivi ici. Le désir sexuel – la libido –, qui est impersonnel selon Freud, se transforme, à travers des rapports avec d'autres partenaires, en rapport à soi, en prise de conscience de soi comme être qui cherche par-dessus tout à se percevoir et à se sentir soi-même comme être désirant, en disant clairement que le plus important n'est pas la présence du désir, mais le rapport à soi qui s'opère à travers le désir et sa transformation en construction de soi à travers la médiation du rapport amoureux à l'autre ou aux autres. L'importance centrale de la sexualité pour la femme provient de sa base non sociale, puisque, dans les divers domaines de la vie sociale, la femme est souvent en situation d'infériorité. L'appel au « sexe » lui-même est libérateur. Bien que la construction sociale de la sexualité reproduise les inégalités et les discriminations acquises, la construction personnelle de l'individu prend appui sur l'activité sexuelle la plus désocialisée possible. De là l'importance extrême du corps comme espace de rapport à soi et de construction de soi. Les femmes cherchent à éprouver le plaisir de leur corps, à transformer celui-ci par le maquillage, la gymnastique ou la chirurgie esthétique. Ces conduites sont souvent interprétées par les hommes comme autant de manœuvres de séduction ; mais en réalité, c'est elles-mêmes que les femmes cherchent surtout à séduire. Quand nous avons introduit le thème de la séduction dans nos groupes de discussion, il a été rejeté avec vigueur et identifié au harcèlement sexuel, qui a provoqué des vagues d'indignation féminine aux États-Unis.

Ces premières remarques sont insuffisantes, puisqu'il reste difficile de tracer la frontière entre une sexualisation du corps de la femme par et pour elle-même et celle qui répond à la demande de l'homme. Et il est plus difficile encore de distinguer entre les publicités qui provoquent la colère des femmes (qui se jugent traitées en objets sexuels) et celles qui sont adoptées par elles parce qu'elles sont un moyen de renforcer leur propre « sexualisation ».

2. La destruction du genre

Ces indications sont au moins suffisantes pour illustrer la différence qui oppose la démarche adoptée ici aux nombreuses analyses menées au nom du *genre*. Il a été utile de réagir contre l'erreur naturaliste qui opposait les femmes aux hommes comme une espèce à une autre ou comme les mâles et les femelles d'une même espèce. Et d'opposer la femelle être biologique à la femme construite par la société. Cette idée simple a suscité un grand nombre de travaux remarquables, en particulier dans l'ordre de la socialisation, de l'éducation, en montrant comment les vêtements ou les jouets choisis, les attentes des parents et les enseignants construisent des modèles auxquels on oblige les enfants à se conformer. C'est un des sens dans lesquels on peut prendre la célèbre formule de Simone de Beauvoir : « On ne naît pas femme, on le devient. » Ce qui justifie le mieux cette démarche est la résistance que continuent à opposer les défenseurs de la « nature féminine » qui se taillent de si grands succès en transportant ou en réinventant des stéréotypes fondés sur l'idée d'une nature des femmes qu'on trouverait dans leur ADN ou dans... les étoiles. Mais la minceur réelle des différences entre l'ADN des hommes et des femmes et surtout la fragilité plus grande du Y qui porte la masculinité ont contribué à écarter ces discours qui recourent volontiers à des notions irrationnalistes.

La notion de *genre* a éclaté comme une bombe au milieu de ces discours aussi péremptoires qu'arbitraires. L'inégalité des chances et des résultats des femmes est apparue tout d'un coup comme une création humaine et le produit d'une idéologie au service d'une domination qui a construit les rôles masculins et féminins en les rendant inégaux. Mais l'examen plus approfondi de la notion de genre par les féministes les plus radicales aux États-Unis a renversé cette conception et a rejeté dans l'ombre des travaux qui interprétaient mal la réalité qu'ils observaient. La faiblesse de l'idée de genre tient, bien qu'elle définisse la femme comme une construction sociale, à ce qu'elle ne précise pas ce qui spécifie cette construction sociale du genre, puisque toutes les conduites humaines et presque toutes les relations sociales sont des constructions sociales. Dans une société différenciée et multiculturelle, on a été vite obligé de réduire la notion de genre à un simple rôle de repérage, étant donné la variété des constructions sociales du sexe à laquelle on assistait. Bref, rapidement, la définition du genre comme issu de la construction de rôles sociaux différenciés est apparue insuffisante.

La pensée féministe fut alors renouvelée par des réflexions plus radicales. Celles-ci remplacèrent l'idée vague de construction sociale des rôles de genre par une critique radicale du genre lui-même, à la suite de Judith Butler et d'autres philosophes féministes radicales inspirées en partie par Michel Foucault, et qui dénoncèrent dans le genre une mise en forme de la domination masculine, elle-même au service d'un modèle hégémonique de sexualité : la relation hétérosexuelle dominée par l'homme et sur laquelle se fonde la famille moderne. Alors que les auteurs qui se référaient à l'idée de genre souhaitaient une libération des femmes, les féministes radicales firent reconnaître le genre comme une construction au service du monopole des relations hétérosexuelles de type familial. Cette critique, qui a parfois été jusqu'au bout d'elle-même, en particulier chez Monique Wittig, a donné une force nouvelle à la volonté de détruire toute identité féminine. Monique Wittig refusait de se reconnaître, fût-ce biologiquement, comme une femme et ne se définissait que comme lesbienne, c'est-à-dire par son refus du modèle hétérosexuel dominant. Un tel extrémisme est difficile à suivre, et il est d'ailleurs resté isolé. Mais il n'est que la pointe acérée d'une critique radicale qui a déjà recouvert la notion de genre.

La destruction de la dualité naturelle et culturelle des deux genres a conduit les féministes les plus radicales vers la position *queer*, qui affirme l'absence de séparation globale entre hommes et femmes et se représente la sexualité de chacun comme un ensemble de morceaux des sexualités diverses que vivent tous les acteurs, selon les circonstances et leurs partenaires. Telle est la conception *queer*, qui récuse l'importance accordée au couple hétérosexuel par l'idéologie dominante et défend au contraire la diversité des conduites sexuelles définies soit par la nature des partenaires, soit par celle des relations établies entre eux. On n'assiste pas ici au retour du genre au sexe, mais à la découverte que la définition du sexe était en fait incorporée dans une définition plus large du genre, qui renvoie elle-même à la domination masculine. Le succès de cette pensée a été si grand que partout on redécouvre la diversité des conduites sexuelles : gays, lesbiennes, bisexuelles, transsexuelles, et beaucoup ont pensé qu'à l'intérieur des catégories homosexuelles il fallait tracer des frontières, difficiles à préciser, par exemple chez les lesbiennes entre *butch* et *fems*. On a aussi redonné de l'importance aux travestis qui avaient occupé une place plus importante à d'autres époques et surtout aux *drag queens* auxquelles ont été consacrés de nombreux écrits. L'intérêt remarquable porté depuis longtemps aux États-Unis aux transsexuels ne se limite pas à un retour à une analyse classique de la force des identités sexuelles ; il a produit aussi bien des études plus complètes sur la perception par les intéressé(e)s des relations entre leur ancienne et leur nouvelle identité.

Résumons ces analyses qui ont bouleversé la scène féministe et ont donné naissance à des débats dont l'écho ne cesse d'augmenter, au point que les intellectuelles féministes sont aujourd'hui un des groupes intellectuels les plus visibles aux États-Unis et ailleurs et les plus influents dans l'ensemble du domaine formé par la philosophie morale et la philosophie politique. Tout naturalisme et tout essentialisme sont ainsi écartés, et notamment la dualité de l'homme et de la femme, en tant qu'ils seraient au fondement de la vie sociale. Cette destruction critique du genre redonne une présence plus directe au sexe, et en particulier à la transgression des normes sociales.

La voie que j'ai moi-même adoptée, et qui s'efforce de rendre compte des conduites des femmes que j'ai observées, est si différente qu'elle peut sembler au premier abord comme se tenant à l'opposé de la pensée *queer*. Jugement que je rejette, car sans le travail difficile effectué par le groupe *queer*, il m'aurait été impossible d'échapper à une définition « sociale » des conduites féminines qui, tout en introduisant un certain relativisme culturel, fait disparaître l'action sexuée.

Cependant, rien ne saurait masquer l'opposition de deux démarches qui, si elles ne s'excluent pas, s'inscrivent dans des univers différents : mon analyse, on l'a compris, repose sur l'affirmation : « Je suis une femme », tandis que la démarche *queer*, comme d'autres, tend à briser ou à dissoudre l'identité féminine. Certes, les femmes avec qui j'ai travaillé, et qui se sont toutes affirmées en premier lieu comme des femmes, n'ont pas défendu l'idée d'une psychologie féminine et sont agacées d'entendre si souvent parler de la « féminité », par exemple lorsqu'il est question de défilés de mode. Mais la définition de la femme à partir de sa volonté d'existence autonome et par la construction de soi est autant éloignée de l'image de la femme réduite aux injustices et aux violences qu'elle subit que de l'effort déployé par certains en vue de faire éclater les identités.

Alors que l'axe des analyses classiques était celui de la transformation du sexe en genre, et que le triomphe du second pouvait aller jusqu'à la remise en cause de la réalité biologique du sexe, mon analyse se construit autour de l'axe sexe-sexualité. Ce qui exige une définition claire du mot sexe, qui est écrasé par la multiplicité de ses sens. Il faut poser d'abord l'existence première du sexe, qui est désir et libido, système de reproduction et déjà relation à l'autre. Affirmation qui conduit cependant à distinguer celles des conduites érotiques qui ne se chargent ni d'affection ni de projet de communication des autres formes de sexualité qui se construisent par des relations avec un ou une autre, et surtout par la construction de soi-même. Ainsi s'opère la transformation de l'existence sexuée en reconnaissance de soi-même à partir du sexe comme principe non social d'action et donc non dominé par la société mâle.

3. Le sexe contre le genre

Plus les analystes du genre insistaient sur les effets de pouvoir en faveur des relations hétérosexuelles, et plus le sexe lui-même était placé sous la direction du genre. Au point que Judith Butler, dans *Bodies that matter* (Routledge, 1993), présente les corps comme créés par des « normes régulatrices ». Le constructivisme se regarde lui-même comme indispensable si l'on veut éviter que la femme apparaisse comme nature et l'homme comme culture. Or c'est le chemin inverse que je crois nécessaire de suivre. Plus l'idée de genre est subordonnée à celle de domination masculine, et moins elle est capable de rendre compte de l'ensemble de l'expérience vécue.

Que le corps porte les marques du genre est indiscutable. De nombreuses études ont montré comment les postures du corps et ses fonctions biologiques ne sont pas de pure nature et portent la marque de différences entre groupes nationaux et sociaux. Mais il s'agit avant tout du corps pour les autres, et celui-ci ne représente qu'une partie des relations de l'individu avec son corps. Le sujet apparaît d'abord dans la conscience du corps, et plus précisément par le regard porté sur le corps, sur le mouvement d'un membre ou sur la température du corps entier, sans même qu'intervienne une conscience du corps sexué. Des images qui s'imposent à nous avec force sont celles du corps de Jésus le crucifié, celles des résistants antinazis, fusillés ou pendus, et aussi celles des victimes du 3 de Mayo espagnol. Ce sont ces images qui dominent l'affirmation de soi comme sujet libre et responsable, qui accepte la mort au nom de sa dignité de sujet. Ainsi la conscience d'être un sujet est-elle beaucoup plus profonde que l'appartenance (ou même la conscience d'appartenance) à un genre.

Le sexe lui-même ne se confond pas avec le genre, mais encore moins avec ce que je nomme la sexualité, qui se construit à partir du sexe à travers le rapport à l'autre et le rapport à soi. Le désir sexuel est un rapport direct, relativement peu déterminé socialement et beaucoup plus par le contenu des *feelings,* dont parle Nancy Chodorov, entre un individu et des pulsions ressenties comme autant de besoins. La libido, impersonnelle en elle-même, devient désir individuel avant même d'être, de manière plus complexe, désir de l'autre. Et cette priorité ne signifie pas que la dualité homme/femme se tienne au-dessus de toutes les autres catégories ; c'est même plutôt le contraire qu'il faudrait dire. Autant la construction du genre est dominée par le modèle hétérosexuel, autant le sexe n'est pas défini en termes de rôles. Autant l'opposition sociale homme/femme est généralement claire, autant le désir sexuel est relativement premier par rapport à la nature du partenaire. Il n'y a pas un sexe différent pour l'homme ou la femme hétérosexuels, pour l'homme ou la femme homosexuels, pour le ou la transsexuel(le) ; il n'existe pas de frontière claire entre des catégories dont le contenu relève plutôt du genre que du sexe.

Et l'opposition si constamment soulignée entre homo- et hétérosexuels apparaît, du point de vue de la sexualité, beaucoup plus limitée que le genre qui repose sur des images « socialement construites ». Autant la sexualité, telle que je la définis, est fortement marquée par le rapport à l'autre comme par le rapport à soi-même, autant on pourrait reconnaître une certaine indifférence du sexe quant à son partenaire.

Une conséquence de cette séparation du sexe, du genre et de la sexualité est qu'il existe nécessairement des conduites purement sexuelles qui n'incorporent ni construction sociale, ni rapport à l'autre, ni encore moins de rapport à soi-même. Ces conduites, qu'on peut appeler pornographiques, représentent le niveau zéro de la construction de la sexualité. C'est au nom de cela qu'elles sont rejetées ou condamnées. Mais c'est parce qu'elles représentent le premier niveau de construction de la sexualité qu'elles ne peuvent pas être éliminées et qu'elles connaissent même une diffusion toujours plus large à mesure que la sexualité se libère des normes sociales. Ce qui induit chez beaucoup des réactions ambiguës ou contradictoires face aux actes sexuels séparés de toute interprétation et de toute allusion à des relations affectives ; mais en même temps nous sentons bien qu'il serait dangereux d'en interdire la diffusion, car sans cette base délibérément brutale, l'ensemble des sexualités risquerait d'être fragilisé et même emporté par une répression morale toujours menaçante. Mais ce n'est là qu'une réaction superficielle, car dans notre culture le sexe est plus proche de Dieu et du Diable que des normes et des commandements. Ainsi en deçà et au-delà à la fois des normes régulatrices des conduites sexuelles, nous rencontrons, mêlées l'une à l'autre, la force du désir et l'interrogation sur l'être humain lui-même. L'une et l'autre, si elles prennent des formes différentes chez les hommes et chez les femmes, dans divers milieux sociaux et différentes époques, n'en sont pas moins toujours au fondement non social de la vie sociale, ce qui résiste au pouvoir au nom de la libido et au nom du sujet.

Si la sexualité se forme par étapes, jusqu'à devenir, comme l'ont si fortement affirmé les femmes que nous avons écoutées, la force principale de création de soi, dans toutes les cultures interviennent des expériences profondes qui détachent les individus de leurs rôles sociaux pour les placer en face d'eux-mêmes, et par conséquent pour les appeler à agir en tant que sujets.

Il ne s'agit pas ici de discuter des marges d'autonomie et de la capacité d'action dont disposent les individus et les groupes dominés par les idéaux régulateurs qui sont au service de l'hégémonie des relations hétérosexuelles. Il s'agit de marquer les limites d'un sociologisme « noir », qui est aussi arbitraire que le sociologisme « doré ». Les cadres sociaux ne nous déterminent pas plus en régulant nos fonctions qu'en nous imposant des normes qui nous assujettissent (un des sens que Michel Foucault donne à la subjectivation) au système dominant et nous imposent des formes de connaissance et d'action. C'est ainsi que s'impose déjà l'idée, qui hante tous nos documents, que la femme est un être moins « social », moins défini par les rôles sociaux que les hommes.

On a si souvent présenté au contraire les femmes comme des agents de transmission des normes et de reproduction de l'ordre établi qu'il est important de marquer le renversement de perspective et d'opposer aux hommes, fortement identifiés par des rôles sociaux, les femmes à la fois plus proches du sang et de la vie et plus sensibles à ce qui, dans la vie sociale, vient d'au-delà d'elle. Simone de Beauvoir avait déjà insisté pour séparer le sexe du « genre ». Les tentatives faites pour enlever toute autonomie au sexe et pour étendre sur tous les comportements la loi du modèle social et culturel dominant ont échoué, et cet échec s'inscrit dans l'épuisement de toutes les formes de référence à une domination totale et donc à une incapacité d'agir. C'est pourquoi le thème du sujet dont on a voulu célébrer la mort reçoit une nouvelle vie de la rencontre de l'individu avec sa vie, ses désirs, sa mort et de la présence en lui d'un décalage avec les normes sociales dominantes. Ce qui explique mieux pourquoi, aussi spontanément et régulièrement, les femmes que nous avons écoutées ont lié si fortement la production d'elles-mêmes avec la réussite de leur sexualité.

La sexualité n'est donc pas une donnée biologique et n'est pas davantage une construction sociale imposée par le pouvoir mâle. C'est la transformation des désirs sexuels en construction de soi, puisque la sexualité transforme un donné non social en affirmation – elle aussi non sociale – d'une liberté créatrice. La sexualité réordonne les poussées sexuelles pour qu'elles se réfléchissent sur l'expérience humaine et contribuent à créer l'acteur qui agit sur lui-même au lieu d'être déterminé par son environnement. J'y insisterai encore : le niveau le plus élevé de la construction de soi par la sexualité n'est pas le rapport à l'autre, bien que ce thème ait toujours eu un rôle créateur immense, parce que le sujet ne se construit que par un permanent retour sur soi, qui n'est ni égoïsme ni jouissance solitaire, mais l'affirmation de soi comme être de désir et la reconnaissance de l'autre comme création de sa propre liberté.

Les images de la sexualité qui dominent les discours sur notre culture ont favorisé la conscience d'une opposition entre la pression du désir et les contraintes d'une vie sociale dont la finalité est son propre renforcement. Entre ces deux forces opposées, l'une domine presque constamment l'autre et en enferme une grande partie dans la prison du refoulement où elle se mêle à d'autres éléments de l'inconscient. L'espace où pourrait se construire un sujet individuel libre est réduit ou absent. L'emprise de l'ordre social est si grande qu'il faut ouvrir une brèche dans ses murs pour que puissent s'écouler les désirs et les forces vitales. Pour les femmes, l'espace libre est beaucoup plus réduit encore, puisque leur libido tend à être transformée en fonction sociale de reproduction. L'ordre social qui règne dans la vie publique est complété et renforcé par l'ordre que les femmes font régner dans la vie privée : reproductrices, elles sont surtout éducatrices des enfants, en même temps qu'elles donnent de la sécurité à l'homme dont elles reconnaissent le pouvoir au nom du père. De telles images, celle de l'ordre dominant des hommes comme celle de la femme dominant le foyer, vont renforcer constamment la séparation de la vie privée et de la vie publique.

Mais il faut en revenir à l'expérience que nous avons acquise en écoutant des femmes parler sans chercher à interpréter d'emblée les paroles dites, mais en nous étant préparés à rencontrer ce qui était devenu invisible, un je centré sur lui-même, sur la construction de soi, à travers la transformation du sexe en sexualité, en partie en découvrant un rapport à l'autre, en partie aussi en luttant contre toutes les identifications à des objets extérieurs et donc en cultivant ce qui peut sembler relever du narcissisme mais qui est un retour sur soi plutôt que la recherche de soi dans l'image que le miroir d'eau nous renvoie.

Ce que nous entendons ou voyons chaque jour, si nos yeux et nos oreilles sont attentifs, est si différent de ce que nous annonçaient les discours les plus fortement constitués que nous avons de la peine à formuler nos hypothèses. Le champ étudié a été le plus souvent décrit comme dominé par le conflit entre des forces également situées hors du contrôle des acteurs particuliers, d'un côté la loi, de l'autre les pulsions, d'un côté le surmoi, de l'autre le ça. Ce qui laisse une place incertaine au moi, ou plutôt au je, si incertaine qu'on est tenté de penser que le sujet n'a pas d'existence propre, n'est que la ligne de rupture entre les pulsions et l'ordre. Très loin de cette interprétation, nous avons vu apparaître et s'affirmer dans l'ensemble du champ étudié un je, un sujet personnel qui se construit à partir des forces qui semblent conspirer à le réduire à l'impuissance et à la fausse conscience. Mais c'est un autre chemin qu'on est souvent tenté de choisir : le désir sexuel est moins refoulé; souvent il envahit la vie personnelle et la scène publique. Parallèlement, les images de l'ordre, de la loi du père défenseur de l'autorité se décomposent, surtout parce que le triomphe du capitalisme extrême, qu'on nomme la globalisation, détruit l'action propre de l'ordre social et remplace toutes les formes d'autorité par le marché et le profit. On voit se former une société sans norme, sans autorité, incapable de placer une frontière entre la libido libérée et le besoin d'apaiser les tensions internes. Nous sommes alors au plus loin des conceptions traditionnelles, mais tout aussi loin de ce que nous tentons d'apercevoir, c'est-à-dire le mouvement qui transforme le besoin sexuel en sexualité et en construction de soi, capables de se substituer à la conquête du monde. C'est alors dans la vie individuelle de chacun que se forme un sujet qui transforme le sexe en sexualité et le respect de l'autorité en volonté de se construire soi-même comme sujet, c'est-à-dire comme source des jugements de valeur que chacun porte sur lui-même.

Pourquoi cette création de soi comme être de désir et comme être de conscience à la fois s'opère-t-elle, au moment que nous évoquons, celui de la chute de l'ordre social et de la libération des pulsions, mieux et plus volontairement chez les femmes que chez les hommes? C'est d'abord – et peut-être avant tout – parce que sont présentes chez la femme à la fois la vie et sa reproduction, que l'une et l'autre marquent le corps de la femme plus que celui de l'homme et qu'elles atteignent leur force la plus élevée pendant la grossesse. Les femmes que nous avons interrogées ont nommé la grossesse (plus que l'accouchement ou la maternité) comme l'expérience la plus forte de leur vie de femme. Les deux expériences se complètent : celle de l'existence biologique qui se fait sentir dans les manifestations périodiques de leur corps et celle de la relation de la mère avec ses enfants (garçon ou fille) qui naissent en fusion avec cette mère première. Surgit alors l'objection que bien des femmes ne se sentent pas mères ou ne veulent pas le devenir et que d'autres considèrent le retour périodique de leurs règles comme une maladie dont il faut chercher à réduire le plus possible les effets psychologiques. Mais quelle est la catégorie, de quelque type qu'elle soit, qui impose des réactions, des sentiments, des idées semblables à tous leurs membres ? En revanche, il est difficile de trouver beaucoup de femmes vraiment indifférentes à ces deux expériences et à la fonction qu'elles tiennent dans la reproduction. En revanche, ce qui a perdu de la force est la conscience par les femmes de leur rôle social. On a peine à imaginer aujourd'hui qu'aient été employées des formules comme celles qui furent en vogue sous le régime de Vichy. Les femmes, au moins autant que les hommes, sont centrées sur elles-mêmes et dans le meilleur des cas sur la production d'elles-mêmes et refusent de prendre des décisions engageant leur vie personnelle au nom de devoirs qu'elles seraient supposées avoir à l'égard de la société.

Ainsi se dessine le chemin qui nous conduit vers nos analyses les plus centrales. Les femmes sont plus décalées que les hommes par rapport aux rôles que leur confère la société ; elles vivent ainsi constamment à la rencontre de ce qui résiste aux normes sociales et relève plutôt d'une expérience fondamentale qu'on peut appeler anthropologique. Les femmes vivent, plus que les hommes, en compagnie des forces de vie et de mort, confrontées à la construction toujours inachevée de la sexualité et en familiarité avec l'image de l'enfant né d'elles. De telles formules renversent l'idée de l'infériorité des femmes par rapport aux hommes, qui, eux, s'identifient à leurs rôles sociaux et en particulier à leur travail, soit quand il est de haute qualité professionnelle, soit, au contraire, quand il est fatigant et monotone.

Mais le renversement le plus important qu'opère notre analyse est que le sexe était un enfermement, tandis que la sexualité devient le moyen principal de la construction de soi. Le corps de la femme définissait ses fonctions, donc ses devoirs ; il devient un instrument et un langage de libération, et la construction de la sexualité à partir du sexe s'opère par l'intégration de toutes les phases de l'expérience corporelle et mentale, sexuelle, esthétique et morale. Ces transformations sont interprétées par certains comme généralisation, dans la population, des conduites qui étaient limitées auparavant à des catégories riches et éduquées, placées au centre de la vie sociale. Ce raisonnement si souvent avancé – il n'a rien de nouveau, puisqu'il sanctionne le passage d'une société élitiste à une société de masse – ne saurait convaincre. D'abord parce que depuis fort longtemps des femmes de milieu « populaire », ouvrières ou grisettes, ont fait preuve d'autant de liberté que d'autres que leur richesse destinait, semblait-il, à plus de liberté, et surtout parce que l'infériorité des femmes et les signes de leur soumission étaient autant marqués en haut de la société qu'en bas, de la même manière que la prostitution est partout fondée sur la location payante par des femmes (ou, moins souvent, par des hommes) de leur corps. Il ne saurait être non plus question de parler d'une libération générale des femmes. Les réalités présentes nous obligent à résister à de telles affirmations. Ce qui est nouveau, c'est le renforcement et la diffusion d'un rapport de la femme à elle-même, à travers la construction d'elle-même, par la mobilisation de toutes ses ressources, et en particulier de toutes celles à partir desquelles elle élabore et se choisit une sexualité. La confiance des femmes en elles-mêmes est inséparable de l'importance qu'elles donnent à la sexualité dans leur vie personnelle.

Ce rôle de la sexualité suggère la diversité de ses formes possibles d'expression. Encore faudrait-il être en mesure de présenter une description précise des pratiques sexuelles, ce qui est difficile étant donné que les enquêtes éclairent rarement le sens que les femmes (et les hommes) donnent à leurs conduites. Et il existe moins de témoignages sur les lesbiennes que sur les gays. Ce qui peut nous conduire à penser que les femmes restent plus dominées que les hommes par les modèles de conduite les plus anciens, de la même manière que les couples lesbiens sont plus stables et monogames, tandis qu'une grande proportion de gays ont un grand nombre de partenaires. Vraies ou fausses, ces affirmations témoignent surtout de la force avec laquelle se maintiennent les représentations traditionnelles des femmes et des hommes, mais elles n'infirment pas l'hypothèse présentée ici à partir de nos observations : à savoir que les femmes donnent plus d'importance que les hommes à la sexualité comme moyen de construction de soi, et, inversement, que les femmes sont moins identifiées que les hommes à leurs rôles sociaux.

4. Gays et lesbiennes

L'importance des homosexuels dans la transformation des genres, et donc de la condition des femmes, vient avant tout de leurs attaques contre l'unité des aspects de la vie féminine (sexe, amour, couple, famille), et par conséquent aussi masculine. Nous n'avons pas plus à entrer ici dans le détail des expériences homosexuelles et de leur diversité que dans celui des expériences hétérosexuelles et de leur diversité égale ou supérieure. L'important est le rôle propre tenu par les homosexuels : rôle avant tout de transgression, de renversement des rôles, fortement marqué par toutes les formes de travestissement qui culminent avec les *drag queens*. Ces conduites ont été condamnées de manière particulièrement violente par l'Église catholique, se fondant sur leur comportement « contre-nature », c'est-à-dire contre le primat de la reproduction qui serait la fonction principale du mariage, de même que l'amour serait justifié comme point de départ d'une relation qui aboutit à la création d'une famille. Mais dans une société où tout est artificiel, des vêtements aux remèdes médicaux, ce reproche d'agir contre la nature a perdu beaucoup de sa force. La diversité des mœurs et des pratiques sexuelles a également réduit l'isolement des homosexuels. Pourtant l'action autonome de ceux-ci est d'abord restée enfermée dans les doctrines révolutionnaires plus ou moins issues du marxisme. Ce qui ensuite a profondément changé la donne a été l'épidémie du sida, telle qu'elle a touché les pays occidentaux. Les publics de la télévision ont pu voir des hommes malades, des mères qui souffraient de la menace de mort qui pesait sur leur fils, mais aussi des gestes de solidarité. Quand le sida a cessé d'être, dans ces pays, une maladie systématiquement mortelle pour devenir une maladie chronique grave aux traitements lourds à supporter, l'image des homosexuels s'est transformée : on ne les a plus accusés d'être contre-nature, on a partagé leur souffrance en même temps qu'on les pressait de renforcer les mesures de prévention *(safe sex)*.

À partir de ces moments dramatiques, les homosexuels sont devenus des acteurs reconnus de la transformation des mœurs. Les gays, surtout, ont donné des conduites sexuelles une image de diversité. Ce qui a pourtant été en partie contredit par les pratiques observées par les groupes les plus extrêmes ou les plus provocants, et à l'intérieur des quartiers gays de San Francisco, de l'East Village à New

York ou du Marais à Paris. La visibilité des lesbiennes a toujours été plus faible, mais leur différenciation interne s'accroît de la même manière. Ne serait-il pas contradictoire de revendiquer la critique *queer* tout en se conformant à l'image d'une communauté intégrée ? En réalité, toutes les catégories liées au genre s'affaiblissent et tendent à se fragmenter ou à se dissoudre.

Encore faut-il préciser à quel niveau de conduites ces catégories sont définies. L'essentiel, en ce qui concerne les homosexuels, est de ne pas les considérer comme un « genre », de ne pas les identifier à certaines formes de sexualité comme à certains traits de caractère ou à certaines professions. Les images innombrables qu'on renvoie d'eux sont presque toujours marquées du signe du rejet ou en tout cas de la marginalité et de l'infériorité. On parle beaucoup de l'affaiblissement de ces stéréotypes et de ces préjugés et l'on entend partout des expressions de sympathie et d'estime à l'endroit des homosexuels ; on aimerait être certain que ne se reproduit pas ici le phénomène bien connu en vertu duquel on accepte d'autant mieux l'autre qu'il est plus lointain, et en particulier qu'il relève d'une catégorie générale, tandis que la résistance augmente à mesure qu'on est plus engagé soi-même dans la relation à l'autre, en particulier dans le cadre de liens familiaux. Au moins peut-on affirmer que l'image sociale de l'homosexualité est appelée à s'affaiblir et à se fragmenter comme celle des hétérosexuels. Au point même qu'on pourrait assister de plus en plus à l'abaissement des barrières qui séparent les homosexuels des hétérosexuels.

Au contraire, rien n'indique que les différences entre catégories de sexe tendent à s'affaiblir. Il n'y a aucune contradiction à affirmer que les genres s'affaiblissent et que les sexes maintiennent une forte identité, même si un nombre croissant d'individus ont des comportements bisexuels ou répondent au modèle suggéré par les *queer* d'une vie sexuelle plus éclatée.

Quoi qu'il en soit, il n'y a aucune raison de penser que les gays ou les lesbiennes ont des conduites spécifiques. La forme des préjugés contre les homosexuel(le)s, gays ou lesbiennes, la plus difficile à détruire est la création d'images globales, comme si l'homosexualité définissait un type complet de personnalité et d'action, idée que personne n'est tenté d'appliquer aux hétérosexuels. En fait, l'image des homosexuels reste marquée socialement, ce qui affaiblit leur rôle dans le changement de sens de la sexualité.

Ce qui fait la différence entre gays et lesbiennes, catégories dont le parallélisme a été fortement mis en question, en particulier par des femmes, est que l'homme qui choisit un homme choisit en même temps, qu'il le veuille ou non, celui qui occupait et occupe encore une position de pouvoir. Comme le rappellent les images homosexuelles associées aux collèges, aux unités militaires ou aux équipes sportives, cette spécificité permet aux gays une affirmation forte d'eux-mêmes (la *gay pride*). Du côté des femmes, Adrienne Rich a parlé de *continuum lesbien*, c'est-à-dire de l'absence de frontières nettes entre des relations affectueuses ou amicales sans relations sexuelles et les rapports sexuels eux-mêmes. On peut appliquer plus facilement aux femmes qu'aux hommes la notion d'« homoïté », employée par Leo Bersany dans *Homos* (1995, trad. fr. 1998.). Il n'y a pas de volonté dominatrice ou d'affirmation orgueilleuse du côté des lesbiennes, qui, en revanche, éprouvent plus directement cet attrait du même en même temps qu'elles vivent un désir homosexuel qui ne se réduit pas à la recherche du même. C'est pourquoi les lesbiennes rejettent aussi ce nom et préfèrent être nommées « femmes identifiées comme femmes ». Sur un plan plus large, enfin, les discours sur l'homosexualité (et par conséquent aussi sur l'hétérosexualité) ne se sont jamais libérés du mélange de deux types de définition : d'un côté l'affirmation des homosexuels comme une catégorie définie par un type de sexualité, et, de l'autre, l'idée d'une absence de frontière entre sexualité masculine et féminine, ce qui a conduit à parler de troisième sexe ou encore d'invertis. La lutte pour la reconnaissance et les droits s'est appuyée surtout sur une conception séparatiste, tandis qu'une fois cette étape « sociale » franchie, on parle davantage d'absence de frontière nette entre les « genres », ce qui peut aller jusqu'aux formes extrêmes de la critique *queer* des catégories d'homme et de femme. Cette complexité et même cette confusion constante ont été remarquablement analysées par Ève K. Sedgwick dans *Epistemology of the Closet* (University of California Press, 1990). Ne peut-on pas penser que les hommes, en tant que catégorie considérée comme supérieure, tendent à privilégier une approche intégratrice, c'est-à-dire à élargir le plus possible la définition des « tendances homosexuelles » chez les hommes et les femmes, tandis que les femmes ont une conduite plus défensive et se définissent comme une minorité ou comme un groupe séparé des autres ? Ce qui pourrait expliquer le repli fréquent sur soi des femmes homosexuelles, tandis que les gays recherchent une plus grande visibilité et donnent une définition plus large de leur propre catégorie.

Mais ces hypothèses n'ont qu'une importance secondaire par rapport à l'idée centrale d'Ève K. Sedgwick, à savoir qu'il existe une incohérence, apparemment impossible à dépasser, dans la définition des homosexuels. Ce qui peut expliquer que, autant la réflexion des homosexuel(le)s sur eux-mêmes a été active, autant leur place dans les transformations culturelles des femmes et dans leur signification historique est difficile à définir, ce qui explique que le thème de l'homosexualité, en particulier féminine, soit relativement peu présent dans les témoignages que nous avons réunis et dans nos propres analyses. Ce qui ne doit pas faire sous-estimer l'importance de leur « libération ».

5. L'AMBIVALENCE

C'est ici qu'il faut introduire le concept d'ambivalence, qui s'applique particulièrement bien aux conduites des femmes et dont l'emploi s'est répandu dans de nombreux domaines de la vie sociale. L'ambivalence correspond aux situations où le choix entre deux positions opposées est refusé, où il apparaît indispensable de maintenir et de combiner ces positions opposées, ce qui conduit ceux ou celles qui agissent ainsi à être mécontents de toutes leurs conduites, puisqu'ils ne se consacrent en entier à aucune d'entre elles. En même temps, il faut être conscient que la combinaison de choix imparfaits est la meilleure des solutions possible, tandis que la recherche d'une participation complète à un seul versant de chaque situation a des conséquences très négatives et conduit à des crises que le choix de conduites ambivalentes peut éliminer ou limiter. L'exemple est devenu classique de ces jeunes femmes italiennes à qui des enquêtrices demandaient à quoi elles souhaitaient donner la priorité dans leur vie : l'activité professionnelle ou la vie personnelle, et qui répondirent d'abord en se faisant répéter la question qu'elles prétendaient ne pas comprendre, puis déclarèrent qu'elles ne voulaient pas choisir entre les deux mais les combiner, tout en sachant qu'une participation limitée dans chaque domaine d'action entravait leur succès dans les autres domaines (la femme qui travaille sait que sa carrière sera compromise si elle est décidée à interrompre son travail lorsqu'un événement important de sa vie privée le réclame ; de la même manière, les mères qui travaillent s'inquiètent de ne pas s'occuper suffisamment de leurs enfants). Mais toutes jugeaient nécessaire de combiner ces deux vies.

L'importance croissante des conduites ambivalentes aux dépens des choix radicaux entre deux conduites considérées comme incompatibles marque une transformation culturelle si profonde qu'elle doit être placée au centre de l'analyse des comportements des femmes dans la période actuelle. Les conduites qui étaient définies par une opposition du type « ou… ou » étaient orientées par une certaine représentation de la société ou de l'histoire, tandis que le thème de l'ambivalence écarte toute « loi » de l'histoire ou toute conception fonctionnaliste de l'ordre social, en accordant la place centrale non plus au système, mais à l'acteur qui peut et doit ainsi combiner une forme de participation sociale avec une forme d'autonomie personnelle. C'est à partir du moment où chaque individu juge une situation par rapport à lui, et non plus par rapport au « sens » de cette situation, que celle-ci lui apparaît double, bonne et mauvaise à la fois, autant tournée vers le passé que vers l'avenir. Et c'est précisément ce qui nous arrive aujourd'hui. Le progrès sert la vie mais aussi la mort. L'ambivalence ne témoigne donc pas d'une hésitation entre deux positions opposées, ou même d'une réponse rationnelle à une situation ambiguë. Simonetta Tabboni, comme A.M. Calabró, reprenant la longue histoire de ce concept chez Simmel, Elias, Merton, et plus récemment Baumann, ont écarté cette acception trop faible, trop vague, d'une notion qui pourrait, si on la définissait ainsi, s'appliquer à presque toutes les situations historiques dans lesquelles il est rare que les jugements positifs et négatifs se portent entièrement d'un côté ou de l'autre. Le propre du jugement ambivalent est au contraire de devoir prendre parti entre des positions opposées mais qui comportent l'une et l'autre à la fois des éléments positifs et des éléments négatifs. Nous devons choisir en état d'ambivalence et nous ne pouvons le faire qu'en reconnaissant l'absence d'un « sens de l'histoire » et en évaluant les situations par rapport à des critères qui n'appartiennent plus à la situation jugée mais qui renvoient à un principe extérieur d'évaluation qui est toujours, sous une forme ou sous une autre, la référence à l'acteur lui-même comme principe de valorisation. C'est en ce sens que les pensées religieuses sont ambivalentes, car elles trouvent dans la réalité à la fois la marque du divin, du sacré ou du spirituel, et celle de la chute, du mal ou de la faiblesse qui cachent cette marque et nous empêchent d'agir conformément à ses indications.

Dans le monde « moderne », la notion qui porte le plus d'ambivalence est celle de libéralisme. Pas seulement parce qu'elle caractérise aussi bien l'aspiration des acteurs responsables que la disparition des régulations de l'économie, mais parce qu'elle est à la fois libératrice et destructrice des liens et des garants sociaux. Nos conduites, qui se définissent si souvent comme libérales, savent qu'elles ne peuvent pas choisir entre les deux sens de ce mot et que le meilleur choix possible est d'accepter que ces deux sens soient inséparables, que ce choix ne peut donc pas assurer une pleine satisfaction, mais que tout refus de ce choix conduirait à des catastrophes. Comment ne pas évoquer ici la conception inverse de F. W. Taylor quand il proclamait l'existence dans la production industrielle d'une *one best way*, d'une seule bonne manière de travailler ? Il avait adopté cette position parce qu'il ne pensait qu'en termes de rationalisation industrielle et qu'il ne considérait les travailleurs que comme des instruments passifs susceptibles d'appliquer les décisions rationnelles prises par les spécialistes.

Ce qui vient d'être dit du libéralisme s'applique aussi au socialisme et à l'ensemble des « grands récits » dont Jean-François Lyotard, en une phrase devenue justement classique, a annoncé la fin. Le plus puissant est celui de la révolution. Aujourd'hui, beaucoup de pays célèbrent leur révolution libératrice, depuis les grands exemples des XVIIe et XVIIIe siècles jusqu'à celles de la fin du XXe siècle qui ont éliminé des régimes autoritaires. Mais en même temps nous ne pouvons pas parler des révolutions sans que viennent à notre mémoire la Terreur et le goulag ou les camps de déportation chinois. Les grands récits se sont effacés ; les philosophies de l'histoire n'inspirent que méfiance ou mépris et nous apprenons (certes, difficilement) à juger l'histoire non plus en fonction d'elle-même mais du respect ou du mépris dans lequel sont tenus les droits de l'homme.

On peut, il est vrai, étendre davantage encore l'idée d'ambivalence, de telle sorte qu'elle désigne l'interdépendance d'exigences opposées, comme le souci de soi et le souci des autres – ou encore la reconnaissance de la diversité et la volonté d'intégration. Mais on lui enlève ainsi sa force qui est de nous dégager des philosophies de l'histoire et de substituer au recours illusoire au sens de l'évolution l'invocation de l'acteur lui-même et de sa capacité à construire son identité au milieu des changements sociaux.

Quel renversement général de perspective ! Nous étions centrés sur le monde, nous le sommes sur nous-mêmes. Mais pourquoi, dira-t-on, parler de ce grand changement à propos des femmes ? Que font-elles de plus que les hommes dans ce grand basculement ? À cette question difficile, il faut répondre d'abord que l'acquis principal de notre enquête est la force de la conscience que les femmes ont d'elles-mêmes. Ces femmes n'ont pas opposé le présent au passé, le temps des femmes libérées au temps des femmes esclaves. À ma grande surprise, d'ailleurs, car je parlais moi-même spontanément en ces termes, ayant vécu la plus grande partie de ma vie dans une société qui croyait à l'histoire. J'ai dû reconnaître que ces femmes évaluaient leur situation en fonction de leur capacité de s'y construire elles-mêmes et non pas du sens supposé d'une étape spécifique d'une évolution. Les femmes que nous avons écoutées ne parlaient ni de progrès ni de régression. Alors que les hommes, et par conséquent les discours publics dont ils ont le monopole, parlent presque toujours en ces termes, même quand ils s'inquiètent des menaces qui pèsent sur un développement durable.

Cette observation paraîtra si étrange que le lecteur aura certainement de la peine à l'admettre. Peut-être mettra-t-il en doute la qualité de notre écoute et notre interprétation. Ce que je comprendrais d'autant plus facilement que j'avais plus de raisons que n'importe qui de penser que les femmes porteraient un jugement historique sur l'évolution de leur situation. J'ai moi-même insisté pour leur présenter une analyse de type évolutionniste, parce qu'elle me semblait correspondre le mieux au discours féministe et post-féministe. Mais cette surprise, ce démenti inattendu, nous font parvenir au résultat le plus important de nos observations, à savoir que c'est par la sexualité qu'une femme se construit et s'évalue elle-même, dans la mesure où la sexualité, la transformation du désir en sujet autofondateur, devenu sa propre fin, est dans l'individu, tandis que les idées de libération, de progrès ou simplement d'avancée, introduisent l'idée d'un sens de la situation et même de l'histoire. Mettre la sexualité au centre de l'expérience, c'est basculer d'une pensée du monde vers une pensée de soi. Et il est difficile de penser que les hommes s'exprimeraient sur le même mode, puisque le discours des hommes s'entend partout, tandis que celui des femmes est encore presque absent de la scène publique.

Il aura fallu que nous leur offrions un espace réservé à leur parole pour que nous entendions cette référence constante à la sexualité, témoignant elle-même de l'éloignement de toute représentation historique de la condition des femmes.

Que nous sommes loin non seulement de la femme victime – dont la réalité ne saurait pour autant être mise en doute –, mais aussi de la femme conquérant lentement mais sûrement son égalité et sortant de l'ombre de la vie domestique pour entrer sur la scène publique, là où la raison, le calcul et la technique dominent les conduites. Les femmes ont un instrument solide d'évaluation d'elles-mêmes, la conscience de s'être construites elles-mêmes à travers la transformation du désir sexuel en sexualité. D'où le fait qu'elles sont pour le moins ambivalentes, quand il est question des transformations de ce qu'on appelle la condition féminine. Car elles ne parleraient pas comme elles le font si elles avaient la conviction qu'elles vivent une marche vers l'égalité. Leur jugement est beaucoup plus mitigé. Oui, des progrès importants ont été obtenus, mais le but à atteindre est encore très éloigné et personne ne se risque à dire quand il sera atteint. Les femmes vivent aujourd'hui dans une société qui reste très inégale et où, en particulier, l'accès aux fonctions de représentation politique reste pour elles très difficile. L'idée de la construction de soi par la sexualité et la perspective d'une avancée progressive vers l'égalité sont des démarches opposées l'une à l'autre. Les hommes n'ont pas de raison forte de renoncer à leur supériorité. Les femmes se détachent, au contraire, de l'évolutionnisme et du progressisme et avancent vers un changement radical de références qui nous fait passer d'une vision du monde à une conception de soi.

Cet engagement individualiste est très loin de se réduire à la recherche de l'intérêt ou du plaisir ; il est le fondement d'une éthique, c'est-à-dire d'une conception normative des rapports de chacun à soi-même, aux autres et aux institutions qui mettent en œuvre cette orientation morale, et par conséquent la conception des droits qui lui donnent une forme sociale. Ainsi se trouve expliquée dans toute sa force la préférence donnée par les femmes au rapport avec elles-mêmes sur leur rapport avec les hommes, et par conséquent sur toutes les formes sociales de relations qui conduisent à la formation d'un couple reconnu comme tel ou d'une famille, quelle que soit la composition de celle-ci.

Il faudrait, pour prendre une vue complète de ce grand renversement de la morale personnelle, connaître la réponse des hommes à ce que pensent les femmes – et surtout à ce qu'elles attendent d'eux –, mais notre recherche n'apporte pas de réponse à ces problèmes, qui ne peuvent être éclairés que par des documents produits par les hommes ou transcrivant le contenu de rencontres entre hommes et femmes.

Ce qui est certain, c'est que les femmes tendent fortement à ne plus se définir par rapport aux hommes et encore moins par des fonctions sociales ou psychologiques qui leur seraient réservées. Leur mouvement profond est même de récuser toute définition d'elles-mêmes par rapport aux hommes. Situation nouvelle qui est probablement plus difficile à vivre pour les hommes que pour les femmes. Celles-ci, en affirmant la priorité de leur sexualité personnelle, se comportent de la même manière que les hommes s'adaptant au modèle dominant. Il y a donc, de la part des femmes, une attente de réciprocité qui ne va pas sans soulever de graves problèmes, car elle fragilise évidemment tous les types de vie commune : comment les hommes n'éprouveraient-ils pas une difficulté croissante à comprendre et à prévoir le comportement des femmes, eux qui ont été habitués depuis si longtemps à définir les femmes par leur relation avec eux ? D'où le malaise qu'on perçoit aujourd'hui dans toutes les formes de relations sexuées entre hommes et femmes.

Dans certains pays, l'éducation sexuelle des femmes a déjà connu une transformation, conforme à ce renversement des rapports des femmes avec les hommes. On le voit en particulier dans l'importance nouvelle donnée par les sexologues et les psychologues comme par les femmes elles-mêmes au clitoris, alors que l'attention des hommes se porte surtout sur le vagin. Ce qui veut dire que les femmes sont de plus en plus préparées à atteindre l'orgasme par manipulation du clitoris – et même sans pénétration vaginale. Ce qui marque un bouleversement des mœurs et une expression concrète du sens le plus général des changements que nous avons perçus à travers nos entretiens et nos groupes de discussion. En France et dans bien d'autres pays, la transformation des représentations et des pratiques est plus lente et plus hésitante. Il est même fréquent que l'éducation sexuelle se limite à des informations biologiques, sans aborder les dimensions psychologiques de la sexualité qui sont pourtant au cœur de la formation de la personnalité. Il est urgent au contraire d'apercevoir les liens très directs qui existent entre tous les aspects de la sexualité et la nature des orientations générales d'une culture. Les documents produits par notre recherche (comme par d'autres) rendent évidente l'existence de ces liens et devraient orienter les interventions sociales vers une définition de plus en plus large de la place de la sexualité dans la formation de la personnalité et dans les relations interpersonnelles.

On entend trop fréquemment parler de décadence des modèles moraux et de sexualité affectivement et culturellement appauvrie pour caractériser nos sociétés. C'est pourquoi il est indispensable d'écouter des voix ordinaires, car on se convainc vite de la nouveauté de ce qu'elles disent. Ce n'est plus par une fonction sociale ou par des modèles culturels que se définissent les femmes, mais par un renversement d'attitudes et d'attentes qui fait de la création d'elles-mêmes comme femmes-sujets l'exigence principale, au-delà des différences de condition sociale et d'aptitude à manier le langage. Et c'est parce qu'il s'agit de comprendre des voix de tous les jours que les changements évoqués ou souhaités prennent toute leur importance.

Conclusion

Parce que la situation des femmes a été transformée par l'action féministe, nous avons tendance à réduire la condition féminine aux dépendances que les féministes sont parvenues peu à peu à supprimer ou en tout cas à entamer. Or il faut, pour saisir le contenu souvent positif des paroles des femmes que nous avons entendues, nous mettre en garde contre la réduction de la vie des femmes aux effets de la domination mâle. Ce rappel à l'évidence n'enlève rien à la nécessité d'une analyse critique mais il contribue à amortir la surprise que peuvent susciter les réponses affirmatives et confiantes que nous avons entendues.

Les analyses présentées ici sont souvent bien différentes de la plupart de celles que nous lisons dans la bibliothèque foisonnante des études sur la condition et l'action des femmes ; mais elles trouvent aussi dans ces études des appuis sans lesquels elle aurait pu difficilement se constituer. Je prends deux exemples majeurs pour illustrer mes propos.

Le premier est celui des études, de plus en plus nombreuses, consacrées aux violences que subissent les femmes. Il est difficile de savoir si leur fréquence augmente ou est stable, puisqu'ici comme ailleurs, en matière de statistiques sociales, la propension à déclarer un crime varie pour beaucoup de raisons. Mais nous attachons une importance croissante à ces violences, ce qui attire l'attention sur elles et influence notre conception de la vie sociale. Il y a quelques années à peine, la catégorie des violences conjugales, et même des viols conjugaux, n'était pas isolée, et quand on évoquait les violences subies par les femmes, on les expliquait par le bas niveau économique et éducatif de ceux qui les commettaient. Nous savons désormais que cette approche ne correspond pas à la réalité et que la violence contre les femmes est beaucoup plus répandue qu'on le croyait ; de même que l'inceste, dont les filles et les épouses ou les compagnes sont les principales victimes. Cette conscience de la violence exercée par les hommes nous interdit de parler de progrès lents mais certains vers la libération des femmes et leur égalité avec les hommes. Certains parlent des effets de la décomposition des hiérarchies sociales et de la définition des statuts ; mais ce n'est qu'une des explications possibles. La première leçon à tirer de ce constat est que nous devons renoncer à toute philosophie progressiste de l'histoire ; ce qui nous oblige à ce renversement de l'analyse dont j'ai parlé plus haut. L'action des femmes ne s'explique pas par le sens de l'histoire, mais c'est au contraire la reconnaissance de la femme comme sujet qui nous oblige à parler d'une situation historique et de son évolution en termes d'ambivalence et par conséquent à reconsidérer l'opposition homme/femme. Ce qui justifie cette position est, au-delà de la qualité exceptionnelle des travaux des philosophes féministes américaines, la destruction de toutes les définitions « sociales » de la femme. Un séjour dans la pensée *queer* protège durablement contre tous les discours à la fois faciles et dangereux sur la *personnalité* des femmes, sur le rôle qu'elles attachent à l'intuition, aux affects et aux relations personnelles. Nous ne pouvons pas davantage nous satisfaire de la place si souvent centrale conférée au thème de l'égalité.

D'abord parce qu'il faut d'emblée reconnaître que, comme le dit depuis longtemps Antoinette Fouque, il y a deux sexes, et surtout parce que la construction de la femme comme sujet place au centre de l'analyse la notion de sujet et non pas une définition « réaliste » de la femme. Le sens des conduites si innovantes des femmes n'est ni la recherche de l'égalité ni l'affirmation de la différence. Certes, la combinaison de l'égalité et de la différence est un des problèmes centraux de notre réflexion morale ; certes, les femmes, dans leur majorité, refusent le choix entre l'une et l'autre et sont donc, dans ce domaine central de leur choix, en état d'ambivalence, dans le sens précis de ce mot que je tiens à utiliser. Mais il y a plus encore dans l'affirmation d'elles-mêmes, car la différence qu'elles vivent n'est pas celle qui distingue les femmes des hommes mais celle qui favorise l'émergence d'une nouvelle morale, d'un nouveau mode de vie qui s'éloigne vite et loin du modèle qu'hommes et femmes avaient partagé. Ce n'est donc pas sur l'apparition d'une nouvelle représentation du monde qu'il faut conclure ce chapitre, mais sur un nouveau rapport des femmes à leur corps, en particulier dans leur expérience de la sexualité, car c'est là que se manifeste la nouvelle culture qui s'introduit par les femmes. Cette dissociation-association du corps et de la personne, des désirs et des aspirations, du plaisir et de la joie, qui est un mouvement vers le bonheur, est au plus loin de la réduction de la personnalité au désir et au plaisir, du remplacement de la volonté d'être par l'attente de la consommation.

La femme se constitue en sujet, c'est-à-dire en volonté de soi, à travers la distance qu'elle laisse s'ouvrir en elle entre le corps et la pensée ou le rêve du corps. C'est pourquoi la sexualité occupe une place si centrale dans l'expérience que les femmes ont d'elles-mêmes. Expression qui peut devenir fausse et dangereuse si l'on croit que les femmes cherchent à consommer du « sexe », comme des produits de beauté ou des programmes d'étude. Les hommes ne connaissent pas aussi bien cette part d'étrangeté qui gît en eux-mêmes. L'homme construit le sens de son existence, sa raison d'être, à partir du travail, de la guerre et de la responsabilité. La femme vit le rapport le plus profond avec elle-même, c'est-à-dire avec les forces de vie et de mort dans lesquelles se glisse tout rapport à soi-même. Les hommes le savent et sont attirés par cette nouvelle manière de vivre, mais ils ne savent pas comment s'en rapprocher et sont attachés à l'image d'eux-mêmes qu'ils ont construite, en même temps qu'ils bâtissaient leur domination sur la nature, les techniques et les femmes. La parole des femmes, qu'il est toujours difficile d'entendre mais qu'on perçoit mieux dans un espace libéré, comme celui que nous avons créé, est plus nouvelle que le pensent la plupart des femmes elles-mêmes ; car elle n'appelle pas un rapprochement des femmes et des hommes dans une société unisexe, c'est-à-dire en fait masculinisée. Une écoute distraite pourrait réputer bien traditionnelle cette parole qui parle autant de vie privée que de projets personnels et aime à se faire entendre en des lieux non mixtes. Mais ici l'importance de ce qui est en jeu, c'est-à-dire la place des femmes dans la société et leurs rapports avec les hommes, est si grande qu'il faut écouter attentivement cette parole. Or ce que nous avons entendu, j'y insiste, s'est imposé à nous par sa nouveauté, sa cohérence et surtout sa distance avec ce que les femmes, comme les hommes, s'attendaient à entendre quand les femmes auraient la parole. Il faut donc accepter ce qui a été entendu et s'interroger sur ce qu'engage la nouvelle représentation que les femmes ont d'elles-mêmes.

Les résultats présentés ici, dans des termes aussi proches que possible de ceux qui ont été utilisés par les femmes que nous avons écoutées, ont une portée si générale qu'il faut s'y arrêter encore un moment pour dégager leur signification la plus générale.

Ce livre, au-delà de ses résultats directs, voudrait, dans le prolongement d'*Un nouveau paradigme* (2005) et de nombreux écrits antérieurs, manifester la conviction qu'après une longue période de rejet de l'idée de sujet, le temps est venu, largement venu même, de porter la bataille contre des ennemis réels.

Nous sommes plongés dans une économie mondialisée ; nous ne sommes pas sortis des régimes totalitaires, de leurs camps de concentration et de leur censure ; nous sommes confrontés à des armées et à des prêcheurs qui, au nom du respect des cultures, prétendent imposer leurs lois et leurs interdits. Les dangers proviennent de presque toutes les parties du monde, comme nous l'avons appris depuis le début d'un siècle à peine né. C'est face à tous ces dangers que l'idée de sujet prend sa pleine dimension. Elle nous protège contre la toute-puissance des marchés ; elle affirme l'universalisme des droits contre la dictature communautaire ; elle place l'enfant ou l'élève au centre de l'éducation au lieu de le mettre au service d'une sacralité, quelle qu'elle soit.

Nous avons épuisé l'exaltation des conquêtes et reconnu les souffrances que nous avons causées à ceux que nos chevaux, nos machines et nos langages ont foulés aux pieds. Nous sommes à la recherche de nouveaux équilibres, mais nous ne parviendrons à les instaurer que si nous donnons à l'idée de sujet la place centrale qu'elle a occupée par le passé, du christianisme à la philosophie des Lumières, des révolutions de citoyens et de travailleurs à la libération des peuples colonisés et des femmes dépendantes.

J'ai pleinement conscience que de tous côtés de grandes initiatives sont prises, de nouveaux discours s'élaborent. Celui d'Amartya Sen, contre les modèles économiques de comportement social, a montré que la reconnaissance de l'autre était le plus court chemin vers le respect de soi, et sur ce point Amartya Sen rejoint Charles Taylor. Les sociologues, depuis plus d'un quart de siècle, ont montré, de leur côté, la fécondité de l'orientation qui anime le présent livre et celle des éducateurs et travailleurs sociaux qui interviennent dans les conditions les plus difficiles pour sauver les *capabilities* des individus qui ont le moins de chances de construire leur vie.

Tous ceux et celles qui sont convaincus que les êtres humains agissent constamment par référence à une image du sujet doivent se sentir responsables de notre liberté et de nos chances de vivre dans ce monde comme des sujets, et cela jusqu'aux limites du possible.

DEUXIÈME PARTIE

De la société des hommes à la société des femmes

CHAPITRE V

Les femmes et les hommes

1. La parole des femmes contre les discours sur les femmes

L'affirmation des femmes par elles-mêmes, leurs luttes pour modifier des lois et faire disparaître les inégalités rendent évidente, semble-t-il, la dimension conflictuelle des rapports entre hommes et femmes. La formulation la meilleure de ce conflit n'est-elle pas la plus simple : les hommes dominent les femmes ? C'était vrai hier, ça l'est encore aujourd'hui, en partie au moins, et sous de nouvelles formes. C'est donc d'abord l'homme qui doit être attaqué, puisque c'est lui qui établit et maintient l'inégalité en sa faveur. De telles accusations si fréquemment formulées, et la volonté des femmes de mettre fin à la domination masculine, sont si faciles à comprendre et correspondent si bien à l'expérience quotidienne qu'on pourrait être tenté d'arrêter là l'analyse.

Or, la plus élémentaire réflexion convainc que cette réponse est fausse. Parce que, nous le savons, les femmes ont aujourd'hui des objectifs positifs en ce qui les concerne elles-mêmes et non pas seulement des objectifs négatifs de lutte contre la domination masculine. De plus, les jugements globalement négatifs portant contre les hommes s'accompagnent souvent d'une réserve : je ne dis pas ça pour moi, car mon compagnon est au contraire très attentif à mes désirs. Il n'y a pas de guerre des sexes, sauf dans des lambeaux d'idéologie, et on ne peut même pas parler du mouvement des femmes comme des mouvements sociaux classiques, puisque ceux-ci opposent des groupes sociaux en vue de l'utilisation des principales ressources d'une société : savoir, capital, organisation, gestion des médias.

Conclure que les femmes ne considèrent pas les hommes seulement comme les maîtres qui les exploitent ne veut pas dire qu'un tel conflit n'existe pas. Au contraire, ce qui s'observe est l'opposition de deux visions générales du monde qui débordent les intérêts sociaux de chaque catégorie : les hommes ont créé et géré une société polarisée entre les catégories supérieures et celles que les premières infériorisent, tandis que les femmes veulent recomposer en un ensemble les éléments qui ont été si longtemps séparés. Cette opposition, qui est culturelle autant que sociale, ne peut pas être formulée en termes de lutte des classes. Même s'il est commode de dire que la femme est le prolétaire de l'homme, cette image ne conduit à aucune compréhension réelle des rapports entre hommes et femmes. Renonçons à cette rhétorique qui n'explique rien. Qui croit vraiment que les relations amoureuses, les rôles familiaux et les rapports de couple ne sont que des déguisements de la guerre des sexes ? Autant il est nécessaire de mettre au jour les éléments de conflit (et même de guerre) qui opposent souvent hommes et femmes dans leurs relations les plus intimes, autant il faut résister à une représentation qui n'a qu'une faible prise sur la réalité.

L'image des femmes que leurs propos nous ont imposée est si différente de celles qui sont si largement répandues qu'il est peu probable qu'elle soit compatible avec l'une ou l'autre des images traditionnelles qui se diffusent encore. Mais il ne s'agit pas ici de se reposer sur des résultats d'enquête. D'abord parce que le matériel dont nous disposons ne permet aucune conclusion quantitative du type : la majorité des femmes pense telle ou telle chose, ensuite et surtout parce que notre intention est d'une autre nature.

On vient de le voir : les femmes que nous avons interrogées, et qui vivent en France, ou plus précisément à Paris au début du XXIe siècle, s'affirment positivement comme femmes et non comme victimes d'un pouvoir masculin, et elles ont pour but principal la construction d'elles-mêmes, en premier lieu à travers leur sexualité. Ces actrices sociales sont finalement très conscientes que leur destin personnel et collectif se joue dans la vie privée, qui, de ce fait, devient un espace public, politique serait-on tenté de dire, si ces femmes n'étaient pas aussi activement hostiles à tout ce qui porte l'étiquette « politique ».

2. Les hommes, au loin

Les femmes entre elles parlent relativement peu des hommes. Relativement en ce sens qu'on aurait pu s'attendre à ce que ce soit leur principal sujet de conversation. Les femmes ne sont-elles pas définies par leur genre plus que les hommes, qui profitent de la confusion volontaire entre *homo* et *vir* ? Parler des femmes, n'est-ce pas parler mariage et divorce, relations sexuelles et relations amoureuses, séduction et trahison ? L'homme n'est-il pas presque toujours présent dans l'histoire de vie de la plupart des femmes, qu'il soit question d'un compagnon ou du père de ses enfants, qu'elles sentent monter en elles le désir ou se disent battues ou méprisées ? Et cette prédominance du rapport au conjoint ou au partenaire ne s'est-elle pas récemment étendue aux homosexuels qui parlent de mariage et de PACS plus souvent maintenant que de leur parade ou d'actes de transgression ?

Dans une étude réalisée peu après Mai 1968, nous avions entendu des femmes parler surtout de leur mère. Il s'agissait de femmes qui avaient consacré bien des années à militer en faveur de la contraception, du droit à l'avortement et pour le féminisme en général. Elles avaient été déçues par le rôle subalterne dans lequel les hommes les avaient installées en 1968 ; elles s'interrogeaient, compte tenu de leur âge, sur leur projet de vie. C'était maintenant ou jamais, pensaient-elles, qu'elles devaient devenir mères, et c'est parce qu'elles réfléchissaient à la maternité qu'elles pensaient tant à leur propre mère et aux relations entre mère et enfant. Cette situation, liée à une conjoncture si particulière, n'est plus d'actualité. La grande majorité des femmes désire avoir un ou plutôt deux enfants, mais elles retardent le moment de leur naissance qui, dans presque la moitié des cas, intervient hors mariage. Elles affirment aussi plus nettement le droit au non-désir d'enfant, qui s'est s'exprimé dans nos groupes de discussion.

Tout semblerait les porter à parler des hommes, beaucoup plus que de leur mère ou de leurs enfants, et pourtant elles insistent constamment sur la nécessité d'espaces non mixtes, depuis la chambre à soi, considérée comme absolument nécessaire depuis Virginia Woolf, jusqu'aux rencontres et aux dîners de femmes, en passant par des activités sportives. Ces réponses n'indiquent aucun rejet de la mixité, si récemment introduite dans les écoles en France, mais elles témoignent de l'acceptation d'une non-mixité occasionnelle : pourquoi obliger les filles à jouer au football dans la cour de l'école et leur refuser une séparation partielle en matière de loisirs ? Le mélange complet des genres n'a jamais été accepté, même à Nanterre en 1968, où les toilettes déclarées mixtes avaient été vite réorganisées pour séparer les hommes des femmes. Cette relative absence d'intérêt pour les hommes n'est porteuse d'aucune hostilité. Ce sentiment négatif, autant qu'une forte attraction, susciterait au contraire une attention soutenue. Et c'est vers d'autres explications, moins immédiates, qu'il faut se tourner.

La première s'inscrit dans le prolongement direct des chapitres précédents. Les femmes se préoccupent moins des hommes que d'*elles-mêmes*, parce que leur objectif principal est la construction d'elles-mêmes. C'est leur vie privée, individuelle, qui a le plus d'importance à leurs yeux. Ce qui ne doit pas être entendu comme le signe d'un individualisme exacerbé, mais au contraire comme l'expression de la conscience que les problèmes publics les plus importants sont ceux qui concernent la vie privée. Idée qui n'est pas aussi présente chez les hommes, qui continuent à placer la sphère publique au-dessus de la sphère privée et à faire de cette conviction un élément positif du point de vue de l'estime de soi. N'est-ce pas là une des principales différences entre hommes et femmes, au moins dans la période contemporaine et dans la partie du monde où nos observations se situent ?

Femmes et hommes ne s'opposent pas directement et ne suivent pas non plus des chemins convergents. Ils ont des représentations très différentes de la vie publique. Pour les hommes, celle-ci a un contenu politique et concerne avant tout les dirigeants ; pour les femmes, les problèmes privés doivent occuper le cœur de la vie publique, et ces problèmes sont ceux qui ont été mis en avant par le mouvement féministe. De ce point de vue, il est faux de dire que les femmes ne s'intéressent qu'à la vie privée et les hommes à la vie publique. En fait, les hommes séparent vie publique et vie privée, à la différence des femmes, qui les unissent au prix d'une forte méfiance et même parfois d'une véritable hostilité à l'égard de la vie politique. Les hommes apparaissent donc aux femmes comme intéressés par une vision trop lointaine de la vie publique et trop habitués à s'enfermer dans des jeux stratégiques où chacun joue le rôle d'une puissance qui influence l'avenir du monde. Ce qui donne aux conversations des femmes une allure plus souple, où vie privée et vie publique se mêlent, tandis que les hommes, qui disposent souvent de plus d'informations, surtout internationales, donnent l'impression de régler dans leurs conversations l'avenir du monde sans exercer la moindre influence sur les événements.

Cette présentation des choses peut paraître bien arbitraire ; elle ne prétend pas à révéler une vérité cachée, mais il faut en retenir le décalage qui existe entre hommes et femmes.

Au cours de nos conversations et de nos discussions, nous avons, par exemple, rarement entendu parler du *couple*. Or non seulement ce thème avait toujours été très présent dans les débats, mais il y a peu de temps encore il apparaissait comme porteur d'analyses nouvelles. On parlait de thérapie de couple, on soulignait la grande importance de l'état du couple pour comprendre en particulier les conduites des enfants. Il semblait plus intéressant de parler du couple – quel que soit le statut de celui-ci – plutôt que des hommes ou des femmes. Au contraire, nous avons constamment entendu les femmes parler d'elles-mêmes et de la construction de leur vie comme liberté recherchée et comme bonheur vécu. La présence de l'homme, rarement présentée sur un ton personnel, est analysée le plus souvent comme un regard nécessaire pour la femme, qui trouve ou non dans l'homme la confirmation de ce qu'elle attend de lui. Un regard, celui de l'homme, qui est aussi regard de la femme qui a besoin de cet échange pour se comprendre elle-même. On est étonné d'entendre si souvent prononcé le mot féminité qui implique une relation à l'homme en même temps qu'un regard sur soi-même.

La force des femmes apparaît mieux dans le rapport aux enfants. La formule de combat : « Un enfant, si je veux, quand je veux » n'est pas rejetée, même si le plus souvent il est rappelé que la décision de concevoir un enfant est prise conjointement. Certaines femmes déclarent même que c'est elles qui prennent cette décision, et que leur compagnon, qu'elles se contentent d'avertir, est censé accepter la décision, on peut le penser, est prise par la femme quand elle anticipe une réaction positive de l'homme.

Après avoir entendu pendant des siècles parler de l'opposition entre les hommes forts et les faibles femmes, nous entendons souvent un discours contraire, qui insiste sur la faiblesse des hommes. Ce discours se présente parfois comme scientifique. Élisabeth Badinter a rappelé la fragilité du Y qui distingue l'homme de la femme ; mais comment ne pas voir dans ces considérations le reflet d'un changement des représentations ? Alors que le monde est encore assourdi par les cris, les ordres, les discours proférés par les hommes, nous découvrons de plus en plus que les femmes ont déjà pris la *parole*, alors que les hommes détiennent encore l'argent et le pouvoir. Les femmes parlent de leurs rapports avec les hommes, et surtout de leur rapport à elles-mêmes, alors que les hommes restent le plus souvent silencieux, répugnent à reprendre à leur compte les discours « macho » qui les embarrassent, même quand ils donnent l'impression d'y adhérer. Très minoritaires dans nos groupes, les hommes n'ont évidemment pas pu s'exprimer de manière très indépendante et ils ont dit à plusieurs reprises leur accord avec le discours des femmes. Le thème le plus souvent introduit par des hommes pour parler d'eux-mêmes est qu'ils n'ont pas le choix de leur genre de vie : ils sont condamnés à accorder la priorité au travail, à la carrière, au revenu. Ils voudraient sans doute se rapprocher d'une vie plus équilibrée, celle que connaissent les femmes ; mais ils savent parfaitement qu'ils ne sont pas près d'y parvenir, tant sont lourdes les obligations qui pèsent sur eux et auxquelles ils consacrent leur énergie, car c'est leur carrière qui est en jeu et tout ce qui constitue l'univers du travail. Ce qui a fait la puissance (et donc le pouvoir) des hommes est ainsi vécu par nombre d'entre eux comme une charge, surtout parmi ceux qui exercent une fonction de pouvoir ou d'influence. Mais, les déclarations des hommes sur la supériorité des femmes n'empêchent pas qu'il est difficile pour eux d'être placés sous les ordres d'une femme. À un autre niveau, les hommes reconnaissent que le *sexual harassment* des femmes au travail est fréquemment pratiqué, alors que la situation inverse est rarement mentionnée.

Ce serait s'engager sur un mauvais chemin que de comparer les qualités (et les défauts) des hommes et des femmes, comme si ces catégories étaient homogènes. Elles n'existent que faiblement, puisque les rapports de sexualité ne se réduisent pas à la domination et à l'exploitation, et surtout parce que les femmes s'affirment elles-mêmes plutôt qu'elles ne se comparent aux hommes. Ce que nous observons, c'est l'affirmation d'un acteur collectif de type nouveau, les femmes, qui ne constituent ni une catégorie, qui serait d'ailleurs trop vaste pour que beaucoup d'attributs soient communs à tous ses membres, ni un pur mouvement social, défini par un rapport conflictuel central en même temps que par une vision culturelle commune aux adversaires sociaux en conflit.

3. Le mythe de la domination absolue

Cette dernière définition correspond bien au féminisme, qui a lutté politiquement et socialement pour éliminer les inégalités, les injustices, les discriminations, mais non pas aux actrices post-féministes que nous avons écoutées, car ce qui s'est dit tout au long de nos interviews et dans le cadre de nos groupes de discussion ne témoigne pas plus d'un mouvement social que de qualités qui seraient particulières aux femmes ou bien révéleraient leur supériorité (voire leur éventuelle infériorité).

Ce dont témoignent nos interviews c'est du changement de position et de statut des femmes dans la société, mais aussi de l'invention d'une société de femmes où les hommes sont en position relativement faible et manifestent de l'anxiété. Cette formule ne prétend pas suggérer que les femmes sont en train d'acquérir des qualifications et des responsabilités auxquelles elles ne pouvaient prétendre auparavant. Elle signifie que les femmes sont en train d'instaurer un type de société dont la nouveauté principale réside précisément dans le fait qu'elles sont passées du rôle de consommatrices à celui de productrices d'une organisation sociale, de représentations culturelles, d'idéologies.

Cette démarche n'implique aucun jugement sur les différences entre hommes et femmes, aucune considération sur la psychologie des femmes et sur la féminité en général. C'est pourquoi elle ne pourra être complétée et rendue plus claire que quand elle aura été redéfinie en termes historiques comme un élément de la transformation générale de l'espace social et culturel. Mais inversement, il serait arbitraire d'introduire une image de cette transformation sans avoir d'abord observé et analysé ce renversement de la figure des femmes. Ce qui m'apparaît comme un point de départ nécessaire est le plus souvent ignoré et étouffé, surtout parce que le féminisme a démontré, par son existence même, la capacité de lutte des femmes, tandis que dans la période post-féministe, où n'est plus visible l'action collective organisée, l'idée se répand que les femmes sont dominées, manipulées, privées de parole et d'images, réduites à être une création du pouvoir masculin. Dans aucun autre cas peut-être, cette théorie de la domination n'a été poussée jusqu'à réduire la conscience (en l'occurrence celle des femmes) à une fausse conscience. Dans l'étude de la conscience ouvrière, on a toujours reconnu l'existence d'un « monde du travail » caractérisé par ses métiers et la solidarité qui unifiait ses membres. Contre cette image caricaturale des femmes et pour ne pas les laisser réduire à la dépendance dans laquelle elles se trouvent à l'égard des hommes, il faut insister sur la diversité interne de cette vaste catégorie, et surtout rechercher les actrices derrière les victimes.

Les femmes ont une image positive d'elles-mêmes ; elles ont pour objectif leur propre développement personnel et elles poussent la hardiesse jusqu'à penser que ce n'est pas en premier lieu par une participation élargie à la vie professionnelle mais par la transformation de leur vie privée, de leur rapport à leur corps, de la construction de leur sexualité qu'elles y parviendront. Les femmes se définissent par rapport à elles-mêmes, plus que par rapport aux hommes, on l'a dit. On pourrait s'arrêter là et se retourner en arrière pour élargir le chemin ouvert dans la forêt des préjugés. Et pourquoi ne pas le faire en effet ?

On pourrait en particulier se demander quel est le sens de cette idéologie de la dépendance entière de la femme par rapport à la domination masculine, qui a pris une importance croissante dans une période où, mêlée aux limites et aux lenteurs de la marche vers l'égalité et à la fréquence élevée des violences subies, la capacité d'expression et d'ascension professionnelle des femmes a nettement progressé, comme le prouvent les statistiques sociales. Ne faut-il pas voir dans le développement du thème de la dépendance extrême une forme aiguë de la haine de soi et de la honte de soi, qui caractérisent tant d'hommes qui vivent l'affaiblissement d'eux-mêmes, en tant que membres de l'élite qui dominait le monde ? Ces sentiments ont été très présents chez les intellectuels, soucieux avant tout de s'opposer à la bourgeoisie d'argent, au point de se mettre assez souvent au service de régimes autoritaires qui parlaient au nom d'un peuple imaginaire. Au point aussi de chanter les mérites des identités culturelles qui sont détruites par la culture occidentale – et en particulier par la domination masculine. Et n'a-t-on pas vu finalement quelques hommes faire preuve d'un orgueil sans limite, tout en satisfaisant leur haine d'eux-mêmes, en affirmant que les femmes sont réduites par les hommes à être des esclaves dont l'identité, la conscience et les conduites ne sont que les effets de la domination qu'ils exercent sur elles ? Cette autocritique des intellectuels occidentaux a eu un rôle très positif : elle a fortement contribué à la libération des dominées, mais elle a eu aussi un rôle négatif et elle est même devenue un instrument aux mains de ceux qui exercent la domination qu'elle dénonce, lorsqu'elle refuse de reconnaître la liberté et la responsabilité des femmes en tant qu'actrices.

Étrange succès de cette idée que les femmes vivent sous une domination masculine absolue, tant elle témoigne d'un appauvrissement des analyses antérieures. Un exemple suffira à le montrer. *Le Deuxième Sexe* de Simone de Beauvoir, dans son premier volume, encore plus nettement que dans le second, offre des analyses d'une richesse qui, par contraste, témoigne de la pauvreté des formules qui ont aujourd'hui tant de succès. Pour Simone de Beauvoir, ce qui fait la dépendance de la femme c'est qu'elle est considérée par l'homme comme « l'autre ». La complexité et même l'ambivalence des attitudes à l'égard des femmes provient, dit-elle, de ce que l'homme crée une autre et veut en même temps la posséder. Une formule, parmi tant d'autres, illustre le propos (Folio, t. 2, p. 297) : « La femme est une réalité éminemment poétique puisqu'en elle l'homme projette tout ce qu'il ne décide pas d'être. » L'ensemble du chapitre intitulé « Mythes » foisonne d'analyses dont la finesse n'atténue en rien la sévérité. N'est-il pas embarrassant de constater combien ces analyses si complexes sont écartées aujourd'hui au profit de quelques affirmations brutales ? Cet appauvrissement tient probablement à ce que la vision de l'histoire qui était liée aux pratiques du mouvement ouvrier s'est dégradée en idéologie simplificatrice.

Il est vrai qu'à mesure qu'on avance dans ce livre, et surtout dans sa deuxième partie, on éprouve une franche déception de ne pas trouver chez Simone de Beauvoir une analyse des combats des femmes aussi riche et complexe que celles qu'ont suscité les combats des hommes. Simone de Beauvoir ne parvient pas à sortir de cette idée de la dépendance des femmes qui restent les « autres » des hommes. Bref, inutile d'espérer découvrir dans ce livre des tentatives (qu'elles soient ou non couronnées de succès) de femmes visant à se libérer et à devenir des sujets. Simone de Beauvoir place ses espoirs dans l'accroissement du nombre des femmes éduquées – et même dans des « hétaïres » à la grecque susceptibles de séduire les intellectuels.

Du coup, nous quittons ce livre majeur avec la pleine conscience que son auteure a remporté la victoire sur ses adversaires « naturalistes », mais en restant embarrassée par l'absence de toute référence aux luttes féministes. Or, c'est précisément la victoire des féministes qui a permis la transformation de la conscience ouvrière et l'apparition d'une forte conscience de soi parmi les femmes.

Il n'y a aucune continuité dans l'expérience collective des femmes : c'est même la rupture qu'elles ont effectuée avec l'ordre culturel établi qui a rendu possible, hier et surtout aujourd'hui, que des femmes de plus en plus nombreuses se considèrent comme des sujets. Elles s'affirment ainsi comme des actrices-pour-soi, conscientes des injustices qu'elles subissent, mais animées désormais par la volonté d'être précisément des actrices, de se produire elles-mêmes, en particulier à travers la construction de leur sexualité. Ces femmes subissent des inégalités et de la violence, oui, c'est vrai, et nul ne saurait l'oublier ; mais elles démontrent aussi, et avec la plus grande force, leur capacité et leur volonté d'agir ; elles se sentent plus libres que dépendantes, plus responsables que soumises. Elles ne se considèrent ni comme des putes ni comme des femmes soumises.

Nous savons maintenant pour qui agissent les femmes, ce qu'elles veulent être. Mais contre qui luttent-elles, qui sont leurs ennemis ? Souvent nous parlons des combats des femmes comme de ceux de la classe ouvrière ou de ceux des peuples colonisés. Or, ce n'est pas du tout ainsi que les femmes réelles pensent, parlent et agissent. Leur langage n'est pas celui de la guerre, et elles considèrent que la liberté des femmes est pour l'essentiel conquise, de sorte que le problème réel n'est pas celui d'une contre-offensive féminine mais celui d'un basculement général, femmes en tête, vers une culture où la vie privée est plus chargée de significations politiques que bien des secteurs de la vie sociale. Il ne s'agit pas d'un conflit entre genres et pas davantage de conquête de l'espace social par le mouvement des femmes. Il est assurément nécessaire de reconnaître que les conquêtes des femmes ont été, dans le domaine économique et professionnel, très limitées et même décevantes, mais il faut comprendre aussi que l'essentiel est que les femmes ont voulu transformer la société d'une manière telle que les changements sociaux procèdent de la vie privée plutôt que de la vie publique. L'ennemi principal des femmes n'est pas l'homme dominateur mais l'idée que la vie sociale et politique doit être séparée de la vie privée, celle-ci étant abandonnée à la diversité des cultures. À l'inverse, les femmes pensent que c'est de la vie privée qu'il faut partir pour transformer cet espace public.

Ce qui vient d'être dit dans ces dernières pages indique clairement l'embarras des femmes – et celui du sociologue qui essaie de comprendre le sens de leur parole – pour définir la transformation, dont la réalité n'est pas contestable, des relations entre femmes et hommes. Autant les femmes s'affirment clairement dans leur représentation d'elles-mêmes, autant elles restent confuses ou indécises quant au jugement qu'elles portent sur les hommes et sur leurs rapports avec eux. Ce qu'elles écartent est l'idée que serait en marche une transformation du rôle des hommes, analogue à celle qui a modifié la vie des femmes et qui en serait même le complément. Les femmes ne sous-estiment pas les conduites nouvelles qui se font jour chez des hommes – en particulier l'augmentation du nombre des « nouveaux pères », si bien analysée par Christine Castelain-Meunier – mais elles sont convaincues que c'est leur action qui a produit des changements que les dirigeants politiques ont transformés en lois et en pratiques institutionnelles. Cette action des femmes, surtout pendant la période des grandes luttes féministes, a-t-elle débouché sur l'égalité des droits, sur l'abolition des barrières qui entravaient la marche des femmes vers une libération de toutes les formes de discrimination ? La génération actuelle, post-féministe, n'a pas une vision aussi optimiste des choses, mais elle ne recherche pas non plus l'affrontement. Elle voudrait bien davantage affirmer ses propres convictions et s'installer dans un monde libéré plutôt que de continuer le combat. On a cru que le mouvement des femmes se divisait en deux courants : celui qui revendique d'abord l'égalité ; celui qui donne la priorité aux différences. Mais ne voit-on pas que la distance entre ces deux orientations est limitée, dans la mesure où l'une comme l'autre se réfèrent à un système social doté de hiérarchies et de normes inscrites dans sa culture? Les femmes que nous écoutons aujourd'hui s'éloignent de cette conception politique de l'action, alors que leur objectif principal est de ne plus se définir par leur situation mais par rapport à elles-mêmes.

Si l'on écoute plus attentivement les propos qu'elles tiennent sur les hommes, on s'aperçoit vite que les images qu'elles emploient sont artificielles et ne visent pas à désigner un type réel d'hommes. Elles savent bien que les hommes sont beaucoup moins «macho» qu'elles le disent. Si elles appellent les hommes «les mecs», c'est pour remplacer des êtres réels par une construction imaginaire, celle d'un monde masculin dominé par ces hommes virils, sexuellement puissants et dominateurs, dont elles savent, aussi bien que les hommes eux-mêmes, qu'ils existent davantage dans leur imagination que dans la réalité. La référence aux «mecs» est une manière indirecte mais très active de rejeter toute référence à des relations réelles. Les sociétés d'hommes dominateurs ont existé, mais les femmes qui nous parlent n'y ont pas vécu et leur expérience personnelle est bien différente. Ces femmes sont issues d'un monde où dominait une logique de la domination. Et le nouveau monde qu'elles construisent se définit par un dépassement des rapports de pouvoir et par une référence constante à soi-même.

C'est pourquoi les femmes se sentent supérieures aux hommes. Le monde des hommes s'efface aujourd'hui de plus en plus vite et un autre prend sa place : une société de femmes où les hommes agissent de plus en plus en conformité avec le modèle féminin.

Cette conclusion peut paraître trop optimiste, alors que se révèle de mieux en mieux l'étendue des violences subies par les femmes. J'en suis conscient; mais ce biais vient de ce qu'il n'est question ici des hommes que par l'image qu'en ont les femmes avec qui nous avons travaillé et qui avaient ou s'étaient créé une forte conscience féminine. Mais il est vrai qu'il existe une très grande distance entre leur image «faible» des hommes et la brutalité réelle et fréquente que révèlent tant d'études. Comment concilier ou combiner ces deux représentations des hommes? Il est vrai qu'on entend partout, dans les bars, les moyens de transport ou au Parlement des déclarations d'une brutalité stupéfiante, qui parlent des femmes comme d'animaux de boucherie ou de loisir dont on détaille les qualités physiques. De telles constatations doivent être divulguées pour convaincre l'opinion de l'urgence de renforcer la lutte contre le sexisme. Mais au total la parole des femmes est plus intéressante, puisqu'elle montre comment les femmes transforment les comportements attendus des hommes et aussi comment elles résistent à toutes les critiques moralisatrices où elles voient à juste titre une forme particulière de contrôle de leur comportement. Dans la société industrielle, on avait souvent réduit la vie ouvrière à la misère, à la maladie et à l'épuisement ; toutes réalités en effet partout visibles, mais qui ne doivent pas empêcher de voir les actions de résistance, de revendication et de divertissement. De la même manière, sans minimiser jamais les attaques dont les femmes sont victimes, il faut écouter surtout leur parole sur les hommes, car elles transforment la condition des hommes en même temps que la leur, tandis que beaucoup d'entre eux s'enferment dans une agressivité plus défensive que conquérante.

CHAPITRE VI

De l'expérience personnelle à l'action collective

Comment transformer une expérience personnelle en une action et une conscience collectives ? Le passage est direct quand l'expérience individuelle est celle d'une domination collective, comme l'est le travail aux pièces et au rendement dans l'industrie ou le travail de l'esclave dans la maison du maître. Chacun alors a une expérience immédiate des rapports de domination économique, puisqu'il est en conflit direct avec le contremaître, le technicien ou le majordome, qui sont chargés de fixer le prix de la production et l'effort requis. L'opposition d'intérêts entre les employeurs et les salariés se voit clairement dans ces situations. L'image d'une « guerre » des classes ou des peuples, même quand elle n'est pas juste, s'impose à l'esprit. Dans le cas des femmes, qui cherchent, elles, à se libérer de la domination masculine, il est difficile d'utiliser un tel vocabulaire, puisque les femmes, nous l'avons dit, ne parlent pas des hommes comme s'ils étaient des ennemis. Et cela tout simplement parce que ce qui pèse sur les femmes, c'est un mode d'organisation et de représentation de la société beaucoup plus que le poids de leur relation directe avec les hommes.

1. Ce n'est pas un mouvement social

Nombre d'analystes voudraient définir la situation actuelle des femmes en termes semblables à ceux d'autres expériences historiques. S'il est difficile de parler ici de conflit de classes, il est plus facile d'évoquer l'œuvre de libération menée par les femmes contre un modèle général d'organisation sociale. Mais cette vision évolutionniste et libérale, même si elle exerce encore une certaine influence, se heurte aux critiques habituellement faites à ce mode d'approche qui accorde naïvement toutes les qualités au présent et tous les défauts au passé. C'est pourquoi il vaut mieux renoncer à chercher des parentés entre la situation actuelle des femmes et celles qu'on a identifiées au cœur du travail industriel et dans le rapport colonial, avec l'idée que les femmes et le féminisme sont l'équivalent des grands mouvements sociaux du passé. Nous devons rester aussi proches que possible de l'expérience vécue des femmes, et celles-ci nous livrent une image bien différente du pouvoir contre lequel elles combattent. Car il ne s'agit pas d'un pouvoir proprement social, celui des hommes, mais plutôt d'un mode de fonctionnement général de la société tendue vers la conquête de son environnement et consciente d'être déchirée par sa propre organisation sociale qui concentre tous les pouvoirs et toutes les ressources dans les mains de quelques-uns, en reléguant tous les autres dans des catégories définies comme inférieures.

Ce changement de point de vue est d'autant plus nécessaire que les générations actuellement actives se représentent de moins en moins les problèmes sociaux en termes historiques et n'ont qu'une connaissance très vague du passé. Il était presque évident pour ceux qui ont grandi au moment des catastrophes politiques et militaires du XXe siècle, au moment des totalitarismes et des guerres mondiales, que l'explication d'un fait social devait se faire d'abord par sa mise en situation dans le temps et dans l'espace. Les sciences sociales, au moment où elles se sont réorganisées au lendemain de la Seconde Guerre mondiale en Europe, suivirent des démarches très proches de celles des historiens et des géographes. La situation a bien changé depuis : les références historiques ont été remplacées par des références morales, par l'horreur des camps de concentration, par la rapidité des transformations technologiques et économiques, par le développement des médias qui créent de la simultanéité là où nous étions habitués à voir une succession plus ou moins lente de phénomènes éloignés l'un de l'autre dans l'espace. Chercher aujourd'hui l'équivalent des luttes sociales du XIXe siècle n'aurait pas plus de sens que se mettre en quête des descendants des seigneurs féodaux et de leurs guerres locales. Le déclin des explications historiques nous oblige à nous tourner vers un rapport plus direct de soi à soi, comme celui sur lequel repose le mouvement actuel des femmes. Et quand nous rejetons la domination des hommes sur les femmes, c'est au nom de la non-discrimination, de l'égalité des êtres humains devant la loi et dans la vie sociale et du respect de toutes les formes de diversité de la vie sociale.

Il est clair maintenant qu'on ne saurait donner le même nom à la réalité mise au jour par l'étude du mouvement ouvrier et à celle que nous révèlent la conscience des femmes et leur volonté d'en finir avec la domination masculine. Dans le premier cas, comme dans bien d'autres, analogues, le recours à l'idée de mouvement social s'impose. Or non seulement il ne s'impose pas dans celui des femmes et de leur lutte pour leur émancipation, mais il introduit une représentation des faits que tout nous porte à contester et même à rejeter.

Nous n'observons pas de conflit entre hommes et femmes pour l'appropriation des principales ressources produites par la culture. Les femmes, en particulier, parlent d'elles-mêmes en termes universalistes en même temps que particularistes, en termes de droits et d'injustices, mais pas de guerre sociale. En même temps, nous éprouvons la plus grande méfiance à l'égard des jugements de type historique, évolutionniste, qui nous engagent à chercher dans la croissance économique et la différenciation sociale la solution de nos conflits les plus aigus. Et nous rejetons avec autant de force le relativisme culturel qui rend impossible l'analyse en nous invitant à nous réfugier derrière la singularité de notre culture. Pour rester aussi éloignés d'un évolutionnisme que les Occidentaux instrumentalisent de manière très ethnocentrique et d'un relativisme culturel qui nous empêche de distinguer le bien et le mal, nous n'avons pas d'autre solution que de pousser le plus avant possible notre connaissance de l'expérience vécue, de la pensée et de la parole des femmes. Tout cela nous conduit à nous débarrasser de toutes les formes de définition des acteurs par leur rôle dans le système social, et même de toute conception de la vie sociale comme d'un système, idée qui fut considérée comme le centre même de la pensée sociologique, depuis Durkheim jusqu'à Parsons et ses successeurs. La nature des acteurs sociaux et la logique de leurs conduites ne se trouvent plus dans les traités d'économie, mais plutôt dans les livres de philosophie morale où elles sont associées aux idées de démocratie, de liberté, d'égalité, de justice…

Ce que rejettent les femmes, c'est donc tout un ensemble de dépendances qui vont bien au-delà de ce qu'on appelle le système patriarcal. Les femmes ne cherchent pas dans telle ou telle philosophie de l'histoire la justification de leur action. Il n'est pas historiquement inéluctable que les femmes conquièrent leur indépendance et l'égalité avec les hommes. Leur libération n'est pas non plus le produit d'un changement technologique ou économique. Il est vrai que la montée de la consommation de masse a exigé l'addition de deux salaires dans les ménages, mais une entrée plus directe dans l'économie monétaire ne supprime pas par elle-même la dépendance des femmes, d'autant qu'elles travaillent le plus souvent dans les secteurs d'activité qui sont le moins bien payés. On retrouve ici l'affirmation la plus forte des femmes interrogées. Leur but principal est la construction de soi, et celle-ci s'opère davantage dans le domaine de la sexualité, donc de la vie personnelle, que dans ceux, plus publics, de l'emploi et de la rémunération. Il est inutile de se mettre en quête d'une interprétation économique de l'histoire des femmes : c'est sur un autre registre que cette histoire s'inscrit, et les politiques comprennent d'autant plus mal l'importance de l'action des femmes qu'ils restent davantage attachés à des explications qui correspondent mieux à leur propre mode d'intervention qu'aux conduites réelles des femmes – comme de bien d'autres acteurs. Et le rejet est si fort de la part des femmes qu'il suscite chez elles une attitude générale négative à l'égard de la politique.

Pour illustrer plus concrètement mon propos, je dirais que ce que les femmes désignent comme leurs adversaires n'est pas l'équivalent d'un « ancien régime » vaguement défini, et encore moins le genre masculin dans son ensemble, mais des catégories d'acteurs parfaitement définies : les politiques et les médias, à l'intérieur desquelles les publicitaires sont souvent désignés à part comme les plus dangereux.

2. Contre les politiques

Elle paraît d'abord surprenante, cette hostilité aux politiques, puisque les grandes avancées du féminisme ont été marquées par des lois : loi Neuwirth, loi Veil. Elle a en fait deux fondements. Le premier, celui qui provoque le plus grand scandale, est la faiblesse de la représentation des femmes dans le gouvernement, les assemblées parlementaires et les grands corps de l'État. La situation en France a été et reste particulièrement désastreuse, et pendant longtemps se sont fait entendre des voix pour rappeler la nécessaire séparation du monde privé (qui serait celui des femmes) et du monde public (qui devait être réservé aux hommes). Comment des femmes, disaient-elles, peuvent-elles tenir leur rôle auprès de leurs enfants et de toute leur famille si elles ont une vie publique qui exige une activité à temps complet ? Pour de toutes autres raisons, la grande majorité des militantes féministes s'est tenue à l'écart de l'action proprement politique et a préféré agir par le biais de groupes de pression, en tant que journalistes ou comme avocates. En France, la droite a d'ailleurs toujours été hostile à une présence trop importante des femmes dans les assemblées, et on se souvient que la décision en faveur du vote des femmes ne fut prise qu'à la fin de la Seconde Guerre mondiale, non pas à Paris mais à Alger, décision prise par l'assemblée provisoire instituée par de Gaulle. Il se passa ainsi presque un siècle chez nous avant que les femmes accèdent au suffrage universel, et les causes de ce retard n'ont pas entièrement disparu.

Deuxième fondement : la modernisation occidentale (européenne) a reposé pendant des siècles sur un modèle d'extrême polarisation, qui conférait des pouvoirs et une capacité d'intervention presque sans limite à une élite dirigeante, tandis que bien d'autres catégories étaient reléguées aux oubliettes de l'infériorité. La raison, la force et le courage étaient tenus pour être les attributs de l'élite masculine, tandis que travailleurs, colonisés et femmes, regardés comme prisonniers des traditions, des sentiments et des tâches de reproduction, ne pouvaient prétendre au statut de conquérants du monde comme les hommes adultes, blancs et propriétaires. Pierre Rosanvallon, et d'autres historiens avec lui, a analysé les idées politiques qui, avant 1848, ont justifié la décision d'accorder la citoyenneté à tous les hommes, quel que soit leur niveau mental, et de la refuser à toutes les femmes. Les républicains laïques craignaient en particulier de voir les femmes manipulées par les prêtres. La vision antiféminine, qui n'avait pas empêché les femmes de participer activement à la préparation des cahiers de doléances en 1789, aboutit à leur élimination complète en 1848. Cette conscience qu'eurent les femmes de l'hostilité du monde politique à leur égard fut d'autant plus forte qu'elles rencontraient partout cet antiféminisme dans la vie quotidienne. Les historiens nous rappellent aujourd'hui que les analystes du passé ont réduit l'histoire à celle des hommes en invoquant la rareté des documents sur la vie des femmes, mais que les milieux révolutionnaires ont affiché la même hostilité à l'égard de la participation des femmes, considérées par eux comme conservatrices. Plus largement, s'est installée durablement dans plusieurs pays européens, et en particulier en France, l'idée de la rupture nécessaire entre un mouvement social révolutionnaire et les institutions d'une démocratie parlementaire au service de la bourgeoisie et de l'ordre établi. Ce qui a pérennisé l'opposition antérieure entre une élite masculine et des femmes infériorisées. Dans l'esprit des révolutionnaires, les hommes devaient assumer le rôle moteur, car les femmes étaient bien incapables de participer à l'œuvre de libération.

Pour toutes ces raisons, dans le cas français, l'hostilité des femmes post-féministes à l'endroit de l'action politique est particulièrement forte, au point d'englober le féminisme lui-même. Ce qui n'indique, bien entendu, aucun rejet des conquêtes du féminisme, mais la volonté de séparer un mouvement, surtout quand celui-ci devient de plus en plus tourné vers la vie personnelle et éloigné du domaine institutionnel, de toutes les formes de participation à un univers qui n'inspire que méfiance ou mépris.

L'indépendance politique du post-féminisme est avant tout un facteur de renforcement de son action. Dans tous les domaines, on assiste à la création d'associations ou d'ONG très indépendantes de toutes les forces politiques, en particulier quand elles défendent telle catégorie particulière, telle minorité ethnique ou sexuelle, telle catégorie de handicapés, etc. Ce qui affaiblit les partis, puisque ceux-ci se divisent souvent au moment du vote en faveur de telle ou telle cause particulière. Nous sommes au plus loin de la conception marxiste des partis comme les représentants politiques d'une classe ou d'une alliance de classes. L'éloignement des post-féministes par rapport aux partis politiques – éloignement qui reste cependant relatif, étant donné la résistance que continue à opposer une grande partie de la droite à la transformation de la condition féminine – fait peser sur les partis politiques des doutes graves. Sont-ils donc incapables de s'appuyer sur des mobilisations sociales ou même de les susciter ? Sont-ils donc incapables de percevoir autre chose que les oppositions entre capitalisme et socialisme, ces fameux grands récits qui n'ont plus d'existence réelle ? Beaucoup de citoyens se plaignent de l'affaiblissement des partis politiques ; mais bien d'autres déplorent leur rigidité et leur attachement à des idées et des modes d'action qui ne correspondent plus à la réalité présente.

C'est pourquoi, au total, on peut considérer l'attitude antipolitique des post-féministes comme positive, puisqu'elle participe avant tout d'un recul général des partis qui sont identifiés à un chef, à un appareil ou à des campagnes de communication, et qui ont perdu le monopole de la représentation.

Il ne faut cependant pas cacher la fragilité de ces attitudes et de ces idées qui se privent d'expression politique et rendent ainsi difficile une action organisée. Le féminisme a mené des combats et remporté des victoires ; il a même, tout en étant un mouvement militant, transformé la vie et l'esprit de la plupart des femmes. Le post-féminisme propose une réflexion à laquelle beaucoup de femmes apportent une participation plus personnelle et plus active, réflexion qui transforme les changements institutionnels en une mutation culturelle. Mais cette action, plus psychologique que politique, peut-elle prétendre être durable en l'absence d'organisation, sans ennemis désignés, sans engagement dans le débat politique ?

Il est frappant que la loi sur la parité, dont le projet avait été lancé par un petit groupe de femmes, n'ait ni obtenu l'appui de la gauche organisée ni suscité une mobilisation féminine importante. La loi a pourtant été adoptée, et elle a amélioré la situation réelle des femmes. Mais une fois encore tout s'est passé comme si problèmes publics et problèmes privés étaient séparés les uns des autres. Et l'intensité de la réflexion des femmes sur elles-mêmes ne doit pas empêcher de constater la faible visibilité sociale de ce changement culturel dont je m'efforce ici de montrer à quel point il est considérable.

Je me limiterai ici à observer le paradoxe suivant : c'est au moment où le monde privé envahit la sphère publique, où les problèmes

« personnels » et en premier lieu ceux de la sexualité passent au premier plan dans l'ensemble de la société, que les femmes en mouvement rejettent toutes les formes de participation active à la vie publique et semblent se réfugier dans leur conscience individuelle ou dans les réunions de petits groupes. Le contraste entre la maturation et l'influence du post-féminisme et sa quasi-absence de la scène publique est choquant. Étrange face-à-face entre les actrices de changements si importants et cette vie politique à laquelle elles ne souhaitent pas prendre part.

Ces conclusions sont lourdes de sens et de conséquences. Mais comment les éviter ? Les femmes qui nous ont parlé ne se désintéressent pas de l'action collective. Elles ont beaucoup parlé des associations, des ONG, du soutien scolaire. Plus largement, elles perçoivent l'école comme le lieu de passage le plus important entre le monde privé et le monde public, et elles expriment souvent l'idée que ce passage se fait mal et que l'école s'intéresse trop peu aux demandes qui proviennent de la sphère privée, de la personnalité des élèves ou de leurs problèmes sociaux et culturels. Le monde scolaire, aux yeux de ces femmes, s'enferme dans une vision étroite de l'apprentissage des connaissances, et cela a des effets sociaux négatifs.

Si nos données n'ont pas assez de poids pour *démontrer* une hypothèse aussi lourde, il est légitime d'avancer l'idée d'une rupture profonde entre les demandes culturelles (issues de l'expérience personnelle) et « l'offre » politique (qui procède d'une autre logique, celle des catégories sociales définies en termes économiques ou ethniques et non pas d'expérience vécue et de rapport à soi). Allons plus loin. Nous avons en général appelé démocratie l'exercice de la prise en charge par le suffrage populaire des catégories défavorisées, par définition les plus nombreuses, contre le pouvoir de l'argent et la puissance des privilèges. Ce qui suppose un jugement critique sur le fonctionnement de la société économique et politique, qui se conformerait naturellement aux intérêts des riches et des groupes qui détiennent le pouvoir. De là le lien constant établi par les « démocrates » entre la défense des catégories sociales les plus nombreuses et la critique de l'ordre établi. Or, ce type de pensée démocratique s'est affaibli. L'ordre établi est de plus en plus critiqué au nom du respect des minorités plutôt qu'au nom de la loi de la majorité, et la défense des exclus, des marginaux ou des travailleurs précaires est plus chargée de sens que celle des classes moyennes, les plus nombreuses, et qui ne s'identifient à aucune orientation politique bien définie. La gestion de l'économie, comme je l'ai dit de manière plus complète dans *Un nouveau paradigme* (2005), est de plus en plus indépendante des politiques et des opinions nationales, et de plus en plus commandée par les intérêts propres d'un système globalisé de production, d'échanges et de financement. Du coup, les « demandes », qu'on peut appeler démocratiques, se détachent du jugement porté sur le système économique et les « structures » de pouvoir ; elles se rattachent de plus en plus directement aux exigences de la sphère privée qu'il devient impossible de définir de manière restrictive, puisque les problèmes privés ont envahi l'espace social, en particulier à travers les débats sur les diverses formes de sexualité, de reproduction et de famille.

Replacée dans ce cadre plus large, la réaction antipolitique des femmes que nous avons écoutées cesse d'apparaître paradoxale ; au contraire, elle révèle ce qui devrait être considéré comme une manifestation du changement de paradigme que j'ai moi-même analysé. En particulier la fin des grands récits, qui unissaient l'économie et la vie sociale, et expliquaient les conduites par l'état des systèmes. Nous nous sommes détournés en effet de toute philosophie de l'histoire, et le fondement actuel de la démocratie ne semble plus résider dans l'ouverture de l'accès au pouvoir mais dans la capacité de ceux qui défendent leurs droits de les faire reconnaître comme fondamentaux, surtout quand une telle décision entraîne des décisions contraires aux intérêts et aux idées des dirigeants économiques et politiques.

Employons les mots d'aujourd'hui. La société civile est la part de la société politique qui a été conquise et animée par des mouvements venus de la sphère privée. Dans la société civile, on parle de droits, de respect de l'autre, de combinaisons et de différences ou de communication interculturelle. Tous ces termes, parmi lesquels la situation des femmes occupe une place centrale, sont constamment présents dans les discours que nous avons entendus pendant les interviews et dans nos groupes de discussion, de sorte que les documents étudiés ici nous imposent de reconnaître la subordination nécessaire de l'action politique aux demandes sociales et culturelles venues de l'expérience vécue, de la sphère privée. Il faut donc aller au-delà des reproches adressés par les femmes au système politique.

Elles se plaignent de la faible place que celui-ci a fait aux femmes et parlent d'un pouvoir « masculin », indifférent ou hostile aux demandes présentées par les femmes. Mais ces accusations cachent un rejet beaucoup plus fondamental, et ce n'est pas seulement un pouvoir qui est ici mis en cause ; c'est la conception dominante de la politique, et en particulier de la démocratie. Nous parlons de manière trop peu élaborée de la crise de la politique, des partis et de la participation électorale. Thèmes qui contiennent suffisamment de vérité pour retenir l'attention, mais pas assez pour imposer des conclusions qui auraient une valeur générale. Il faut aller plus loin, comme nous y invitent les propos de ces femmes écoutées, libres de toute idéologie et de tout esprit de parti.

La demande n'est plus là où on pensait qu'elle était ; mais elle n'a pas disparu pour autant, pas plus que les idées de liberté, d'égalité et de justice. Mais pour la repérer, il faut rompre avec une analyse avant tout économique, devenue inopérante à partir du moment où la globalisation a séparé l'économie des autres secteurs de fonctionnement de la société.

3. La parité

Nous n'avons pas mené de réflexion collective sur le thème de la parité, qui avait pourtant été défendu et surtout attaqué avec beaucoup de vigueur peu auparavant. Mais il est possible de recomposer les positions prises en nous inspirant des paroles entendues.

Est-ce que les luttes, à elles seules, peuvent faire reculer l'inégalité et la dépendance ? Cette idée, si fortement vérifiée par l'exemple des pays scandinaves aujourd'hui, comme par celui de la Grande-Bretagne au début du XXe siècle et aussi par celui de la France au moment des campagnes pour la reconnaissance de la contraception puis de l'avortement, n'est pas rejetée par nos interlocutrices. Elles ne croient simplement plus à l'action politique dans le monde où elles vivent. Ce qui les a conduit à adopter plus d'une fois des positions si restrictives quant à l'action politique qu'elles ont pu donner l'impression de la rejeter par principe.

Deuxième observation. L'appel à la construction et à l'affirmation de soi est nourri d'un fort rejet des constructions sociales de l'identité féminine, en un mot du genre. Affirmation qui me conduit, et qui me semble les conduire elles-mêmes, à voir adopter des mesures qui élimineraient toute pensée du genre, ce qui, dans le domaine électoral, ne peut être obtenu qu'en reconnaissant une différence sexuelle indépendante de tout attribut social ou culturel. Principe qui n'a pas de meilleure expression que la parité. Autant celle-ci est inacceptable si elle repose sur l'appel à la différence ou sur un effort pour limiter l'inégalité des représentations, autant elle est, en l'absence d'une revendication sociale victorieuse, la manière la plus efficace de se débarrasser de toutes les images des femmes, de la femme même, construites par la domination masculine.

Cette position est d'autant plus satisfaisante qu'aucune autre solution n'a été mise en œuvre. La résistance des milieux politiques et intellectuels a été si grande qu'il devenait impossible de faire reculer rapidement les préjugés contre les femmes. Séparer le sexe du genre, et plus précisément reconnaître la dualité des sexes pour conjurer le débat sur les genres, qui ne travaille pas nécessairement à l'égalité des femmes et des hommes, s'est révélé d'une grande efficacité.

Conclusion qui me renforce dans ma proposition générale, à savoir qu'il faut remplacer l'opposition sexe-genre par celle que j'ai formulée, celle du sexe et de la sexualité, dont il n'est plus nécessaire, arrivés au milieu de l'exposé, de préciser le sens.

4. Contre les médias

Le thème qui nourrit tant de débats entre intellectuelles féministes, celui des rapports entre le féminisme et la démocratie, n'est pas de ceux qui passionnent les femmes que nous avons écoutées. Elles sont attachées aux libertés publiques, et même en général à la laïcité – c'est notamment le cas de beaucoup de femmes musulmanes. Pourtant, elles ne défendent pas ces libertés en tant que femmes ; elles diraient plutôt que le principe général des libertés publiques doit permettre la pluralité des opinions, des tendances politiques, des groupements religieux et s'étendre donc à la vie privée comme à la vie publique. En ce sens, le féminisme est libéral, parce qu'il oppose à tout monopole politique ou idéologique un libéralisme qui en appellerait à la défense des faibles, quand le laisser-faire est favorable aux plus forts.

Ce qui n'est conforme ni à la démocratie ni aux intérêts du féminisme, c'est de revendiquer des libertés « positives » en faveur d'une communauté – un groupe d'intérêts organisé – qui serait constitué par les femmes. Dans le cas des femmes, les choses sont encore plus claires que dans celui des communautés religieuses, des groupements régionaux ou des minorités de toutes natures. La « liberté négative », telle que l'a définie Isaiah Berlin, est le mode d'action politique le plus favorable pour les femmes : il s'oppose à tout ce qui entrave leur liberté ou d'autres catégories, mais sans jamais s'identifier à une organisation politique ou communautaire qui prétendrait représenter les femmes. On peut, certes, admettre qu'un seul organisme représente un groupe minoritaire qui a des buts très instrumentaux et que la liberté « positive » accordée à l'affirmation d'une communauté puisse avoir plus d'avantages que d'inconvénients. Mais ce n'est pas en revenir à une distinction artificielle entre la vie privée et la vie publique que de rappeler que l'espace public doit être ouvert, divers, multiple et que toutes les formes de monopole doivent être exclues. Donner à un mouvement féministe organisé le droit de représenter les femmes entraînerait des difficultés insurmontables, car qui peut prétendre représenter la moitié de l'humanité et comment s'assurerait-on que l'autre moitié, formée par les hommes, est représentée de la même manière ? Cela conduirait à un dualisme extrême, dont l'absurdité éclaterait bientôt aux yeux de tous.

Tout ce qui pousse au communautarisme ou au corporatisme est mauvais pour les femmes, encore plus que pour les autres catégories puisque leur but, dans l'action politique, est d'obtenir la reconnaissance par la majorité de la spécificité des intérêts et de la culture de tel ou tel groupe social.

Plus encore que les politiques, ce sont les professionnels des médias qui sont considérés comme des ennemis, et en particulier les publicitaires qui transforment si souvent les femmes en objets sexuels. Ce type d'accusation est classique, et il ne mérite d'être pris en considération que lorsque la dignité des femmes est gravement menacée par des affiches, des images ou des textes racoleurs, ce qui n'est pas une accusation si facile à étayer, puisque en même temps les publicités valorisent des produits ou des traitements largement acceptés par les femmes. Le maquillage ne leur est pas imposé, pas plus que la gymnastique, le jogging ou les régimes alimentaires. Les femmes éprouvent de la difficulté à tracer une frontière entre ce qui les aide à « choisir » leur corps et ce qui fait d'elles des objets sexuels. On oppose souvent les femmes américaines (qui parlent si souvent de harcèlement sexuel) aux femmes européennes et surtout latines, qui aiment séduire, éveiller le désir et jouer avec les hommes qu'elles attirent. Pourtant la réaction des femmes françaises à l'emploi du mot séduction s'est révélée très semblable à celle des femmes américaines. Ce mot fut nettement rejeté, comme impliquant une forme de domination de la femme par l'homme. Mais en même temps, le « souci de soi », qui est en effet d'abord dirigé vers soi-même avant de l'être vers l'autre, est considéré comme nécessaire et comme une possibilité offerte aux femmes de choisir leur apparence et l'usage qu'elles feront de leur corps.

Ce qui conduit à la question classique : comment distinguer ce qui est soin personnel de ce qui est séduction ou manipulation par le séducteur ? Ce genre de question, que chaque participante s'est posée, les a toutes embarrassées et n'a pas obtenu de réponse claire. La plus élaborée fut celle-ci : la séduction est bonne quand elle est un jeu dont j'ai l'initiative ; elle est détestable si c'est l'homme qui essaie de me séduire. Ces déclarations ne font guère avancer l'analyse. En revanche, une autre membre du même groupe dit : « D'abord, je ne me reconnais pas dans ces femmes qui sont sur les affiches ; leurs jambes ne sont pas comme les miennes, etc. » Déclaration apparemment banale, mais elle ajoute : « Quand je rentre chez moi, je me regarde dans le miroir et je vois que je n'ai plus de visage, de cheveux… Ils m'ont volé mon image. » Mot extraordinaire. Dans le monde de la communication, se faire voler son image est analogue à ce que fut dans la société industrielle se faire exploiter dans son travail. Dans les deux cas est défini un rapport de domination. Mais quand ce rapport apparaît-il ? Quand et pourquoi cette femme ressent-elle le vol de son image ? L'hypothèse qui correspond le mieux aux déclarations des femmes est que le vol en question est bien le vol de la sexualité, qui n'appartient plus à la personne, parce qu'elle est détachée de son corps. Le scandale n'est pas dans l'exposition d'un corps chargé de sexualité ; il réside, à l'inverse, pour la femme concernée, c'est-à-dire pour toutes les femmes, dans la vue d'un corps privé de sexualité, qui a été transféré sur des marchandises. Toute la construction de la personnalité à travers la sexualité s'écroule. L'exploitation du travail dans une société où c'est par le travail que se construit la personnalité a eu la même importance que le vol de l'image aujourd'hui. Et, de même que l'argent a été accusé de produire de l'argent au lieu d'œuvrer au service de la production, on peut dire que la désexualisation des femmes (et aussi des hommes) par ces publicités s'opère au profit d'une érotisation des objets que l'on cherche à rendre désirables, afin de mieux les vendre.

Cette interprétation n'a d'intérêt que si elle s'applique à un champ plus large que la publicité « sexiste ». Ce qui semble facile à vérifier, puisque la sexualité est présente dans nombre d'images et de chansons qui font apparaître une femme (moins souvent un homme) chargée de sexualité. Or, celle-ci est le plus souvent transférée de l'individu sur la représentation visuelle ou auditive des objets. Les femmes peuvent être stimulées par cette sexualisation de leur environnement, mais en même temps elles se sentent privée de leur sexualité et de leur propre corps. Cet exercice de domination tend à prendre des formes de plus en plus extrêmes, quand la sexualité, l'érotisme ou les relations sexuelles sont présentées comme étrangères au travail de soi sur soi, ce à quoi on assiste de plus en plus à la télévision.

Ce type d'analyse se heurte à de fortes objections, qui menacent souvent de les priver de toute crédibilité. Les foules qui regardent les programmes de télévision ou les panneaux publicitaires sont-elles véritablement aliénées et exploitées ? Pourquoi n'éprouvent-elles pas ce sentiment et au contraire éprouvent-elles de la satisfaction à participer par le regard à des événements qui resteraient, sans la télévision, entièrement hors de leur portée ? Comment être en désaccord avec cette réponse de bon sens qui semble priver de force la voix de ceux ou de celles qui parlent d'exploitation du peuple par la culture de masse ? Mais ce qui est dit ici est de nature bien différente : c'est parce que la personne se forme autour de sa sexualité que la représentation de corps sexués mais privés de sexualité est vécue comme destructrice. Ce qui peut s'appliquer en particulier au cas de la pornographie, que l'on peut définir comme la représentation d'activités sexuelles sans aucune référence à la sexualité, et donc à la personnalité. Destruction de la personne et, au plus haut point, du sujet dont l'accès s'obtient, le plus souvent, à travers la sexualité.

Ce que recherche l'image qui se veut objet mis sur le marché est non seulement d'être libérée de toute subjectivité et de toute référence à la conscience de soi, mais aussi et plus précisément de porter en soi plusieurs sens possibles, ce qui permet à l'acheteur à la fois de choisir le sens d'une image tout en se dissimulant à lui-même les motivations de son choix. Une image publicitaire ou cinématographique aspire à être porteuse à la fois d'un désir « libérateur », de disponibilité face au désir masculin et d'exploration créatrice de sa propre sexualité. Tous ces sens peuvent coexister dans les mêmes images. Mais l'essentiel pour ceux qui exercent un pouvoir par l'image est de « faire le vide », de séparer ces différentes formes d'érotisation de la femme qui en était porteuse.

On assiste ainsi dans notre société à deux processus complémentaires : la désexualisation de l'acteur et l'érotisation de l'environnement. Ce second processus s'oppose au premier : ce que nous observons tous les jours davantage : l'érotisation du milieu dans lequel nous vivons est l'effet d'une désexualisation du personnage humain. Dans les pays où la publicité et beaucoup d'autres messages sont fortement érotisés, les conduites sexuelles qualifiées de déviantes ou de contraires à la dignité de l'être humain s'opposent nettement à l'histoire personnelle des femmes, qui se trouve masquée par la présence massive du sexe.

Il n'est pas arbitraire d'opposer les deux aspects d'une société qui érotise l'environnement et qui contrôle de plus en plus étroitement les manifestations de la sexualité des individus. Comme si celle-ci devait être projetée dans l'espace public pour qu'en soit libérée une vie personnelle qui devrait être consacrée à des activités jugées utiles pour la société. De plus en plus souvent des interdits sont imposés dans la vie privée, contre le viol conjugal, notamment, ce qui apparaît comme un grand progrès des mœurs et du droit contre l'idée de la toute-puissance du mâle, mais aussi contre la prostitution, au nom d'arguments qui visent la dépendance, l'esclavage et la misère, expériences qui accompagnent en effet souvent la prostitution, mais qui n'en qualifient pas toutes les formes, surtout lorsqu'elle est pratiquée dans des conditions en partie volontaires.

Je ne cherche pas en quelques mots à départager les adversaires de la prostitution et les défenseurs des « travailleuses du sexe », mais seulement, ce qui est tout à fait différent, à dénoncer le déferlement d'images et de paroles chargées d'érotisme et négatives du point de vue de la construction de la personnalité. Le vaste domaine des *circenses*, des jeux du cirque, qui a toujours été chargé de sang, de sexe et de mort, s'étend de plus en plus, et les couples qui s'ennuient recourent de plus en plus souvent aux cassettes porno ou à des pratiques mélangistes ou échangistes. Peut-être un jour la vie sexuelle privée se réduira-t-elle à la masturbation, au milieu d'images, de musiques, de mots et de gestes chargés d'érotisme et qui apporteront plus de satisfaction que ce qu'on appelle l'amour. Prédiction excessive, sans doute, mais qui illustre l'opposition de plus en plus nette entre deux orientations de notre société : celle qui reconnaît à la sexualité un rôle central dans la construction de sujets libres et responsables, et celle qui prive chacun de sa sexualité comme on a cherché autrefois (et encore aujourd'hui) à le priver de son travail et de sa juste rémunération.

Ce type d'analyse pourrait conduire à discerner un conflit qui opposerait des acteurs ayant un enjeu commun, la sexualité, autrement dit à l'affirmation d'un mouvement social post-féministe. Il peut sembler, en effet, aussi normal de parler d'une politique menée par les maîtres de l'image que d'une politique des maîtres des entreprises et de l'organisation du travail. Le fait que le monde de l'image soit offert à des consommateurs plutôt qu'imposé, comme l'est l'organisation du travail aux travailleurs, signale le changement de terrain (et donc de nature) des problèmes mais ne constitue pas un argument contre la recherche d'analogies. À condition toutefois de ne jamais tomber dans l'opposition artificielle entre le « monde inférieur » des médias et celui des vrais besoins humains qu'exprimerait la « haute » culture. Il est plus difficile, mais plus important aussi, de partir de ce qui unit les adversaires que de ce qui les oppose dans toutes les situations historiques.

C'est pourquoi, si l'on s'en tient à l'hypothèse d'un conflit entre une demande de sexualisation de l'individu et une politique d'érotisation de l'environnement qui s'associe constamment à une désexualisation des acteurs et dont les images pornographiques sont une forme extrême, on peut conclure que le conflit central dans la société de l'image, oppose les deux présentations de la sexualité que je viens de définir. Mais comment juger de chaque image particulière ? Les programmes de télévision, de plus en plus nombreux, où, sous couvert de rap ou d'autres musiques, on multiplie les images de femmes qui s'offrent à la séduction de mâles caricaturaux affirmant leur rôle de prédateur par le geste devenu fort banal de plaquer une main sur leurs organes génitaux, peuvent assez facilement être considérés comme des exemples de désexualisation des femmes et de leur désubjectivisation au profit d'un érotisme de l'environnement qui constitue le message principal. Mais on glisse facilement de ces images à d'autres, où une femme, par exemple, est en situation de séduction et de conquête, recourt même à l'humour et devient le personnage central. La même observation vaut pour des hommes, qui, de plus en plus souvent, ont pour fonction de faire reconnaître leur homosexualité. Notons à ce propos que l'importance des gays dans le monde de l'image tient à ce qu'ils associent plus facilement que les autres hommes leur sexualité à leur subjectivité, ce qui permet aux images suggérant des relations sexuelles entre hommes d'échapper plus facilement à la pornographie. Peut-être est-ce ainsi qu'on peut le mieux comprendre la « supériorité » des personnages gays sur les autres, qui peuvent plus facilement être privés de toute subjectivité.

Si on admet que ce qui sépare les camps est que, d'un côté, on cherche à associer sexualité et subjectivité tandis que, de l'autre, on les oppose, au point de charger l'environnement de sexualité dont on prive l'individu réduit à sa fonction de consommateur, il reste à savoir comment l'objectif qui est celui des femmes avec qui nous avons travaillé peut être transformé en action collective. Question difficile, puisque les problèmes personnels intérieurs ne nourrissent pas aussi facilement l'action collective que le font les revendications salariales ou les protestations contre les discriminations. Toutes les femmes, on l'a dit, parlent de leur hostilité à l'égard de la politique et cherchent des solutions requérant un faible niveau d'organisation. En lieu et place des partis et des syndicats, elles aspirent à un univers composé d'associations et de mouvements d'opinion. Mais elles se heurtent vite au fait que le machisme existe autant dans les associations que dans les partis. La communication des problèmes personnels est en outre vite polluée par l'exhibitionnisme ou le narcissisme, et le recours aux médias, même lorsque ceux-ci s'attachent aux thèmes conformes aux demandes des femmes, ne constitue pas par lui-même une solution facile. Toutes ces observations aboutissent au rejet de la politique auquel s'ajoute l'absence presque complète d'actions en direction des médias pour imposer une image plus ambivalente des femmes. Celles-ci rejettent toute forme de harcèlement et même de séduction par lesquelles elles se sentent manipulées, mais elles ne partagent pas l'opinion des féministes radicales qui voient dans la « libération sexuelle » une ruse du pouvoir mâle et veulent maintenir une définition matérialiste du mouvement des femmes. Nos interlocutrices ont au contraire conféré une importance centrale – c'est notre acquis le plus important – à la sexualité comme création de soi. Elles savent que les publicités qui les choquent ont souvent été élaborées par des femmes et déclenchent la consommation des femmes, y compris la leur. Elles ne veulent renoncer ni à leur dégoût ni à leur propre érotisation. Ce qui souligne que les conflits principaux se placent à l'intérieur d'une référence commune à la sexualité, considérée comme une « ressource » essentielle dans notre société.

Faut-il poursuivre cette alternance de réponses positives et de réponses négatives à la question posée sur l'existence possible d'un mouvement social post-féministe ? Non, il faut se refuser une telle facilité. Car il ne s'agit pas ici d'apporter des réponses nuancées à des questions complexes, mais une réponse claire à une question centrale : les femmes sont-elles ou non porteuses d'un mouvement social ? Sont-elles ou non susceptibles de devenir les actrices sociales d'un conflit central dans une nouvelle société ?

Tout bien pesé, ma réponse est négative. Elle serait positive s'il ne s'agissait que de proposer une lecture du monde des médias où les femmes sentent de l'agressivité à leur égard. Elle le serait plus encore si notre but principal était de décrire un conflit entre deux formes de recours à la sexualité. Mais la réponse négative est imposée par l'absence indiscutable d'une conscience du conflit. Le discours des femmes n'est pas dirigé contre les hommes et pas davantage contre ce modèle « patriarcal » dont elles n'ont pas l'expérience, sauf en ce qui concerne les politiques, auxquels elles reprochent d'être les derniers représentants d'un ordre aussi archaïque qu'injuste. Et en ce qui concerne le thème central de leur action possible, elles sont plus ambivalentes qu'hostiles car elles vivent dans une société qui n'a pas (ou pas encore) construit sa représentation d'elle-même en ces termes. Le monde des images emporte encore dans son flot les résistances possibles. Inversement, un mouvement social possible se heurte encore aux faux débats qui opposent la « haute culture » à la culture populaire ou culture de masse, jugée inférieure et dangereuse dans sa totalité, et qui considère la référence directe à la sexualité comme négative et vulgaire.

Une double constatation s'impose : il est possible de définir le champ dans lequel peuvent s'affronter deux positions opposées sur la sexualité. Mais nous n'observons pas d'acteurs réels sur cette nouvelle scène du théâtre historique. Les femmes non seulement en restent à des réponses ambivalentes, mais rejettent en outre si fortement l'action politique qu'elles sont plus facilement attirées par l'action privée que par l'intervention dans la sphère publique. Mais pourquoi cette réaction négative? Pourquoi le rejet de l'action politique est-il plus fort que le besoin de faire connaître les revendications féminines? Deux raisons opposées peuvent expliquer cette attitude. La première est l'immersion dans un milieu social où les libérations sont vécues en premier lieu sur le mode du libre accès à la consommation; le second, de nature inverse, est que la situation actuelle des femmes en Occident est identifiée aujourd'hui à la défense de cet Occident contre l'Islam et d'autres cultures religieuses, fortement définies par le statut d'infériorité des femmes. Ces obstacles ne détruisent pas la conscience féminine qui a été décrite dans la première partie de ce livre, mais ils l'empêchent de se transformer en action collective.

5. La transformation du champ culturel

Cette conclusion négative doit être présentée de la façon la plus nette possible, car elle nous oblige à chercher une autre réponse et à donner un autre sens à l'action et à la pensée des femmes. Il faut renoncer à l'hypothèse que les transformations que les femmes ont vécues dans leur représentation d'elles-mêmes doivent leur donner une certaine influence politique. Inversement, il est certainement faux de penser que les femmes de la génération post-féministe s'enferment dans leur vie individuelle et perdent la conscience des enjeux de l'action des générations précédentes.

Qu'est-ce qu'un mouvement social exactement? Une action collective organisée, définie et provoquée par un conflit social central inscrit dans un champ culturel accepté par les deux camps, de sorte qu'un mouvement social est toujours une lutte autour du mode d'utilisation sociale de ressources économiques, techniques, culturelles ou autres, qui sont valorisées et acceptées par les deux camps en présence. L'exemple du mouvement ouvrier est la meilleure illustration de ce que j'entends par là, puisque le mouvement ouvrier organisé et le patronat ou les entrepreneurs ont cru de la même manière à l'industrie, au travail, à l'épargne, au progrès et ont tous aspiré à une certaine austérité des mœurs et de l'organisation sociale pour combattre le monde des spéculateurs, des voleurs, des rentiers et de tous ceux qui rejetaient dans son ensemble la société industrielle. Or, on peut avancer l'hypothèse que, dans nos sociétés, où la production de masse pénètre tous les aspects de l'existence, le système de valeurs partagé par tous est l'individualisme, et que les conflits centraux sont ceux qui opposent des adversaires qui défendent des modes d'utilisation opposés de l'individualisme. Les femmes jouent assurément un rôle important dans cette prise de conscience et dans ces conflits ; mais on ne peut pas dire qu'elles en sont les actrices principales aujourd'hui, comme le monde ouvrier l'a été dans un passé qui est encore proche. En fait, il est plus important d'apercevoir que les femmes se sont soulevées contre le pouvoir masculin et ses institutions pour transformer la société et créer de nouvelles formes de liberté. Peut-être est-ce la présence, chez les femmes, d'une si forte référence à elles-mêmes, à leur liberté et à leurs valeurs d'autodéveloppement qui a rendu difficile à la génération post-féministe d'organiser une action collective, et surtout de faire apparaître à toute la population le caractère exemplaire de leur démarche. La pensée et l'action des femmes actuelles mettent en cause beaucoup plus que la répartition des biens, même si le thème de l'égalité ou de la lutte contre les inégalités revêt toujours une importance centrale.

Autrement dit, ce n'est pas comme mouvement social mais plutôt comme *actrices de la transformation du champ culturel* que les femmes jouent un rôle si important, beaucoup plus que ne le croit la majorité de la population, y compris celles et ceux qui soutiennent le plus activement les revendications des femmes contre l'inégalité et contre la violence, combat qui ne doit en effet jamais être interrompu ou sous-évalué. Mais ce n'est décidément pas dans l'ordre des rapports sociaux que l'action des femmes trouve sa signification la plus élevée ; c'est dans la transformation de la culture. Si nous avions pu voir en elles les porteuses d'un nouveau mouvement social, et par conséquent de nouvelles actrices politiques, nous aurions la satisfaction de pouvoir maintenir une grande continuité entre l'étude de l'action des femmes et celle des mouvements sociaux qui ont occupé massivement et pendant longtemps la scène historique. Mais ce n'est pas le cas.

Ce qui justifie le plus nettement l'interprétation que je propose ici est la place centrale donnée d'emblée par les femmes que nous avons écoutées aux problèmes de la sexualité. C'est d'ailleurs dans ce domaine que les transformations les plus profondes se sont produites grâce à la diffusion de toutes les formes de contrôle de la reproduction, tandis que les inégalités dans le travail et en matière d'emploi n'étaient que très partiellement réduites. Dès le premier instant, nous avons été placés dans une perspective *culturelle* plus que sociale, au point que l'étude des femmes apparaît aujourd'hui comme un élément central de l'idée générale que nous vivons le passage d'un mode *social* à un mode proprement *culturel* de constitution de notre expérience.

Le mouvement des femmes et le post-féminisme ne s'inscriventt donc pas dans la cohorte des mouvements sociaux qui ont scandé notre histoire depuis que nous avons pensé notre existence collective d'abord en termes politiques, puis en termes sociaux. Non, la sensibilité post-féministe ne relève pas de cette grande histoire qui a maintenant pris fin. Mais il est aussi difficile de comprendre que s'achève une époque que de réaliser qu'une autre commence. La faiblesse de la pensée féministe européenne actuelle s'explique aussi par les efforts qu'elle a déployés pour s'inscrire dans la perspective générale des conflits qui ont marqué la société industrielle. Ce qui n'a pas empêché le féminisme de conquérir de grandes victoires, mais l'a épuisé dans l'action, faute d'un renouvellement profond de ses idées. C'est plus souvent des États-Unis que sont venues les idées nouvelles, innovatrices et radicales, et qu'a été poussée jusqu'au bout la critique des notions qui constituent l'expérience féminine.

Ma recherche, à cette étape, a dégagé deux résultats principaux : l'auto-affirmation des femmes et l'absence d'un mouvement social des femmes. Faut-il donc en conclure qu'il ne s'agit là que d'une forme d'individualisme, créatrice, certes, mais participant surtout du vaste mouvement de décomposition de la vie sociale que chacun décrit et déplore ?

CHAPITRE VII

Le renversement de l'histoire

Puisque les femmes de la génération post-féministe ne forment pas un mouvement social qui aurait des objectifs à la fois économiques et politiques, mais ne limitent pas non plus leur action à la sphère privée, il faut chercher dans l'ordre de la culture et de ses orientations, plus que dans celui de la société et de son organisation, le sens d'un mouvement qui, pour se refuser à toute organisation de type politique, n'en exerce pas moins une influence qui atteint un grand nombre de femmes, influe sur leurs conduites, et par conséquent transforme l'« esprit du temps » de nos sociétés, dans beaucoup de régions du monde.

La pensée et l'action des femmes doivent être considérées maintenant dans leur portée historique et non plus en termes de processus de formation de la personnalité individuelle. Mais quel est le sens de cette conscience de soi et pourquoi avons-nous évoqué la possibilité qu'elle puisse susciter une action collective ? On peut répondre simplement que les femmes veulent libérer leur vie personnelle, ce qui n'appelle pas de mobilisation collective, alors qu'il avait fallu, quelques décennies plus tôt, une forte mobilisation pour obtenir les lois ou les décisions qui donnèrent une expression sociale concrète à cette libération.

1. Le modèle occidental de modernisation

Mais cette réponse n'est pas acceptable, car elle laisse de côté l'essentiel de ce que l'on observe, à savoir que, si les femmes ne rêvent plus d'action collective, elles sont pourtant conscientes que les transformations survenues dans leur vie ont un sens collectif, ont transformé la vie de toutes – et même de celles qui étaient indifférentes au mouvement féministe. Cette conscience ne se réduit pas à une volonté de libération. Elle a un contenu positif, comme l'indique assez clairement l'importance donnée par les femmes à la sexualité, et elle a besoin d'un milieu proprement féminin pour se développer, comme le montre l'insistance des femmes qui réclament des espaces non mixtes tout en défendant le principe général de la mixité.

Les femmes d'aujourd'hui ne sont pas seulement les héritières comblées de celles qui ont combattu pour les droits des femmes. Elles sentent, en parlant entre elles, qu'elles découvrent et même qu'elles construisent un monde nouveau. Elles sentent surtout que ce sont elles, les femmes, qui créent cette autre manière de vivre, et non pas les hommes, qui sont restés prisonniers des modes anciens de pensée et de vie, prix qu'ils paient pour avoir été les maîtres du monde ancien dont ils contrôlent toujours le pouvoir, les ressources et les langages. L'étonnant est que cette conscience d'être privées de pouvoir et de richesse est vécue par les femmes certes comme une injustice qu'elles subissent, mais aussi comme le signe de leur entrée, avant les hommes, dans un monde nouveau où les expériences de la vie privée sont plus importantes que celles de la vie économique ou administrative. Et c'est cette forte impression qu'elles ont d'aller à contre-courant qu'il faut explorer. Mais cette démarche nous fait courir constamment le risque d'en revenir à cette psychologie féminine dont nous savons qu'elle doit être écartée de l'analyse. C'est pourquoi, au risque de prendre un raccourci trop raide, je choisis de proposer une explication de type historique global. C'est seulement quand elle aura été formulée que nous pourrons juger de sa capacité d'expliquer les opinions et les sentiments des femmes actuelles.

La modernisation occidentale a voulu remplacer la conscience d'appartenance à une communauté par la distance qu'elle a créée entre ceux qui détiennent toutes les ressources, les pouvoirs et les connaissances, et ceux ou celles qui sont définis par ce qu'ils ne possèdent pas et par leur dépendance. Il est insuffisant de dire que cette société a traité les femmes comme des êtres inférieurs : en fait, elle a donné plusieurs figures à l'infériorité et à la dépendance, parmi lesquelles les femmes, les travailleurs salariés et les colonisés. Tout ce qui advenait à ces catégories hétéronomes était le fait d'une volonté étrangère à la leur. Même l'amour était censé frapper les femmes comme une flèche ou les éveiller à leur fonction de mère. On ne leur reconnaissait pas de subjectivité ; elles n'avaient donc aucune raison de dire je. Formule dont on saisit l'importance en la rapprochant du désir le plus fort des femmes d'aujourd'hui, qui est précisément d'avoir une subjectivité, de pouvoir dire je et de se construire comme un sujet.

Le modèle occidental de modernisation a eu deux caractéristiques principales. La première est qu'il a rompu avec tous les « holismes » des institutions et des défenses communautaires, avec le souci de l'ordre et de l'intégration, et qu'il a accumulé au contraire les ressources dans les mains de dirigeants, créant ainsi les déséquilibres et les tensions les plus grands possibles, ce qui a brisé tous les ordres établis mais a donné à l'Europe qui se lançait dans cette modernisation un dynamisme et une capacité de conquête sans égale. En peu de temps, l'Europe atlantique et méditerranéenne, dont on nous rappelle constamment qu'elle était moins avancée que les mondes arabe et chinois, a conquis le monde en suivant le chemin qu'a désigné Descartes.

Cette modernisation a donc suscité en permanence des tensions extrêmes, qui n'ont pas toujours pris la forme de conflits ouverts mais de résistances au pouvoir des dirigeants et à leur volonté de maintenir les dirigés dans la dépendance et l'infériorité. Pendant la période de création de ce mode de modernisation, l'histoire des femmes, des salariés ou des colonisés n'a eu pratiquement aucune place. L'esclavage et la traite des Noirs engloutirent des millions de vies humaines, mais sans qu'on mentionne souvent leur existence ; il en est allé de même pour les femmes, et, malgré des efforts récents, nous en savons beaucoup moins sur la vie des femmes ordinaires que sur celles que leur niveau social et leur mariage avaient placées dans l'élite dirigeante. Le plus important pour comprendre la volonté des femmes d'être « reconnues » est de rappeler cette dépendance fondamentale et le refus de l'élite dirigeante de les considérer comme capables d'action réfléchie et personnelle. Dans les États absolus, qui furent les principaux agents de la modernisation, la concentration des ressources était extrême, et toutes les institutions se renforçaient les unes les autres pour assurer cette domination de l'élite. Mais les tensions internes étaient si fortes qu'elles devaient conduire à des ruptures. C'est à juste titre qu'Eric Hobsbawm a défini l'époque moderne comme « l'ère des révolutions ».

Elles furent d'abord politiques, renversèrent les monarchies absolues, reconnurent aux sujets du roi des libertés, en particulier dans l'ordre économique, et parfois même firent émerger l'idée de citoyenneté qui connut son plus haut développement avec la Révolution française. Vinrent ensuite les ruptures dans l'organisation économique, avec le mouvement ouvrier organisé en syndicats et en de nombreuses autres formes d'action collective. *L'Internationale* fut le chant de ceux qui accédaient à la conscience de classe, à la croyance en leur capacité d'inventer un avenir collectif. Il faudrait passer en revue toute l'histoire sociale pour dire la richesse des soulèvements qui, alors, se multiplièrent. Il suffira ici de mentionner le mouvement de décolonisation, dont les partisans les plus radicaux défendirent l'idée d'une conscience et d'une action surgies du silence, dans les lieux les moins pénétrés par la domination coloniale. Enfin, pendant la même période, se forma un mouvement féministe qui se donna d'abord des objectifs politiques, en particulier en Grande-Bretagne, terre privilégiée de presque tous les mouvements sociaux, y compris de la longue lutte pour l'abolition de l'esclavage. Ce mouvement lutta à la fois en faveur des intérêts des femmes dans le travail, pour leur accession au droit de vote et pour la maîtrise de leur corps.

L'histoire de la modernisation européenne s'achève donc quand sa terrible efficacité disparaît, quand la révolte des dominés affaiblit le pouvoir de l'élite dirigeante. Désormais, cette partie du monde n'est plus tirée en avant par l'élite toute-puissante ; elle n'est pas davantage entraînée par des mouvements révolutionnaires ; elle flotte au gré des marchés et d'événements qui ne dépendent plus d'elle. En Europe, mais aussi très souvent en Amérique latine, la croissance est faible, le recul social est lent ou accéléré selon les pays, la pensée se sépare des pratiques, de sorte que ces pays sont de plus en plus incapables de se transformer. Les européens se sentent à la fois défendus et enfermés par la construction d'une Europe qui leur apparaît comme un agent nécessaire de coordination, mais aussi comme soumise aux intérêts des maîtres de l'économie mondiale. Cette faible capacité d'agir est d'autant plus dangereuse que d'autres parties du monde entament leur modernisation de manière accélérée et sous des formes bien différentes de celles qu'avait connues le monde occidental. Ces modernisations nouvelles sont dirigées par des États autoritaires qui contrôlent tous les secteurs de la vie sociale et ne laissent aucune place aux conflits sociaux qui ont pourtant bien des raisons de se former. On a vu aussi, par exemple en Amérique latine, apparaître d'autres types d'États, comme le Venezuela, qui est gouverné par un régime autoritaire et où toujours le pouvoir central a empêché l'expression des conflits.

Cette Europe à la fois impuissante et agréable à vivre, qui peut offrir les meilleures conditions d'existence à ses habitants pendant encore une ou deux générations, avant que l'absence de croissance et la masse de l'endettement ne fassent baisser le niveau de vie de la majorité, peut-elle échapper à cette lente mais apparemment inéluctable décadence ?

2. La recomposition du monde

La réponse à cette question peut être positive, car ces sociétés sont animées par des idées et des pratiques nouvelles. Elles éprouvent le besoin de remplacer le principe fondateur de la modernisation européenne, la polarisation entre l'élite et les catégories inférieures, entre le corps et l'esprit, les travailleurs et les dirigeants, par un principe inverse, par la réunification de ce qui avait été séparé et opposé. Il s'agit de recoudre ce qui avait été déchiré. Ce désir de reconstruction n'est ni passif ni passéiste. Car l'Europe, comme le monde entier, se trouve placée devant la menace de crises insupportables si elle continue à s'en remettre au même mode de développement.

De ce point de vue, notons qu'une sensibilité s'est rapidement imposée en Europe comme dans d'autres parties du monde : c'est celle de l'écologie politique et du développement durable *(sustainable growth)*. À ce mouvement important, soutenu par d'innombrables associations dans tous les pays, il faut ajouter, même s'il a moins d'unité, cet *altermondialisme* qui a la vertu majeure de vouloir agir au niveau mondial, là où règne le pouvoir économique, et qui a suscité des mobilisations concrètes, dont celle de Seattle fut le premier exemple, et un intense travail de base dans d'innombrables groupes – et en premier lieu à Porto Alegre. Même si ce mouvement est affaibli par la dissociation croissante entre un radicalisme politique (avant tout anti-américain) et un foisonnement de groupes et d'initiatives de base, il témoigne d'une forte volonté de réunir le « global » et le « local ». Dans tous les domaines où les déchirements induits par la modernisation européenne ont été violents, ces efforts de reconstruction ont acquis une grande force. Cela est manifeste, en particulier, dans le domaine de la culture. On cherche partout à rétablir les liens entre le corps et l'esprit, alors que la modernisation européenne, en particulier sous l'influence du christianisme, avait poussé la rupture jusqu'à un point extrême. Le dolorisme, comme le naturalisme chrétien, avait jeté l'opprobre sur la sexualité, comme le montrent les innombrables condamnations portées, depuis la faute d'Adam et d'Ève, contre le péché de chair.

Il s'agit bien d'un changement culturel général. Certains y voient le triomphe de l'utilitarisme, de la recherche de l'intérêt et du plaisir. D'autres, plus proches d'une réalité dont ils donnent une image plus complexe, comprennent la diversité des formes de l'individualisme et voient même dans celui-ci le sens le plus profond d'une modernité qui est associée par sa nature même à la rupture des liens communautaires, des traditions comme des mythes d'origine. Chacun de nous ressent ce renversement de nos valeurs et de nos pratiques culturelles et éprouve de l'ambivalence à leur égard. La pensée du XIXe siècle avait déjà été déchirée par le lien nécessaire mais douloureux qui a opposé l'individualisme comme libération à l'individualisme comme égoïsme étroit. La ville, de même, a été le symbole de l'ouverture du marché du travail et de la liberté des mœurs, en même temps que le lieu de l'anomie où les normes se décomposent et où les appartenances se relâchent.

Cette conscience, plus ou moins confuse intellectuellement, mais toujours forte affectivement, n'est pas plus le propre des femmes que des hommes, des enfants que des vieillards, des riches que des pauvres. Le mouvement féministe, comme ceux qui l'ont précédé, le mouvement des citoyens, celui des salariés et celui des colonisés en particulier, a combattu des formes *sociales* de domination. Il s'agit ici au contraire d'une lutte *culturelle*. Ceux qui se sentent menacés par elle ne se définissent pas en termes sociaux, mais bien culturels, et il est plus fréquent dans ce cadre d'entendre parler de conflits entre catégories d'âge, entre parents et enfants, qu'entre catégories économiques et encore moins politiques. Ce renversement des valeurs et des pratiques, ce passage d'une culture tournée vers la conquête de l'environnement à une autre culture qui regarde vers l'intérieur de la société, des groupes et surtout des individus eux-mêmes, ce passage de Marx à Freud, pourrait-on dire en termes de références intellectuelles, est un phénomène si massif et de si longue durée qu'il est presque impossible de ne pas le percevoir ou de se tenir en dehors de lui.

Évitons toute confusion. Le féminisme, qui a traversé tout le XXe siècle en menant des luttes de masse, en obtenant des victoires juridiques et morales de grande importance, en transformant la situation et la conscience des femmes, appartient à la grande famille des mouvements sociaux. Les attitudes des femmes de la génération post-féministe que nous avons rencontrées, je l'ai signalé, sont d'une nature très différente. Elles sont moins combatives et moins politiques. Elles donnent une importance primordiale aux problèmes culturels, ceux qui touchent à la vie personnelle, aux relations interpersonnelles, aux normes morales, aux représentations de la vie, de l'amour et de la mort. Mais il ne faut pas exagérer cette rupture, car les femmes de la génération féministe ont été tout autant sensibles au deuxième aspect de leur action qu'au premier. Mais sans parvenir à les unifier réellement, puisqu'elles étaient le plus souvent conduites par une idéologie politique – ou plus exactement par une représentation politique des problèmes culturels. La génération suivante, en rejetant violemment la politique, y compris des aspects importants du féminisme de la génération précédente, a établi une séparation entre la « libération » des femmes et une transformation culturelle qui, si elle confère un rôle particulier aux femmes, ne peut définir ce rôle que d'une manière très nouvelle.

3. Pourquoi les femmes ?

Les déclarations des femmes étudiées ont suggéré une réponse qu'il faut maintenant examiner précisément. C'est la domination subie par les femmes, la polarisation qui a fait d'elles des êtres inférieurs, privés de raison et de subjectivité, davantage liées que les hommes à la nature qui les conduit, au-delà de leur action propre de libération, à devenir les agents principaux de ce renversement culturel. Parce que celui-ci supprime le fondement même de leur dépendance en rejetant le mode de modernisation qui reposait sur la polarisation dont j'ai parlé.

Le mouvement féministe a dépassé ses objectifs d'origine, qui étaient de faire disparaître les discriminations dont les femmes sont victimes et de parvenir à l'égalité des chances. Il a mis en cause, au-delà des rapports sociaux de domination, le fondement culturel de ceux-ci, la polarisation, le dualisme qui ont institué des catégories dominées, des êtres inférieurs, jamais reconnus complètement comme humains.

C'est une fois remportées les grandes victoires contre les inégalités dont elles sont victimes que la signification culturelle de la lutte des femmes passe au premier plan. Elles deviennent moins préoccupées par la domination masculine qu'auparavant. Et, dans la présente génération, c'est par un véritable contresens qu'on a pu réduire la situation et l'action des femmes aux effets de la domination masculine.

Les femmes ne sont pas seulement « libérées », au moins en partie ; elles sont porteuses d'une représentation du monde et de l'expérience humaine qui, tout en s'appliquant aux hommes aussi et à l'ensemble des institutions, reste fortement marquée par l'initiative féminine qui l'a fait naître. Au point qu'il est nécessaire de parler de la formation d'une *société de femmes* qui se substitue peu à peu à une société d'hommes, dans laquelle les femmes occupaient une situation inférieure tout en remplissant des fonctions qui ne se limitaient pas à cette infériorité, comme la reproduction de la vie et l'éducation des jeunes enfants.

Ici s'opère la rencontre avec l'affirmation subjective de soi qui m'a semblée si centrale dans le discours des femmes interrogées et une transformation culturelle qui, tout en ayant une portée générale, transforme avant tout la place des femmes dans la vie culturelle et leur donne des avantages sur les hommes. Cette affirmation de soi comme femmes qui désirent se construire elles-mêmes comme femmes, en particulier à travers la sexualité, est l'expérience vécue des femmes la plus importante car elle fonde une culture dans laquelle les hommes entreront, sont déjà en train d'entrer, après les femmes.

Et c'est précisément ce lien de *l'expérience vécue* et d'un *changement culturel historique* qui constitue l'argumentation centrale de ce livre et lui confère, à mes yeux, une différence très marquée avec la plupart des livres consacrés aux question féminines. À vrai dire, ceux-ci ont des objectifs si différents de celui que j'écris qu'on ne saurait parler d'opposition entre eux.

Cette analyse générale se trouve confirmée par des observations plus élémentaires. On trouve dans la plupart des nouveaux mouvements, et en particulier dans l'écologie politique, une proportion inhabituelle de femmes militantes et dirigeantes. Mais le plus important est que se soit constitué un « féminisme culturel », alors que pendant longtemps le « féminisme matérialiste », inspiré par le marxisme, avait tenu le haut du pavé en Grande-Bretagne, en France avec Ch. Delphy, ou avec les « gouines rouges » en Italie et en Espagne. De plus en plus, et surtout dans le vaste mouvement post-féministe américain dont l'influence s'est vite répandue en Europe, une autre orientation l'a emporté : c'est aussi celle qui domine les idées et les débats que nous avons rencontrés dans le post-féminisme français. Le post-féminisme, on l'a dit, n'est pas un mouvement social mais un mouvement de reconstruction culturelle par le dépassement des conflits et des polarisations qui avaient donné sa force principale au modèle européen de modernisation. De là l'observation surprenante que les femmes s'affirment comme des actrices de leur vie, tout en refusant de donner à cette action une forme proprement politique. Nous découvrons ainsi pourquoi les femmes, au lieu de définir leur action dans les termes habituels qu'on emploie dans la vie publique, la conçoivent non pas en termes de vie privée, mais en termes de culture, mot qui se réfère au principe d'organisation de la vie individuelle et collective dans un environnement plus qu'aux relations proprement sociales.

Les deux types d'orientation et d'action ont une égale importance, mais leur nature est différente : pour le premier, il s'agit de changer la loi, la politique et l'opinion publique ; pour le deuxième, le but est de transformer et de reconstruire un rapport à soi-même et à ce qu'on peut appeler la nature, si l'on accepte la définition bien connue donnée par Serge Moscovici de la culture comme un « état de nature ». Rien ne serait plus faux que de parler d'un repli sur la vie privée ou d'actions plus limitées que les actions proprement politiques. On comprend mieux maintenant pourquoi les femmes interrogées et écoutées ont affirmé si fortement leur identité féminine. C'est aux femmes qu'il appartient de reconstruire le rapport entre la nature et la culture, entre le corps et l'esprit, entre la femme et l'homme, et donc de reconstruire l'être humain lui-même.

Les femmes ne cherchent pas à construire une société de femmes, réputée plus douce et plus affective qu'une société d'hommes, jugée plus conquérante et plus volontariste. Ce type d'opposition n'apparaît pas dans nos documents. Non, les femmes veulent créer, à partir d'elles-mêmes, un nouveau type de culture, mais qui doit être vécu par tous, hommes et femmes. Elles considèrent l'opposition des hommes et des femmes comme une création de l'ordre masculin ; la transformation culturelle engagée par les femmes doit effacer cette opposition et n'établir aucune hiérarchie à l'intérieur du monde multiple, divers et changeant, de la sexualité. Il est aussi acceptable de parler d'une reconstruction de la sexualité masculine par les femmes que d'une reconstruction par elles de leur sexualité. Les conduites homosexuelles ne sont pas différentes ici des conduites hétérosexuelles et ne sont pas plus unifiées qu'elles. Non seulement il faut distinguer les gays et les lesbiennes, et aussi les *butch* et les *fems*, mais surtout il faut introduire le thème, si important aux États-Unis et dans d'autres pays, de l'opposition entre des femmes lesbiennes ou *straight*, blanches et de classe moyenne, et les femmes lesbiennes noires de classe populaire. Il faut déplacer complètement le champ de la pensée et de l'action. Il faut recomposer l'expérience et non pas la renverser. Il ne faut pas inverser les choix, mais refuser toutes les oppositions binaires.

Mais tandis que tant de pensées invitent à se contenter de détruire les couples d'opposition et à reconnaître la diversité sans limites des conduites sexuelles, il s'agit ici de reconnaître cette déconstruction des catégories établies, comme le moment préparatoire nécessaire pour parvenir à la recomposition de l'expérience humaine que le modèle européen de modernisation avait décomposée, polarisée et transformée en un rapport de domination. Si ces femmes refusent de se définir comme féministes, et sont même ouvertement antiféministes, c'est parce qu'elles veulent sortir de tous les couples d'opposition entre hommes et femmes. Nous n'avons pas entendu réclamer la féminisation du monde, le triomphe de la paix sur la guerre et de l'amour sur la violence. Ce genre de discours est d'autant plus éloigné de la pensée des femmes que nous avons écoutées que celles-ci savent aussi bien que les hommes que les éloges accordés à la beauté et à la sensibilité des femmes ne sont qu'une manière indirecte d'affirmer la supériorité des hommes, plus forts, plus conquérants et plus créateurs.

Le sens général de cette nouvelle culture créée par les femmes est bien illustré par le jugement très simple, si souvent prononcé par les femmes quand on les invite à se comparer aux hommes. Elles ne répondent pas en se donnant des attributs positifs ou négatifs, en se définissant par la beauté ou la fragilité, mais en disant que les femmes sont plus capables que les hommes de faire « plusieurs choses à la fois », et elles acceptent en contrepartie de penser que les hommes font mieux qu'elles l'activité unique à laquelle ils se consacrent.

Cette modeste expression : « Nous savons, mieux que les hommes, faire plusieurs choses à la fois », doit être comprise comme l'expression d'une volonté de rassembler ce qui a été séparé, d'aller au-delà de l'opposition qui les place elles-mêmes à part des hommes et en situation d'infériorité, parce que la vie privée apparaissait toujours dominée par la vie publique où réside le pouvoir. Et cette volonté d'aller au-delà de l'opposition entre vie privée et vie publique donne aux femmes la conscience d'une supériorité qui ne peut pas être celle que donnent l'argent ou le pouvoir (qui restent aux mains des hommes) et qui ne peut correspondre qu'à la « multifonctionnalité » des femmes, expression qui est revenue souvent dans les réponses que nous avons entendues.

C'est ici le moment de rappeler les faiblesses d'une politique et d'une pensée qui ne cherchent que l'*égalité* entre hommes et femmes, car celle-ci ne propose que l'alignement des femmes sur le modèle masculin, au moment où les hommes eux-mêmes veulent se libérer de l'envahissement de la vie par le travail. Il faut au contraire accepter que les femmes connaissent des réussites professionnelles inférieures à celles des hommes, si c'est le prix à payer pour parvenir à mener deux vies à la fois. Sans oublier que, loin que les femmes aspirent à se rapprocher du modèle actuel de la vie masculine, ce sont les hommes qui cherchent peu à peu à mener une double vie.

Il faut dire aussi qu'en aucun cas il n'est envisageable de parvenir à l'égalité parfaite entre hommes et femmes, même dans l'hypothèse où les différences actuelles de rémunération et de carrière seraient supprimées. Les femmes sont conscientes d'avoir une relation privilégiée avec leurs enfants. L'existence de ceux-ci leur confère un pouvoir auquel elles ne renonceraient pour rien au monde, même si les hommes accomplissaient autant de travail domestique qu'elles, y compris les soins aux enfants. Cette importance de l'ambivalence des femmes définit bien la nature du renversement culturel que nous vivons. La société créée par la modernisation européenne avait séparé en son sein des fonctions et créé entre celles-ci des rapports hiérarchiques. La nouvelle culture qui est portée par les femmes ne cherche pas à exclure les hommes ou à les placer en situation inférieure, mais à permettre à tous de combiner ce qui avait été séparé et marqué d'un signe soit de supériorité soit d'infériorité. Cette culture nouvelle cherche à recomposer l'expérience personnelle et collective, à unir ce qui avait été séparé. Il s'agit ici d'un changement fondamental de construction et d'évaluation de la réalité. Or, nous sommes tellement habitués à tracer une frontière nette entre le bien et le mal, l'intégration et la déviance, mais aussi entre le monde développé et les pays sous-développés que nous tendons à préférer les choix qui excluent une des solutions.

Prenons un exemple, celui des enfants venus d'une culture différente et qui arrivent en France ou dans n'importe quel autre pays. Si les enseignants cherchent à protéger leur culture d'origine, en particulier en enseignant la langue qui est celle de leur famille et de leurs voisins, ils protègent ces enfants contre le déracinement et la rupture avec leur milieu de départ ; mais ils risquent aussi de les marginaliser et de réduire leurs chances de trouver leur chemin dans leur nouveau pays. À l'inverse, les enseignants qui, au nom surtout de ces arguments, donnent la priorité à l'intégration dans la nouvelle société engagent ces enfants à regarder devant et non plus derrière eux, ce qui risque de provoquer le déracinement que les autres enseignants cherchaient à éviter. Qui a raison, qui a tort ? Nous en discutons constamment dans nos parlements, nos journaux, nos écoles, mais au fond ce choix est impossible à faire, car la préférence donnée à la continuité a un prix aussi élevé que l'acceptation de la rupture. Il n'existe en fait qu'une réponse acceptable, doublement insatisfaisante mais supérieure aux autres, qui est de ne pas choisir et donc de rester ambivalents. Il faut combiner le respect des origines et les chances d'avenir des enfants. Ceux-ci seront insatisfaits d'un côté comme de l'autre, mais beaucoup moins que si l'une ou l'autre des solutions était choisie en écartant complètement l'autre.

Les deux démarches construisent différemment la réalité. Le choix du type « ou… ou » correspond à une analyse de la situation en termes d'avance ou de retard, de passé ou d'avenir, ou en des termes plus complexes mais au fond de même nature, comme la victoire du capitalisme ou celle du prolétariat. Elle correspond aussi à toutes les analyses menées en termes de stratification sociale, qui représentent une partie importante de la production sociologique courante. Les sociologues classiques ont multiplié les formulations de la modernité, et Talcott Parsons a remporté le plus de succès en distinguant cinq *pattern variables,* c'est-à-dire des couples d'opposition qui éclairent divers éléments du passage des sociétés traditionnelles aux sociétés modernes. Dans tous les cas, il s'agissait d'identifier aussi précisément que possible des moments, des lieux de passage qui obligent à changer de culture comme de relations sociales ou de langue. Vision dramatique d'un monde réduit à une évaluation où des acteurs sociaux ne sont que des figurants, d'autant plus significatifs qu'ils sont moins indépendants, comme les ouvriers de la première industrialisation, ou les esclaves conduits par la traite des grands ports de l'Atlantique jusqu'aux plantations tropicales. L'autre démarche s'oppose à la première en ce qu'elle s'interroge avant tout sur les conditions d'émergence d'acteurs libres et de sujets individuels et collectifs. Mais elle se trouve toujours prise dans des contradictions insolubles : il faut une révolution pour libérer les travailleurs exploités, mais la révolution risque de détruire la démocratie. La conclusion des réflexions sur la démocratie est que ce qui définit la « bonne » société n'est ni le sens de l'histoire ni l'intégration de la société ; c'est la reconnaissance des droits de l'individu, dont le principal est d'agir et d'être reconnu comme un être de droits. L'ambivalence à l'égard de toutes les situations historiques n'est ni doute ni ambiguïté ; elle seule permet, en se dégageant de toute identification à un ensemble social, culturel ou historique, de placer les droits de chaque individu au centre de notre jugement.

Nous apercevons maintenant la cohérence des résultats de cette recherche. Les femmes avec qui nous avons parlé vivent dans un ensemble cohérent de représentations et de pratiques, et elles nomment cet ensemble *le monde des femmes*, dont elles disent qu'il est profondément différent de celui des hommes, non pas parce que les femmes posséderaient des attributs positifs que les hommes n'ont pas ou échapperaient aux défauts pernicieux des hommes. Mais parce qu'elles savent et disent que leur monde est orienté vers la création de soi à travers la recomposition du monde, alors que les hommes ont conquis le monde au prix d'un déchirement qui les a traversés eux-mêmes autant que tout ce qui les environnait. Le refus violent de la politique, le rejet même de ce qu'on nomme féminisme, indiquent très clairement la rupture avec une vision du monde centrée sur l'action menée pour transformer ce monde. Cette vision est évidemment celle qui correspond à la période qu'on a souvent appelée moderne et qui s'est opposée à d'autres sociétés en privilégiant le mouvement sur l'ordre et l'action sur le respect des règles. Mais à aucun moment ces femmes n'ont exprimé la nostalgie du monde pré-moderne ou le désir de retourner à un ordre stable. Elles n'ont pas davantage rejeté l'idée de modernité au nom d'une post-modernité dont elles n'ont jamais parlé. Elles ont cherché à dépasser la modernité classique au nom d'une plus grande modernité, enfin tournée vers l'être qui agit plutôt que vers le monde sur lequel il agit. Tel est le résultat principal de cette recherche, et à vrai dire son point d'arrivée. Le lieu d'où parlent ces femmes est celui où la modernité se renverse sur elle-même, devient réflexive, pour employer le mot si juste d'Anthony Giddens. La conquête du monde se transforme alors en construction de soi, tandis que tous les jugements sur le monde deviennent ambivalents et prennent leur distance par rapport à la « politique », c'est-à-dire à toutes les stratégies de gestion d'un monde en permanente transformation.

C'est le caractère radical de cette transformation qui empêche les femmes que nous avons écoutées d'opposer le présent au passé. Le langage historique est trop chargé d'évolutionnisme pour être capable de participer au renversement voulu, alors même que cette opposition du présent et du passé apparaît comme porteuse de progrès.

La difficulté, que je ne parviens pas à surmonter, est qu'un tel renversement ne semble pas conduire à un type nouveau d'action. Le rejet du féminisme n'enferme-t-il pas les post-féministes dans des sentiments, des expériences et des projets purement personnels et qui ne peuvent pas déboucher sur l'action collective ? Cette absence de perspective est assez désespérante, et il est temps de découvrir un mode d'intervention collective aussi éloigné de la « politique » que la construction de soi l'est de la conquête du monde.

De fait, les femmes qui nous ont parlé nous ont fourni quelques pistes convergeant avec nos propres réflexions. L'action collective ne peut-elle pas avoir comme finalité principale la création et la protection d'espaces sociaux, et plus précisément institutionnels, au service des sujets individuels ou collectifs, plutôt que d'être des instruments au service de grands projets collectifs ? Ce nouveau type d'action suppose la formation de groupes d'initiative à la base de la société, agissant par la parole et l'exemple plutôt que par la mobilisation de grandes ressources. Les actions de l'écologie politique, les forums altermondialistes et les actions post-féministes elles-mêmes ne nous fournissent-ils pas déjà des exemples de cette politique antipolitique, qui procède par « agitation » et par association plutôt que par mobilisation, expression qui reste chargée de connotations militaires ? Les femmes réunies dans nos groupes de discussion n'étaient pas en situation d'élaborer une stratégie, car ces groupes n'avaient pas devant eux un temps suffisant pour y parvenir, mais elles ont indiqué, par leurs refus plus encore que par leurs propositions positives, la direction dans laquelle nous devons porter notre regard. Elles croient à la nécessité d'une démocratie de base, à des acteurs collectifs plus chargés de sens que d'efficacité, à l'inverse de ce qui s'est produit pendant la période antérieure. La pensée sociale du XIXe siècle et même du XXe siècle a été dominée par cette faiblesse de la conscience des dominés, qui avaient alors besoin d'alliés politiques et intellectuels capables de transcrire en termes politiques et pragmatiques ce qui ne pouvait pas aller spontanément au-delà de la protestation et de la dénonciation. Les intellectuels donnèrent naturellement la préférence aux analyses venues d'en haut, portant sur le fonctionnement du système économique et social, sur les analyses venues d'en bas, qui leur semblaient s'enfermer dans un populisme trop simple et dans le recours à la violence.

Ne peut-on pas penser que la crise de *la* politique et même *du* politique, dont on parle tant, témoigne d'une mutation de l'action collective ? Une réflexion sur les femmes se sent naturellement entraînée dans cette direction, car elle ne peut pas accepter l'idée que la situation des femmes se limite à la domination qu'elles subissent. Des intellectuels cherchent à montrer leur radicalité en affirmant que les dominés le sont si complètement qu'ils n'ont ni mots ni images pour le faire. Mais ce raisonnement ne cesse jamais d'être arbitraire. Jamais il n'a existé de victimes silencieuses et incapables d'agir. Ceux qui ont été soumis aux pires contraintes ont fait entendre leur misère, en ont appelé même à un Dieu lointain mais bienveillant, et conservent aussi le souvenir des révoltés et des évadés marrons. Dans un monde plus complexe et où plus d'information est manipulée, c'est en se tournant vers eux-mêmes que les dominés s'émancipent de leur statut de victimes. Les prisonniers déportés et exilés ont dit maintes fois comment ils avaient trouvé une liberté intérieure, partagée si possible avec d'autres, nourrie de souvenirs et d'espoirs et surtout du refus de céder à la menace dégradante, au risque même d'exposer plus encore leur vie. Ce que nous révèle l'écoute des femmes et des groupes de femmes, c'est qu'elles ne se définissent pas comme des victimes et qu'elles se construisent comme des actrices de leur vie et de l'histoire de tous, en élaborant des expériences ou des idées dans lesquelles il est possible de voir un renouvellement profond de notre expérience historique. Ces femmes n'ont pas la capacité d'expliciter individuellement leur vision d'elles-mêmes et du monde, mais la cohérence de leur pensée me paraît certaine, et ce sont nos habitudes de pensée ou même nos préjugés qui nous empêchent d'entendre la grande nouveauté apportée par cette parole qu'aucune domination ne saurait faire taire.

Comment fait-on pour ne pas entendre ce qui est dit clairement ? Je suis conscient des limites du corpus sur lequel prend appui mon analyse. Mais s'il est vrai que des documents en plus grand nombre permettraient d'apporter des réponses plus élaborées à bien des problèmes ici posés, il n'en reste pas moins vrai qu'un corpus aussi restreint que celui-ci m'aura permis de découvrir ce que tant d'autres n'ont pas cherché à voir – ou pas voulu voir.

4. Les droits sociaux et culturels

Tout livre qui traite des femmes se doit d'examiner le conflit de l'universalisme et du différentialisme, ou du naturalisme et du constructivisme. D'autant que le féminisme français s'est trouvé cassé en deux, une moitié du mouvement affirmant que l'homme et la femme sont avant tout égaux, et l'autre moitié insistant davantage sur la différence entre homme et femme. Que de tels débats trouvent logiquement place dans l'histoire des idées, on le croit volontiers. Mais qu'ils semblent loin des analyses concrètes qui ont été présentées ! Peut-on choisir entre l'universalité et la différence sans faire intervenir des rapports de pouvoir ?

Nous avons connu un universalisme qui identifiait le monde occidental et lui seul aux valeurs universelles ; on comprend, dans ces conditions, que la décolonisation ait déraciné cet orgueil. Mais l'hostilité au colonialisme occidental a conduit un assez grand nombre à embrasser la cause d'un multiculturalisme, fort acceptable lorsqu'il s'agit de défendre le principe de tolérance, mais qui est exposé à des difficultés insolubles quand on se rapproche du relativisme culturel, puisque celui-ci rend toute communication impossible.

Quelques esprits conciliateurs ont proposé la formule : les droits politiques sont universels ; les droits sociaux et culturels traitent de catégories particulières. Mais ceux et celles qui ont la moindre connaissance de l'histoire du mouvement ouvrier, par exemple, sont choqués par une telle désinvolture. Car le plus grand débat théorique et pratique du XXe siècle, avant et après le nazisme, est celui qui a opposé deux groupes de défenseurs des droits de la classe ouvrière : ceux qui opposaient les droits sociaux « réels » aux droits politiques « bourgeois », et qui ont nourri le léninisme, qui fut le plus vaste mouvement totalitaire du XXe siècle, et, de l'autre côté, ceux qui ont toujours voulu lier droits politiques et droits sociaux. Ceux-ci ont fini par triompher, au moins en Europe occidentale et dans les pays du Commonwealth, ce qui a apporté un demi-siècle de succès à la social-démocratie, à « l'économie sociale de marché » et au « modèle social européen » qui se sont définis par l'association des droits politiques et des droits sociaux.

Le cas des femmes est le plus simple, car elles ont toujours demandé des droits politiques en même temps que la reconnaissance d'une identité qui n'est d'aucune manière en contradiction avec les « droits de l'homme et du citoyen », que nous appellerions plutôt aujourd'hui les droits humains fondamentaux. Il est, en outre, inutile de parler de communautarisme à propos des femmes pour des raisons de bon sens déjà clairement indiquées par Simone de Beauvoir : les femmes, qui sont partout, ne sauraient former une communauté. Les femmes, rappelle Simone de Beauvoir, ont été constamment dominées. Dans le meilleur des cas, elles ont été traitées d'une manière qui ne témoigne pas de la reconnaissance d'une différence mais d'une situation et d'une conscience de dépendance extrême à l'égard de l'homme. Ce qui conduit à la réponse sartrienne à cette situation : il faut que les femmes sortent d'en soi, deviennent des sujets en créant un espace de liberté contre le réseau des dépendances géré par les hommes. Nos résultats s'inscrivent dans cette perspective beaucoup plus que dans le champ du débat entre l'universel et le particulier.

Les femmes que nous avons écoutées ne nous ont pas parlé de différences. Avant tout parce qu'elles se définissent par rapport à elles-mêmes. Elles répondent en cela à la critique de Simone de Beauvoir, qui voyait dans le statut d'« autre » le principe de la dépendance des femmes. Mais, je l'ai déjà dit, parler de soi ne veut pas dire s'enfermer dans sa vie privée, même si, dans le cas de ces femmes, la nouveauté de leurs attitudes provient de ce que, pour elles, la vie privée envahit la vie publique et détermine leur participation à celle-ci. L'affirmation de soi est associée au rejet de tout ce qui nie la femme comme sujet. Ce qui ne se réduit pas à la négation de la différence.

Ce qui compte est donc le droit à la différence, en insistant sur l'idée de droit, c'est-à-dire d'action légitime. Même si l'orientation *communautarienne* s'est rarement exprimée dans nos groupes de travail, il faut l'écarter fermement. Elle a reçu des formes en principe modérées en Grande-Bretagne, où les autorités ont considéré que l'appartenance à une communauté, gérée de manière très autonome, était une marche intermédiaire dans le processus d'intégration qui devait être d'autant plus facile que les immigrés étaient le plus souvent anglophones et originaires des pays du Commonwealth. Les attentats commis à Paris et ailleurs, puis la destruction des Twin Towers à New York, et plus récemment les massacres de Madrid et, le 7 juillet 2005, de Londres, ont fait prendre conscience que le souci très positif de défendre la diversité culturelle ne peut pas, en se retranchant derrière une fausse naïveté, ignorer l'intolérance, l'appel à la guerre sainte et à la terreur, le repli hostile dans des communautés qui résistent à une société dans laquelle elles ne trouvent pas de place. Le sens que le mot communautariste avait reçu dans une polémique restée célèbre a été rapidement dépassé. Même aux Pays-Bas, pays tolérant par excellence, où l'assassinat de Théo Van Gogh a provoqué de vives réactions nationales-populaires.

La frontière entre le sens positif et le sens négatif de ce communautarisme est facile à tracer : ceux qui placent leur appartenance communautaire à l'intérieur des lois qui respectent les droits individuels de chacun sur un mode universaliste se séparent nettement de ceux qui donnent la priorité à la communauté. Souvent, par le passé, les religions ont institué des communautés qui refusaient les principes de la démocratie, et en particulier de la séparation du pouvoir spirituel et du pouvoir temporel. Et c'est sur la lutte de celui-ci contre le pouvoir des papes que s'est construit le mouvement des libertés politiques en Europe.

Même si la conception française de la laïcité a été (et est encore souvent) trop étroite et trop « cléricale », et si on a pu condamner les tentatives de ce pays pour enfermer la religion dans la sphère privée – ce que ne saurait accepter aucune religion –, la commission Stasi, réunie pour recommander l'acceptation ou l'interdiction (qui était le régime en place) du voile dans une école publique, a eu raison de donner la priorité à l'affirmation des droits universels du citoyen sur le droit à l'affirmation publique des identités culturelles. Et la Grande-Bretagne elle-même réagit contre les facilités d'action et d'expression qu'elle avait accordées aux islamistes. Mais ce choix impose d'introduire le plus vite possible des incitations à la diversité culturelle.

L'autocritique des pays colonialistes et impérialistes était nécessaire, mais on ne peut pas approuver n'importe quel type de comportement pour la raison qu'il émane de victimes, anciennes ou nouvelles, de la domination étrangère. Est-il si difficile de professer la condamnation du communautarisme comme de l'idéologie de guerre et de conquête menée aujourd'hui par les États-Unis, celle-là même qui a été mobilisée au moment de l'invasion de l'Irak par le président George W. Bush ?

5. Genre, classe, race

Il reste, ici, à aborder une question toujours posée et qui a donné lieu, parmi les féministes, à de rudes batailles. Les femmes soumises à une domination spécifique ne sont pas seulement des femmes et sont donc soumises à d'autres formes de domination. Une femme est aussi une ouvrière ou une infirmière ; elle est, dans la plupart des cas, une salariée. Peut-être subit-elle le harcèlement sexuel ; mais elle est aussi soumise, comme beaucoup de salariés hommes, à des pressions professionnelles et économiques qui peuvent faire naître en elle des formes de protestation ou même une conscience de classe qui ne sont pas associées à son genre. Des lesbiennes issues de milieu populaire ont protesté contre celles qui, ayant un niveau élevé d'éducation, maîtrisent mieux la communication orale et écrite. Quelle est le facteur le plus prégnant : le genre ou le statut socio-économique ? Plus radical encore est l'affrontement entre féministes « blanches », souvent issues des classes moyennes éduquées, et féministes (en particulier lesbiennes) africaines-américaines. Ici aussi, quelle est la dimension la plus importante de leur expérience : le genre ou l'appartenance ethnique ? Qu'est-ce qui l'emporte : le préjugé contre les femmes ou le préjugé contre les Noirs ? Le problème est moins important si l'on considère les trois formes de domination – d'un genre, d'une classe et d'une « race » – comme interdépendantes, voire comme les variantes d'une même domination générale. Mais mon analyse jusqu'ici m'a conduit à une position différente.

Le mouvement des femmes n'est pas de même nature que l'action des salariés. La situation des ouvrières noires est plus complexe, puisqu'elles subissent trois types de discrimination et d'exclusion, mais qu'on peut néanmoins considérer comme séparés et différents les uns des autres. Les femmes ne sont pas dominées par les hommes comme les salariés par leurs employeurs ou par le marché. Elles ont été créées comme une catégorie inférieure et dépendante par le type de modernisation qui a choisi de concentrer toutes les ressources entre les mains d'une élite dirigeante pour accroître au maximum la capacité de décision et de conquête. Il s'agit de la construction d'une culture plutôt que de rapports sociaux inscrits à l'intérieur d'une culture, par exemple ceux qui sont issus de l'industrialisation. Situation qui explique pourquoi l'action des salariés est orientée vers des changements économiques, politiques et juridiques : il s'agit pour eux de peser sur une situation considérée comme injuste ou insupportable. Au contraire, les femmes agissent directement sur un modèle global de société et de culture. C'est pourquoi leur action est à la fois plus directe et plus consciente de l'ampleur de ses enjeux, même si elle est souvent plus faible que celle des salariés qui ont été si souvent capables d'élaborer des stratégies qui leur apportaient le soutien d'alliés sociaux et politiques influents.

Un groupe ethnique se trouve dans une situation intermédiaire entre celle des salariés et celle des femmes. Le peuple est une notion plus large que la classe, et le genre renvoie à une définition plus large encore que le peuple. Cela n'implique pas des différences radicales entre les divers types de lutte. Elles peuvent se conjuguer ou non, ou même se recouvrir, mais on ne saurait pourtant confondre une action qui porte avant tout sur les rapports économiques et sociaux avec celle qui conteste une culture et, entre les deux, celle qui met en cause à la fois un statut économique et une « race » considérée, au moins en partie, comme une marque d'infériorité « naturelle ».

Plus fondamental encore est aujourd'hui le débat qui oppose celles qui donnent une importance prioritaire au droit des femmes et celles qui défendent un multiculturalisme qui les conduit à critiquer, et même à rejeter, une conception des droits de la femme identifiée aux femmes blanches de classe moyenne du monde occidental. Certains auteurs ont même défendu, au nom d'un relativisme culturel extrême, le droit des femmes à subir ou à faire subir à leurs filles des opérations comme l'excision, considérées comme nécessaires à l'intégration dans la communauté. Les mariages arrangés ont encore plus de défenseurs, puisqu'ils apportent une sorte de sécurité sociale privée à des femmes privées de protection sociale officielle. Mais les excès de ce multiculturalisme ont vite été dénoncés, en particulier par des femmes venues du Sud, engagées dans des luttes contre toutes les formes de dépendance et de soumission. Et il serait bien paradoxal de voir des femmes vivant dans des sociétés qui protègent les droits des femmes critiquer ces droits quand d'autres, vivant dans des sociétés où leur dépendance est beaucoup plus contraignante, cherchent à les conquérir.

Il faut maintenir ici, comme devant tout autre problème analogue, que les droits individuels doivent toujours l'emporter sur les droits collectifs, et que l'appartenance à une communauté ne peut pas être considérée comme prioritaire par rapport aux droits dont la portée est universelle. Il faut bien de la mauvaise foi aujourd'hui pour opposer ces droits individuels, qui ne s'appliqueraient qu'à des êtres humains abstraits, à des droits collectifs assurant la défense de groupes sociaux et culturels concrets. Car la défense des droits sociaux et culturels ne saurait être assurée que par l'association forte des droits des individus et des droits des collectivités ou des communautés. La force du mouvement féministe, qui ne cesse d'augmenter, alors que les idéologies communautaristes reculent devant l'évidence de leurs effets négatifs, tient à ce qui est directement universaliste en lui, la défense de toutes les femmes en chaque femme. À partir de ce principe, les stratégies varient selon les situations considérécs et l'imitation du modèle occidental peut en effet avoir des conséquences inverses au but poursuivi. Mais c'est à juste titre que le féminisme est devenu le critique le plus radical et le plus efficace des idéologies communautaristes.

L'évolution a été rapide. Récemment encore, la défense des femmes était considérée comme l'un des « fronts » de la lutte anticapitaliste ou, mieux encore, anticolonialiste. Il ne s'agissait pas d'affirmer l'existence d'un acteur féminin, mais de le libérer, ce qui faisait porter tout le poids de l'analyse sur la classe dominante ou sur l'État, religieux ou laïque, qui s'opposait aux droits des femmes.

Ensuite est venue la phase d'intégration des mouvements féminins dans l'ensemble des actions menées en défense d'une identité et d'une différence : c'est ainsi qu'on a mélangé des nations avec des Églises, des minorités faiblement organisées avec des populations définies par un problème, un handicap ou un préjugé. Le caractère composite de cet ensemble, et surtout l'association en son sein de minorités demandant la protection de la loi et de régimes politiques ou religieux imposant l'unité et l'homogénéité d'une croyance ou d'un pouvoir à une population, et rejetant donc les minorités ou ceux qui en appellent à la différence, ont fait reculer les idées « communautaristes », dont on avait pu pendant une génération soutenir les initiatives en faveur de la justice et de la liberté.

Aujourd'hui, la tendance la plus active dans le post-féminisme est celle qui rejette toute essence de la féminité, au point même de mettre en cause les catégories d'homme et de femme, et parallèlement d'hétérosexualité et d'homosexualité, ce qui a conduit en premier lieu à faire éclater cette dernière catégorie sous l'effet de la séparation des gays et des lesbiennes. C'est ainsi que les féministes se trouvent entraînées, parfois plus vite et plus loin qu'elles ne le voudraient, dans des luttes contre d'autres catégories, des êtres collectifs et des communautés, ce qui les conduit à mettre une action collctive au service de l'individualisme universaliste. Or, ce qui limite (ou même contrecarre) cette évolution, c'est l'existence d'un fort courant hostile aux hommes qui attaque surtout des catégories définies par la domination subie. Mais ce courant reste minoritaire.

Un fait massif s'impose à l'attention de tous. C'est la manière dont une société ou une culture traite les femmes qui la distingue le plus, et pas seulement aux yeux des Occidentaux, par référence aux idéaux inscrits dans les déclarations solennelles des Nations unies.

Un mot à ce propos du sort réservé aux femmes en terre d'Islam. Il ne faut jamais confondre, sous le nom d'« islam », un message religieux, un système juridique, des sociétés fort diverses et des régimes tout aussi différents les uns des autres. Il y a aussi toutes les langues et les cultures qui n'ont pas disparu sous l'effet de la suprématie de l'arabe, la langue du Coran. Mais, au-delà des politiques nationales ou du degré d'influence de la religion sur l'État, il reste un ensemble de prescriptions, de statuts et de contenus très divers qui mettent la femme en situation d'infériorité et de dépendance. Quelle que soit la variété des interprétations qui peuvent être données de ces prescriptions, elles sont perçues par une partie importante du monde comme un obstacle infranchissable entre l'Islam et la modernité définie par le respect des droits de l'individu et par la confiance en la raison. C'est pourquoi, au-delà de tous les efforts faits pour lutter contre les préjugés ou les généralisations hâtives, la défense des droits individuels universels est une composante si centrale des combats du féminisme que celui-ci est devenu, parfois avec excès, comme on l'a vu en France lors de la querelle du voile, le représentant le plus actif de l'universalisme hérité des Lumières et élargi à la défense des droits culturels comme des droits sociaux.

Ce type de conclusion risque cependant de nous enfermer dans un horizon trop limité et de nous faire oublier que les femmes ne sont pas une catégorie sociale défendant des intérêts propres, parce qu'elles sont avant tout les agents de la recomposition d'un monde qui a d'abord été déchiré par un modèle très polarisé de modernisation, celui qui a apporté à l'Europe un pouvoir exceptionnel avant de se décomposer sous les coups de boutoir des mouvements sociaux mis en branle par les catégories longtemps enfermées dans leur infériorisation.

6. Le social et le non-social

On saisit le mieux cette idée de la recomposition de l'expérience humaine en faisant appel, pour expliquer le grand déchirement de la modernisation, à la dualité de l'expérience humaine et du lien avec ce qui est au-delà de l'humanité. Les femmes ont été considérées comme les agents de transmission de la vie, mais aussi du contraire de l'ordre social, c'est-à-dire d'une « nature » chargée du mal, du péché, de la chute, au moins dans l'ensemble des religions monothéistes. Le monde féminin a ainsi été conçu comme celui de la « chair » pécheresse, mais aussi comme celui de la religion considérée comme l'appareil de défense du sacré contre le désordre, le diabolique et le désir. Double face classique de l'image de la femme, telle qu'elle a été créée par les hommes : à la fois la mère et la putain. En opposition ouverte avec ces représentations, les femmes que nous avons écoutées rejettent violemment cette double déshumanisation de la femme, créatrice de grâce et de péché, de divin et de diabolique. Mais comment recomposent-elles en une expérience humaine intégrée ces deux faces d'elles-mêmes, telles qu'elles ont été séparées l'une de l'autre et opposées l'une à l'autre ? Nous savons déjà que l'instrument principal de cette recomposition est la sexualité. Elle n'est pas nature, comme le sexe, c'est-à-dire le désir, et elle n'est pas non plus d'ordre supra-humain, ce qui serait le cas si elle se définissait par la sublimation des instincts et la soumission des femmes à des valeurs de pureté ou de fécondité. La sexualité est tout ensemble désir, relation à l'autre et construction de soi. Elle crée une identité et surtout la volonté de construire une unité toujours menacée entre l'érotisme et la fécondité.

La sexualité est pour les femmes, au-delà de l'érotisme et à travers lui, intégration de la nature et de la culture, du corps et de la conscience. Elle a donc l'importance d'une morale, autant que l'intensité d'un désir. Elle ne concerne pas seulement la femme elle-même ; elle est un élément essentiel du dépassement de l'opposition qui avait été établie entre la raison et l'affectivité. Le renversement culturel, dont les femmes d'aujourd'hui sont les agents, se manifeste donc autant par le dépassement de cette opposition entre raison et religion que par la fin de l'opposition du monde masculin et du monde féminin et par la reconstruction, par les femmes, de l'unité de l'expérience humaine. Comme est déjà loin de nous le temps où le progrès de la raison, de la science et des techniques annonçait la disparition des religions, en même temps peut-être que celle des émotions qui seraient désormais contrôlées par la raison ! La modernité, en réalité, ne se réduit pas à la rationalisation et à la sécularisation. Dans *Critique de la modernité* (1992), j'ai déjà défendu l'idée qu'elle a deux branches : le progrès de la raison et l'émergence d'un sujet qui se dégage des formulations religieuses ou eschatologiques qui le cachaient encore au début de la grande industrialisation occidentale.

Les conduites post-féministes témoignent d'un renversement de ce qui semblait être le « sens de l'histoire ». Non pas qu'il s'agisse de revenir en arrière, mais de dépasser les couples d'opposition, et donc les formes de domination, qui donnèrent sa dynamique (et sa brutalité propre) à la modernisation européenne.

Certes, ce travail de reconstruction de l'expérience vécue n'est pas toujours victorieux. Les acteurs sociaux sont constamment menacés de destruction par les forces du marché autant que par une définition autoritaire des finalités de l'activité collective. La femme-image est aussi une femme-objet, objet pour elle-même en même temps qu'au service des hommes. La destruction de la définition traditionnelle des rôles féminins ne libère pas seulement la capacité qu'ont les femmes de reconstruire leur expérience ; elle expose les femmes à être incorporées dans le monde marchand et transformées elles-mêmes en marchandises. Bien des magazines donnent une image de ces femmes « modernes », bien éloignée de celle que nous avons dessinée. Ces femmes revendiquent leur liberté mais surtout leur bien-être, et font l'apologie d'un certain hédonisme (contre l'esprit de critique) pour ne pas manquer les occasions de se faire plaisir. Ces deux visions de l'évolution des femmes sont à la fois contradictoires et complémentaires. La recherche de soi que nous avons si fortement entendue chez les femmes que nous avons écoutées n'aurait pas autant de force et de profondeur si elle n'était pas aussi une force d'opposition à un individualisme qui enferme les femmes dans le monde de la consommation d'objets, d'images et de représentations de soi-même.

Mais ne séparons pas par des barrières faussement infranchissables deux images de la femme ; car elles ont beaucoup d'éléments en commun. De la même manière, le travail comme charge épuisante et comme base de l'exploitation peut rarement être séparé complètement du travail comme réalisation professionnelle où beaucoup trouvent des motifs de satisfaction (qui varient évidemment selon la qualification de la tâche). La femme qui entre volontairement dans le monde séduisant des soins du corps et de la présentation de soi ne perd pas pour autant son identité, ne devient pas l'esclave des publicités et des « stars ». Comment imaginer que ce travail sur le corps soit étranger à la sexualité ? Il faut donc voir dans les soins du corps non pas le lieu où s'exerce sur les femmes une domination étrangère, mais au contraire une technique de construction d'une sexualité qui unit le corps et l'esprit, le désir, la recherche de l'autre et le rapport à soi-même. C'est l'homme qui, dans ce domaine comme dans tant d'autres, reste prisonnier d'une image instrumentale de lui-même, celle qui ne lui laisse d'autre moyen de parvenir à l'estime de soi que par l'accomplissement de ses devoirs, en particulier professionnels, que lui propose ou lui impose la société.

Et finalement, le plus important est de concevoir tous les éléments de l'analyse des conduites dans le monde contemporain en termes culturels, en écartant tout ce qui marginalise et infériorise cette catégorie du culturel ou la subordonne aux conduites « sociales », considérées comme supérieures. Cette conclusion est en accord avec l'observation générale que le féminisme a voulu combattre avant tout l'essentialisme et le naturalisme, qui, recourant à des explications biologiques ou psychologiques, ferment la porte à l'action transformatrice déjà effectuée par le mouvement. Plus encore, il s'est opposé à toute définition précise des « femmes », qui conduit à identifier les hommes à l'ensemble de l'humanité.

Mais on ne saurait s'en tenir là. Car ce rôle des femmes dans la recomposition du monde appelle à un dépassement de l'opposition hommes/femmes et de tous les couples d'opposition qui lui sont attachés, comme actif/passif, rationnel/émotionnel, etc. Il nous faut rattacher au changement culturel majeur qui vient d'être évoqué les transformations, déjà survenues et en progression rapide, dans un grand nombre d'aspects de la vie sociale, depuis les soins du corps jusqu'aux principaux domaines d'intervention publique. Le plus important de ces aspects, et celui aussi où les controverses font le plus ouvertement rage, est l'éducation. Nous étions habitués à une approche avant tout fonctionnelle de l'école : son rôle était de transmettre les connaissances et d'inculquer des manières de penser. À quoi s'ajoutait dans certains pays, surtout dans les plus puissants, un appel à la conscience nationale étroitement lié à la reconnaissance de principes universalistes du droit. Or, s'il est toujours impossible d'accepter un mode d'enseignement qui entrerait ouvertement en conflit avec des orientations rationalistes et universalistes, d'autres objectifs, d'autres méthodes, d'autres relations entre enseignants et enseignés demandent en revanche à être reconnus. Parfois la pression est si forte qu'elle menace l'éducation « classique ». Mais mieux vaut considérer ces demandes en elles-mêmes, sans faire l'hypothèse (dangereuse) qu'elles sont incompatibles avec le système classique.

La première demande, qui doit être mentionnée ici, est celle de la reconnaissance des filles et de leur égalité avec les garçons. Dans beaucoup de pays, il est fréquent qu'elles n'osent pas se présenter, dire leur nom, prendre la parole, être candidates à certains emplois. Dans les pays industrialisés, on constate souvent que les filles ont un niveau d'aspiration professionnelle égal à celui des garçons, mais un niveau d'attentes inférieur, ce qui révèle l'existence de mécanismes de discrimination massive, puisqu'en général les filles ont de meilleurs résultats scolaires et obtiennent de moins bons débouchés professionnels. L'école peut-elle penser qu'un tel problème ne la concerne pas ? Les handicapés de presque tous les types rencontrent de grandes difficultés pour bénéficier du même accès à l'enseignement que les autres élèves. Personne n'ose dire que le système d'enseignement s'adresse à des enfants bien portants, de familles stables, de nationalité française et, pourquoi pas, de classe moyenne, alors que cette description correspond souvent à la réalité.

Actuellement, c'est le respect des différences culturelles qui est exigé avec le plus de force, ce qui est conforme à la revendication de ce que j'ai appelé les droits culturels. Mais nous rejoignons ici un débat si présent qu'il est nécessaire de nous y attarder. Si la défense de la diversité culturelle est de plus en plus largement admise, nombre de ses défenseurs refusent de la laisser absorber par le repli communautaire qui détruit la citoyenneté et obstrue tous les chemins qui conduisent vers l'universalisme. La réponse la plus satisfaisante à ce dilemme est peut-être celle que propose Amartya Sen, lorsqu'il donne la priorité à l'usage effectif par l'individu des « capabilités » (c'est-à-dire de toutes les conditions) qui facilitent l'accès à des biens ou à des conduites dans tous les domaines, celui de la connaissance comme celui de l'action collective.

Que des pays considèrent comme une priorité de se défendre contre un communautarisme intégriste se comprend aisément, et certains défenseurs modérés du multiculturalisme devraient reconnaître l'importance des dangers où peut entraîner leur position. Mais aucun argument n'autorise aujourd'hui à sacrifier la diversité à l'universalisme ou l'imagination et les émotions à la raison ; car nous baignons déjà dans la culture nouvelle et nous sommes donc conduits à adopter des positions ambivalentes à l'égard de chacune des solutions proposées.

On voudrait pouvoir dire que les femmes en général reconnaissent plus souvent et plus fortement que les hommes la nécessité de combiner ce qui a été si longtemps opposé. Mais une telle affirmation serait risquée, car beaucoup de femmes accordent la priorité à ce qui les éloigne des définitions infériorisantes qu'on a longtemps données d'elles. En effet, le modèle classique, rationaliste, a été historiquement si étroitement lié aux privilèges dont disposaient les garçons qu'on peut penser que la défense de ce système « classique » est fortement associée au modèle « masculin » de la société. Certains recouvrent encore de raisonnements bien superficiels l'inégalité dont souffrent toujours les femmes. En revanche, l'éducation est plus que jamais le principal moyen d'ascension sociale des filles. Et en particulier des jeunes musulmanes que nous avons interrogées ; et dont nous savons que la plupart d'entre elles voulaient aussi pouvoir manifester leur appartenance culturelle par le port du voile. Leur cas est donc un de ceux qui montrent le mieux la capacité des femmes à élaborer des modèles élargis d'éducation, à réunir l'universel et le particulier, les droits humains et une identité féminine, etc. C'est, en tout état de cause, certainement dans le domaine de l'éducation que se joue le plus directement le sort du nouveau modèle culturel et donc celui de ce que j'ai appelé la société des femmes.

CHAPITRE VIII

Femmes musulmanes

1. Deux erreurs complémentaires

Si ce livre traitait de la situation des femmes dans le monde, le chapitre sur les femmes musulmanes devrait y occuper une grande place, à moins qu'on juge préférable de remplacer cette définition religieuse de l'ensemble étudié par des catégories traduisant mieux la diversité des sociétés et des cultures, afin de mieux évaluer l'influence propre de l'Islam. Quoi qu'il en soit, les livres qui se donnent ce but ambitieux adoptent une démarche bien éloignée de celle que je me suis proposé de suivre dans ce livre. Celle-ci concentre ses efforts sur la recherche des femmes en tant qu'elles sont actrices de leur propre transformation et de celle de leur culture, dans un type particulier de société. De telles actions sont entreprises dans toutes les parties du monde ou presque, et rien ne permet de dire que le cas que nous étudions est plus important que d'autres. Notre objectif est plus limité : les femmes musulmanes qui vivent dans une société occidentale comme la France forment-elles un noyau de résistance aux acquis du féminisme ou, au contraire, participent-elles à leur manière au même mouvement général d'émancipation, ou encore vivent-elles une difficile combinaison d'attitudes opposées, ce qui pourrait aller jusqu'à manifester une double ambivalence – à la fois à l'égard de la culture dans laquelle elles ont été élevées et de celle à laquelle elles participent chaque jour ?

Beaucoup s'attendront sans doute à ce que soit observé ici le « choc des civilisations », ainsi nommé par Samuel Huntington, qui écraserait ces femmes situées au point d'impact le plus violent des civilisations qui se heurtent : la condition féminine elle-même. C'est pourquoi, notre premier objectif fut de vérifier la validité de cette hypothèse. Or, notre réponse est nettement négative, ce qui est sans doute l'acquis le plus manifeste de l'étude complémentaire que nous présentons ici.

Nous n'avons pas rencontré de femmes défendant inconditionnellement l'Islam contre l'Occident corrupteur, et pas davantage de femmes refusant tout lien avec l'Islam. En revanche, la plupart recherchaient ou défendaient leur émancipation, sans laquelle aucun autre objectif n'avait de sens pour elles. L'ensemble des propos émis par nos deux groupes formés par des femmes qui s'identifient comme musulmanes ou d'origine arabo-musulmane, tout en étant françaises de nationalité, mais aussi de culture, ne révèle aucune référence à un supposé conflit de civilisations.

Les paroles que nous avons enregistrées sont même d'une orientation tout à fait opposée : ces femmes disent et se disent les unes aux autres comment elles ont combiné, non sans combats et même non sans échecs, ce qu'on ne peut même pas appeler la culture du milieu de départ et celle du milieu d'arrivée, car la position de ces femmes est faite avant tout d'une *double ambivalence* : attachement à la religion et rejet de l'enfermement communautaire, et, parallèlement, acceptation souvent enthousiaste de l'école (porte du succès), non sans conscience des discriminations subies, en particulier à l'école. Elles ne choisissent ni l'avenir contre le passé, ni le passé contre l'avenir. Tout pour elles est présent, l'amour des parents, le refus du mariage arrangé par eux et du contrôle de la virginité, l'attachement à la France et surtout à sa liberté d'opinion et la dénonciation de ses discriminations. Mais toutes ces femmes vivent une histoire, suivent un chemin, cherchent à chaque instant à combiner des réactions qui sont ambivalentes face à la communauté islamique comme face à la société française.

Il est arrivé une fois qu'un groupe de femmes ne manifeste aucune expérience du conflit, car elles combinent une religion très privée avec une vie professionnelle satisfaisante et qui n'a pas été entravée ou déviée par des obstacles racistes – et pas davantage par des préjugés antiféminins. C'est dans ce groupe qu'on a entendu aussi : « Les garçons se heurtent à de graves et de nombreuses formes de discriminations, tandis que nous, les filles, nous ne les rencontrons pas. » Nous ne nous attendions vraiment pas à entendre un groupe de femmes déclarer qu'elles géraient bien les rapports entre leur culture d'origine, qui devenait de plus en plus privée, de plus en plus *spirituelle*, et une vie sociale (et surtout professionnelle) qui se déroulait normalement. On peut douter de la fréquence d'une expérience aussi pacifiée ; mais rien n'autorise à l'ignorer. Toutes les femmes d'origine musulmane n'ont pas vécu dans des cités dégradées ; beaucoup ont été poussées par leurs parents à faire des études ; beaucoup, et en tout cas la majorité de celles que nous avons entendues, adorent leur père. Une seule nous a dit se sentir plus algérienne que française. Il n'est donc pas irréaliste de parler pour beaucoup d'une intégration renforcée par le passage d'une religion faite d'interdits à une religion de croyances et de spiritualité. Ce dernier mot est employé si souvent, et avec tant d'insistance, qu'il doit retenir l'attention.

Une des participantes s'est même définie par la recherche d'une spiritualité qu'elle rencontre aussi bien chez les musulmans que chez les juifs et les chrétiens. Elle a plusieurs fois cité des textes des Évangiles et a précisé qu'elle n'observait aucune des obligations faites aux musulmans, ni les prières ni le ramadan (ce qui est rare) et n'avait aucun projet de pèlerinage à La Mecque. L'intention, dans ce cas comme dans d'autres, était soulignée avec force : il faut substituer à un monde d'interdits une religion de foi et d'ouverture aux principes moraux. Ces déclarations furent reçues avec d'autant plus de chaleur qu'elles venaient après le témoignage d'une autre participante qui, elle, définissait sa vie religieuse uniquement par le respect des interdictions qui constituent concrètement, selon elle, la vie musulmane. Cet appel à la spiritualité est resté cependant assez vague, et la seule référence explicite a été le soufisme. L'invocation de la « spiritualité » doit donc être entendue en un sens plus polémique que pratique : elle marque une distance avec l'intervention des imams dont le statut ecclésiastique est souvent défini de manière bien vague. Il est difficile à ce point de ne pas penser au christianisme, dans le cas français, où le thème de la spiritualité s'oppose nettement à celui des règles institutionnelles. C'est dans cet esprit, par exemple, qu'on parle des «spirituels» qui formèrent une tendance à l'intérieur de l'ordre franciscain dès sa naissance et se rapprochèrent des disciples de Joachim de Flore. Cette référence rapide indique la distance que la spiritualité chrétienne a prise avec ceux qui mettaient l'accent sur les règles et sur l'autorité. Un tel conflit se retrouve dans la plupart des religions. La femme musulmane qui a parlé à de nombreuses reprises de spiritualité manifestait par l'emploi de ce mot sa volonté de donner un contenu à une foi, en refusant de confondre celle-ci avec l'obligation et les interdits qui définissent pour beaucoup l'islam (comme bien d'autres religions). Plusieurs participantes ont néanmoins insisté explicitement sur la distance qui sépare la France, pays d'individualisme et de pensée critique, des pays d'origine où les croyants reçoivent la consigne de maintenir un ordre qui leur est présenté comme le fondement de la vie collective.

L'issue en général heureuse d'un processus qui a pu connaître des étapes difficiles est tellement contraire à l'idée d'un choc des civilisations qu'il faut en souligner la fréquence. Les réactions extrêmes et unilatérales ont été rares et ne répondent à aucun des grands mouvements collectifs qui sont nés de l'histoire dramatique, pleine de conflits et d'espoirs, de ruptures et d'interdépendances, des relations entre les femmes musulmanes, surtout maghrébines, et la société française.

N'oublions pas d'ailleurs que la grande majorité de ces femmes sont nées en France, ont la nationalité française, que le français est la langue de leur vie quotidienne et qu'elles ont une vive conscience de leurs droits en tant que citoyennes françaises. Rappelons que certaines ont même fait des études avancées, que les femmes voilées, comme les autres, ont tenu des discours féministes et exercent des activités de type social dans leur quartier. Plusieurs d'entre elles ont un niveau plus élevé encore ; c'est le cas d'une des deux chercheuses, musulmane voilée, qui, après des années comme ingénieure informaticienne chez Renault, a décidé de se consacrer aux sciences sociales.

Peu nombreux sont ceux qui ignorent la situation gravement détériorée où vivent beaucoup de familles d'origine algérienne ou marocaine ; mais ce serait succomber à un préjugé que d'identifier toutes ces femmes aux milieux où règnent les conditions les plus difficiles. Il y a plus de diversité parmi ces femmes que ne le suggèrent les préjugés qui les atteignent toutes. Les critiques contre la détérioration des rapports entre filles et garçons dans les cités ne doivent notamment pas faire oublier que chaque femme a une histoire, des souvenirs qui ne sont pas tous négatifs et que la vie ne se réduit pas à un malheur écrasant, en un mot qu'elles ne sont pas seulement des victimes. Chacune d'entre elles rit ou pleure en évoquant le passé. Il ne faut jamais céder à la forme de racisme qui consiste à enfermer l'ensemble d'une catégorie dans un enfer social auquel nul ne saurait échapper.

2. L'ÉMANCIPATION

Ce qui éloigne les femmes d'origine musulmane du groupe principal que nous avons étudié d'abord, c'est que l'objectif de construction de soi-même, qui est positif dans le premier groupe, se heurte chez elles à des contraintes si fortes que l'émancipation de ces contraintes devient l'objectif principal de beaucoup de ces femmes, si important même qu'il ne laisse rien apercevoir au-delà de lui.

Ces femmes musulmanes sont, en effet, entièrement mobilisées par la lutte pour leur émancipation. Qu'elles parviennent ou non à élaborer des solutions de vie qui combinent leur lutte contre des obstacles à des formes de construction plus positives d'elles-mêmes, jamais elles ne tiennent les propos entendus dans le groupe général.

Ces obstacles sont-ils impossibles à franchir et faut-il chercher ailleurs des solutions, ou bien est-il possible pour certaines des femmes musulmanes, malgré la difficulté des obstacles à franchir, de s'engager dans un processus de construction de leur vie personnelle ?

L'obstacle principal concerne le contrôle de la sexualité, l'obligation de la virginité et de son contrôle par les gynécologues et, après la nuit de noces, par l'exposition du drap taché de sang. Les femmes sont plus scandalisées par ce contrôle de leur vie intime que par les mariages arrangés entre les familles qui sont souvent, en particulier dans les familles turques, acceptés comme une forme de solidarité familiale qui se substitue à une sécurité sociale absente. Mensonges, double vie, réparation de l'hymen par un chirurgien spécialisé et finalement rupture familiale transforment en drames l'entrée des filles dans la vie adulte. Drames d'autant plus douloureux que la famille est forte et que les filles éprouvent souvent un attachement affectif extrême pour leurs parents. Douloureux aussi, car les garçons (les frères) ne sont pas traités aussi mal que les filles, et au contraire condamnent violemment leurs sœurs, alors qu'ils commettent éventuellement des actes beaucoup plus graves contre les règles de la vie familiale. Plus d'une fois, des femmes interrogées, surtout à l'intérieur des groupes de discussion, ont éclaté en larmes en évoquant leurs problèmes familiaux et provoqué une émotion qui a rendu impossible le travail d'analyse pendant un long moment.

Comment la volonté d'émancipation qui se dresse aussi tragiquement contre ces marques de dépendance et de contrôle subies s'associe-t-elle à cette volonté de création de soi dont nous avons constaté la force ? Une des participantes déclare : « On se libère d'abord pour pouvoir se construire après. » Cette expression est trop banale pour rendre compte des bouleversements affectifs de ces jeunes femmes. D'autres réponses se font plus précises : plusieurs mentionnent le rôle du sport à la fois comme contrôle de son propre corps et comme occasion d'exhiber ce corps interdit. Mais aucune ne révèle une capacité à franchir l'étape décisive, définie par l'expression de la volonté de se construire comme sujet. On comprend fort bien pourquoi, si on se rappelle que pour la majorité des femmes entendues au cours de la première recherche, la construction de soi devait se réaliser d'abord à travers la sexualité. Celle-ci est trop blessée, humiliée, interdite, pour qu'un projet créateur de vie puisse se reposer sur elle. Et dans l'ensemble des groupes de discussion, jamais l'idée d'une construction de soi par la sexualité n'a été mentionnée. Certes, les femmes qui avaient manifesté cette volonté de construction de soi par leur sexualité avaient parfois évoqué dans leur passé des traumatismes de crise graves, mais pas aussi systématiques que ceux qu'entraîne le contrôle de la virginité ou même le mariage arrangé.

Toutes les expériences vécues ne sont évidemment pas aussi dramatiques : plusieurs participantes ont d'ailleurs souligné l'esprit de tolérance qui anime leurs parents, leur volonté de les informer. Mais toutes ces jeunes femmes sentent planer au-dessus d'elles la menace d'un rejet, voire même d'une mise à mort, en cas de conduite jugée inacceptable. L'entrée, souvent tardive, dans une vie sexuelle active est rendue encore plus difficile par les images très négatives que les parents peuvent donner à leurs filles des rapports sexuels : douleur qui rend le plaisir impossible, et derrière ces avertissements, la honte cachée d'être femme, que les pères transmettent eux aussi. Il n'est pas rare, nous ont dit plusieurs participantes, que la femme ne parvienne au plaisir qu'après une longue et pénible période d'apprentissage. Il est inutile de chercher à donner une image moins dramatique de la vie de ces jeunes femmes. Il serait même plus juste de l'aggraver en soulignant à la fois la force, dans le monde islamique, des solidarités de base et la brutalité fréquente des frères à l'égard de leurs sœurs.

Mais, du coup, il n'est pas possible d'appliquer à ces femmes musulmanes le schéma d'analyse qui a si bien fonctionné pour rendre compte des conduites de celles qui avaient participé à la première étude. Faut-il en conclure que l'émancipation s'est substituée ici à la construction de soi et qu'elle constitue un idéal si difficile à atteindre qu'il ne saurait être prolongé par un projet positif de vie ? Plusieurs de celles qui ont longuement parlé de ces problèmes ont trouvé dans la religion une direction nouvelle pour leur vie. Mais pour les moins croyantes, cette voie ne s'ouvre pas.

Ce qui doit retenir ici l'attention, c'est que leur position se définit de fait à l'intérieur du modèle occidental. Or, ce modèle a longtemps reposé sur l'idée de l'infériorité de la femme par rapport à l'homme, en premier lieu pour des raisons physiques. C'est pourquoi les campagnes qui le combattent visent à établir plus d'égalité, et par conséquent des relations d'amitié, de coopération et d'amour entre hommes et femmes qui étaient prisonniers d'un rapport d'inégalité. Pourtant, si on suit Fatima Mernissi, à travers les étapes successives de sa pensée, on découvre combien la morale islamique est différente de celle qui est issue du modèle occidental. D'abord parce que, dans la théologie islamique, tous les individus sont égaux devant Dieu, et c'est pourquoi le programme du féminisme égalitaire occidental n'a ici pas de sens. Mais l'aspect le plus surprenant de l'analyse de Mernissi est que la sexualité de la femme serait si agressive que l'homme devrait se protéger en enfermant la femme sous un voile quand les Occidentaux y voient un signe de dépendance. Bref, selon Mernissi, le voile est un moyen de limiter l'agressivité sexuelle de la femme, et les réformes à accomplir doivent établir la paix et limiter les actes d'agression des deux côtés. Dans des termes assez peu différents, mais en se référant à l'Iran et au mouvement des Bassidji, Farhad Khosrokhavar définit ainsi la femme : « La femme, dans la nouvelle forme qu'elle revêt, est l'expression "débridée" d'une modernité sauvage. Elle exacerbe le désir mâle et lui révèle, dans le vide laissé par l'écroulement des normes communautaires, le caractère dangereux de sa propre sexualité. » (*L'Islamisme et la mort*, 1995, p. 332.)

Cette conception, identifiée par certains à la pensée islamique traditionnelle, correspond aussi à des aspects importants de la culture occidentale, qui, depuis la figure d'Ève, a souvent identifié la femme au Diable et la séduction à la faute originelle, de sorte que la femme doit être enfermée en des lieux, des vêtements ou des mots qui l'empêchent d'exercer sa séduction et son agressivité qui, dans d'autres circonstances, risqueraient de se déchaîner trop librement. Quelle que soit l'importance de cette représentation dans l'Islam ou dans le monde occidental, elle n'est pas exprimée au sein du groupe des femmes musulmanes, qui ont en réalité évoqué leur situation de la même manière que celle des occidentales, mais à un degré beaucoup plus élevé de dépendance et d'agression. Car l'action des femmes musulmanes se heurte évidemment à des obstacles plus difficiles à surmonter.

3. L'enfermement

Mais que la distance est grande entre ces considérations historiques et théologiques et l'expérience vécue qui aura rempli de manière aussi sincère que dramatique la deuxième réunion du second groupe de discussion des femmes musulmanes, dont il faudrait pouvoir citer intégralement le compte rendu. Car le groupe est parti, comme l'avait fait le livre de Fadela Amara, du recul auquel on a assisté au cours des dernières années. Il est ainsi impossible aujourd'hui pour ces filles de sortir de leur immeuble en jupe sans se faire traiter des pires noms, et plus impossible encore de se promener avec un garçon main dans la main. Or, cette constatation s'applique même à celles dont les parents sont très libéraux, et l'on est surpris d'entendre de tels propos dans la bouche de femmes de plus de trente ans. Elles attribuent toutes la responsabilité de cette situation au groupe des garçons qui, n'ayant pas de travail et ne faisant pas d'études, n'ont rien d'autre à faire que d'exercer ce contrôle social, qui se combine d'ailleurs parfois avec l'organisation de viols collectifs.

Il serait certes dangereux de s'abandonner à une explication de toute cette pathologie sociale par la personnalité de ces garçons arabes, comme l'ont dit avec beaucoup de justesse Éric Macé et Nacira Guénif. Et il ne s'agit pas ici de mettre en cause un groupe social ; encore moins un groupe ethnique ou religieux. Mais il n'est pas question pour autant de ne pas chercher à expliquer des phénomènes de régression aussi importants et dont, au moins par certains côtés, la prolifération des voiles est une autre manifestation.

L'absence de travail, l'isolement, le rejet croissant par une grande partie de l'environnement aboutissent en premier lieu à la rupture ou au refus des relations avec cet environnement, dans lequel les filles disposent d'une plus grande liberté. Et c'est derrière cette barrière et cet isolement à la fois subis et voulus que peut s'opérer dans certains cas une réorientation des conduites vers une logique proprement religieuse. S'il est vrai qu'une partie de la discussion du groupe a porté sur les inconvénients ou l'absence de justification de la virginité des filles, et si celles-ci ont mis en cause la situation tout à fait différente réservée aux garçons – dont certaines d'entre elles acceptent et même attendent l'expérience, car la rencontre d'une vierge et d'un puceau a toutes les chances de mal se passer le soir de leurs noces –, on est frappé par l'importance croissante que prennent, au cours de la discussion, les raisonnements proprement religieux qui ne peuvent pas être réduits à une rationalisation des interdits.

Or, ces filles, qui sont par tant de côtés très ouvertes sur le monde où elles vivent, ne trouvent pas plus d'appui dans leur enfermement que dans l'attachement renouvelé ou maintenu à des convictions religieuses, ou plus exactement au respect de l'exigence de la virginité imposée par le Coran ou par ce qu'elles regardent comme « la tradition » et « l'autorité » islamiques. Quoi qu'il en soit, elles ne se satisfont pas – et moi-même pas davantage – d'une explication de leur statut par l'environnement qui placerait les femmes dans une situation de pures victimes, ce qui ne correspond absolument pas à la vigueur de leur pensée et de leur parole. Elles parlent en termes très concrets des difficultés qu'elles rencontrent avec des garçons qui sont directement ou indirectement, personnellement ou impersonnellement, les vecteurs de ces principes moraux qui enferment les femmes. L'absence d'interdits ne débouche pourtant nullement sur un laxisme extrême qui priverait de tout contenu affectif les relations sexuelles.

Elles pourraient, comme tant d'autres, insister au contraire sur les avantages de la liberté de choix qui leur ouvre beaucoup plus de possibilités de faire une rencontre ou des rencontres – qui doivent toujours être à leurs yeux très durables. Mais seules quelques participantes du groupe disent être passées elles-mêmes par une telle étape, pendant laquelle elles ont multiplié les expériences sans lendemain. En même temps, elles expliquent en termes de croyances et de convictions leur acceptation de la virginité, et même leur méfiance à l'égard de la sexualité qui va jusqu'à conférer au mot lui-même des connotations embarrassantes. L'une d'elles dit : « Moi, ce qui m'empêche d'avoir une vie sexuelle aujourd'hui, c'est mon rapport à la religion, le fait d'avoir adhéré aux préceptes de l'islam, et tout ça. » Elle ajoute que c'est parce qu'elle a suivi ce chemin qu'elle a décidé de porter le voile. Elle va jusqu'à dire : « Le jour où j'aurai une sexualité complètement libérée, ça veut dire que vraiment je ne serai plus croyante. »

On ne peut pas dire que c'est la religion qui enferme ces jeunes femmes, mais plutôt qu'elles en appellent à la religion pour donner un sens plus ou moins positif mais volontaire à un isolement qui leur est imposé par la famille, et surtout par des garçons qui vivent en état de marginalité ou d'exclusion, et qui sont les agents d'exécution d'une rupture profonde, rupture qui ne cesse de s'étendre entre cette catégorie à la fois sociale, ethnique et religieuse, et la société française à laquelle ces femmes appartiennent mais qui, en même temps, se sentent faire partie aussi d'un groupe rejeté dont les conduites ne peuvent plus être guidées par les orientations ou les pratiques de cette société, mais doivent l'être par un principe extérieur qui, dans ce cas, ne peut être que religieux. La première génération d'immigrants, venus comme travailleurs, a enduré de lourdes épreuves pour assurer à ses enfants un meilleur avenir en leur permettant de faire des études. La deuxième génération a amorcé un processus d'intégration qui a comporté beaucoup d'échecs et surtout beaucoup de limitations, mais qui n'en a pas moins été effectif. Et voici maintenant qu'une troisième génération, loin de franchir plus rapidement les portes d'entrée de la société française, les voit se fermer devant elle ; et les voici tenus hors de la ville aux portes fermées, dans les terrains vagues de la précarité et des discriminations. Ce type de raisonnement n'est à vrai dire pas exprimé directement par les participantes de ce groupe ou de l'autre. Car ces femmes restent elles-mêmes orientées avant tout par leur désir d'intégration, qui correspond d'ailleurs à l'expérience de la majorité d'entre elles. Elles sont françaises, parlent parfaitement la langue française, ont des emplois qualifiés ou même professionnels et participent à la vie civique. Ce n'est pas sans raison qu'elles ont dit qu'elles se heurtaient à beaucoup moins de discriminations que les garçons. Ce qui explique aussi que ce soit ceux-ci qui leur ferment à elles les portes qui ne se sont pas ouvertes pour eux. De là l'hostilité qui s'est établie entre beaucoup de ces jeunes femmes et des hommes, en particulier leurs frères, souvent plus âgés et dont les conduites sont très différentes des leurs.

Rien n'autorise à réduire les conduites de ces femmes à cette logique de l'enfermement. Mais on ne peut pas écarter de l'analyse un fait aussi brutal, et ce qu'on peut percevoir souvent comme un double discours, celui des femmes qui cherchent leur chemin pour avancer dans la société à laquelle elles appartiennent déjà, et celui des victimes des garçons qui sont eux-mêmes des victimes de la société globale. C'est bien cette double image qui nous est montrée par tous les documents réalisés dans les « cités » : mélange d'intégration et de rejet, d'acceptation et de refus.

Au total, les femmes que nous avons écoutées continuent à espérer, à vouloir et à entreprendre une intégration positive dans la société française. Mais les obstacles auxquels elles se heurtent elles-mêmes, et surtout leurs frères, expliquent que cette intégration ne puisse s'exprimer, dans le meilleur des cas, qu'en cherchant à combiner deux logiques opposées. Minoritaires sont celles qui se laissent emporter par une logique qui finit par prendre un ton religieux ; mais aussi peu nombreuses sont celles qui font abstraction des souffrances qu'elles vivent personnellement. C'est pourquoi l'hypothèse qui correspond le mieux à cette situation, instable et dynamique en même temps, est ce qu'il faut bien nommer une double ambivalence.

4. La double ambivalence

Le choc avec la tradition, et surtout le regard foudroyant de la communauté, est trop accusateur pour que ce soit à travers une religion redécouverte que s'opère le passage de l'émancipation à la construction de soi, de l'objectif de la libération à celui d'une nouvelle morale individualiste. Un tel passage n'est-il pas lui-même au-delà du possible ? N'est-il pas déjà très difficile de s'émanciper d'un ensemble de contrôles et de contraintes dont l'islam est à la fois l'auteur et l'agent ?

À supposer que l'émancipation puisse être atteinte, parvenir à aller plus loin supposerait un réaménagement complet du rapport des individus à leur passé et à leur avenir. L'hypothèse suggérée par les témoignages recueillis est que l'autonomie morale autant que professionnelle des femmes n'est accrue ni par l'attachement au passé ni par l'enthousiasme sans partage pour l'avenir. Le regard vers le passé est plein d'ambivalence, bien que les éléments négatifs semblent l'emporter. Car le rejet du communautarisme, et parfois même de la famille, est très fort, quand bien même l'attachement aux parents le limite et l'islam est vécu comme ce qui structure la vie en société.

Les femmes de nos groupes ont exprimé une ambivalence analogue à l'égard de la société française où les discriminations (et même le racisme) sont manifestes. Mais la conscience des aspects négatifs de la situation n'empêche pas un attachement très fort à une société qui leur donne des chances d'émancipation qu'elles n'auraient pas dans leur pays d'origine. Il ne s'agit pas ici de peser les avantages et les inconvénients relatifs de deux sociétés et de deux cultures. On ne constate ni hésitation ni recherche d'un équilibre instable. Ces femmes se sentent profondément musulmanes, qu'elles pratiquent ou non, qu'elles portent ou non le voile. La religion fait partie de leur vie, comme ce pouvait être le cas des catholiques en France avant la grande vague de sécularisation qui n'a pas atteint que les pratiques institutionnelles. Elles se sentent françaises, mais elles observent que souvent les femmes musulmanes sont soumises à de plus forts contrôles en France que dans leur pays d'origine. Le plus important est qu'elles ne sont pas vraiment déchirées entre ces deux appartenances, même si certaines d'entre elles l'ont été à un moment plus ou moins long de leur vie. Mais ce qui rend ce double choix vivable est qu'elles rejettent tout à la fois des aspects très importants de leur appartenance au monde islamique et de leur participation à la vie française.

Ce qu'elles rejettent du monde islamique, c'est avant tout le regard de la communauté sur elles. Elles le disent en des termes peu différents de ceux qu'emploient tant de jeunes Françaises, issues de milieux religieux ou non, mais vivant surtout dans de petites villes ou des villages, et qui se sentent surveillées. Dans le cas des musulmanes, c'est non seulement la répression de leur sexualité, mais tous les aspects de la dépendance qu'elles subissent en tant que femmes qui sont rejetés par elles avec le plus de violence parce qu'elles sont parfaitement conscientes de la cohérence parfaite de la foi, des traditions, des formes de vie, des rites et des interdits dans lesquels elles sont enfermées. C'est contre cet enfermement dans une conception totale de la vie personnelle et collective qu'elles en appellent à une modernité telle que l'a définie le modèle occidental, c'est-à-dire le libre exercice de la raison et le respect des droits individuels.

Ce rejet de contraintes aussi fortes devrait les éloigner de l'islam et faire d'elles des adeptes enthousiastes de la société française où elles vivent. Or, ce n'est pas le cas. Non seulement elles restent fortement attachées à l'islam et se définissent, au moins la grande majorité d'entre elles, comme musulmanes, mais encore elles souffrent de vivre dans une société qui les rejette et les considère comme inférieures. Ces femmes soulignent qu'elles souffrent de moins de discrimination que les garçons, mais elles se sentent, elles aussi, stigmatisées.

Il leur est impossible de choisir entre les deux cultures auxquelles elles appartiennent, mais impossible surtout de vivre entièrement dans l'une d'elles. Le seul choix qui leur soit possible n'est pas le meilleur, il est le moins mauvais possible : être à la fois musulmanes et françaises en acceptant à la fois d'être rejetées par la communauté (et même par la famille) musulmane et d'être rejetées ou maintenues dans un destin inférieur par la société française. L'*ambivalence* se dit ainsi : comme on ne peut pas choisir entre ces deux côtés opposés, on est contrainte de vivre de manière insatisfaisante, frustrante même, *des deux côtés à la fois*.

Ce qui vient d'être dit peut l'être en termes plus positifs, car c'est au fond cette double ambivalence qui évite à ces femmes de vivre une crise ouverte, insoluble, entre un milieu de départ et un milieu d'arrivée. Elles sont entièrement engagées dans une expérience de vie qui combine continuité et changement, adaptation au milieu social dominant et fidélité aux racines profondes de la vie privée. Ces femmes sont ainsi au plus loin d'être confrontées à un choc de civilisations. Elles sont soumises à des tensions parfois très fortes, mais qui ne sont pas insupportables, comme le serait le choix forcé entre le monde musulman et la société française.

Elles ont toutes une conscience claire, aiguë même, du danger principal qui les guette : la fuite vers l'islamisme, vers le fondamentalisme, salafiste ou autre, vers la violence. Elles sont souvent conscientes que le danger menace *toutes* les musulmanes, jeunes ou non, qui vivent la même expérience qu'elles. Elles ne se sentent certes rien en commun avec les talibans, mais elles savent que ceux qu'on appelle terroristes, qui détruisent leur propre vie en même temps que celle du plus grand nombre possible de leurs ennemis, ont, comme elles, pénétré profondément dans la culture occidentale, ont fait de longues études, comme c'était le cas pour Kelkal ou pour Hata, et connaissaient parfois plusieurs langues européennes. Mais le caractère extrême des dangers encourus et des solutions qu'elles rejettent n'est que la contrepartie de la complexité de la situation dans laquelle elles se trouvent et dont elles ont peu de chances de sortir par une intégration totale dans la société française. L'association « Ni putes ni soumises », qu'aucune participante n'a approuvée, représente pour elles un rejet complet de l'islam qui va bien au-delà de la lutte active qu'elles ont entreprise contre l'acceptation du foulard à l'école. Ces femmes musulmanes, qui adressent tant de critiques et qui se révoltent si souvent contre le monde islamique, ne veulent pas renoncer à leur identité de musulmanes, pas plus qu'à leur appartenance à la société française et à sa laïcité.

Ces femmes, dont les racines plongent profondément en Algérie, au Maroc, en Égypte ou en Turquie, sont guidées par une conception de l'existence qui est occidentale dans sa nature même, tandis que l'idée du « choc des civilisations », élaborée en un des lieux centraux du monde occidental, semblerait plutôt issue d'une des parties du monde où l'ensemble est plus important que les parties qui le composent, où l'individu est subordonné à la communauté. Et peut-être la force conquérante de la pensée de Samuel Huntington est-elle venue de ce que cette pensée, en définitive si peu occidentale, a été élaborée par un éminent occidental. De manière parallèle, n'est-il pas surprenant, et à vrai dire admirable, que ces femmes, qui ne sont pas seulement françaises mais tout autant musulmanes, parviennent à vivre cette double situation – chacune à travers l'expérience d'une vie singulière où les mêmes éléments généraux se retrouvent, mais où la stratégie de vie, le projet de développement personnel est à chaque fois différent ?

C'est à travers ce chemin détourné, sinueux, plein de dangers, que ces femmes choisissent de se créer elles-mêmes, d'inventer leur individualité et par là même s'installent au cœur de ce mouvement des femmes qui prend pour tant d'autres une forme simple, plus directement affirmative. Si certains avaient pensé, avant de lire ce chapitre, que les femmes musulmanes allaient se révéler porteuses d'un contre-modèle, opposé en tout à celui que nous avons observé dans le groupe de femmes d'origine européenne, ils sont forcés de rompre maintenant avec cette représentation. Peut-on encore penser que ces femmes musulmanes doivent choisir entre une croyance et une communauté, d'un côté, et la société française et la laïcité, de l'autre ? Ce qui les définit, c'est au contraire leur action permanente, souvent douloureuse, pour ne pas avoir à choisir, pour ne se couper ni d'une part de leur personnalité ni de l'autre, pour être plusieurs personnes en une.

Et comment ne pas reconnaître dans ces femmes des actrices privilégiées de cette société des femmes qui se constitue sous nos yeux, et où l'esprit d'ambivalence se substitue à celui de la dialectique – et plus encore de la contradiction ? Nous avions entendu des femmes occupées à se créer elles-mêmes ; nous venons d'en rencontrer d'autres qui ont le même but et y parviennent aussi, même si le chemin est plus escarpé. Mais il subsiste entre ces deux groupes une différence profonde. Le premier affirmait sa liberté à travers une sexualité libérée, contrôlée, mobilisant toute la personnalité ; tandis que les femmes musulmanes souffrent des interdits jetés sur leur sexualité et souffrent de la contradiction qui leur est imposée entre leur appartenance à une famille et à une communauté, d'une part, et l'expression de leur désir et la recherche du bonheur individuel, de l'autre. Peut-on dire que leur personnalité se construit autour de leur sexualité ? Assurément non, et rien dans leurs propos ne permet de soutenir une telle hypothèse. Cette différence entre les deux groupes est en tout cas si profonde que la déclaration première des femmes du premier groupe : « Je suis une femme » ne se retrouve pas, comme je l'ai signalé, dans le second groupe, qui est pourtant parfaitement conscient de la dépendance que les femmes subissent. La distance est considérable entre l'expérience d'une sexualité choisie et celle d'une sexualité réprimée ou chargée de dangers et de souffrances.

5. Le voile

Plaçons-nous à un niveau plus concret. Comment réagissent-elles à l'affaire du voile, alors que la moitié d'entre elles sont voilées ? On ne sera pas surpris d'apprendre que celles qui sont voilées défendent le droit de porter le voile à l'école, alors que d'autres, qui se définissent comme laïques, y sont hostiles. Mais ce qui retient l'attention est que ce débat, qui a obsédé la France entière pendant près d'un an, est à peine esquissé dans le groupe. Celles qui défendent le port du voile le font plutôt naturellement, comme une conséquence de leur foi. Pas de protestations, de revendications ou d'attaques enflammées, nulle invocation du statut de victimes où elles se trouveraient reléguées. Et le thème de l'école laïque, ouverte à tous, est abordé par elles très positivement, de sorte que le débat semble limité : est-il plus laïque de laisser chacun ou chacune porter le signe de son appartenance religieuse ou au contraire de marquer la neutralité d'une laïcité qui doit être respectée par tous ? Présenté ainsi, qui n'accepterait un tel débat en refusant de prendre une position trop tranchée en un domaine où il faut bien agir en respectant à la fois les convictions personnelles et l'existence d'un espace citoyen placé au-dessus de tous les types d'appartenance, en particulier religieuse et politique ? Aucune remarque ou interpellation ne laisse deviner une grande tension. Ce qui ne doit pas faire douter de l'appui que ces jeunes femmes donnent aux collégiennes et aux lycéennes, beaucoup plus jeunes qu'elles, et qui veulent pouvoir porter le voile à l'école. Mais il faut noter qu'au moment où cette recherche a eu lieu, l'opinion publique était faiblement mobilisée par ce problème qui n'avait pas encore donné lieu aux incidents qui se produisirent quelques semaines plus tard, au moment de la rentrée scolaire. Une explication de cette retenue qui vient vite à l'esprit est que toutes ces femmes, surtout jeunes, attachent une importance extrême à l'école, non seulement en pensant à leur propre projet de vie professionnelle, mais au moins autant parce qu'elles ont été poussées pendant toute leur enfance par leurs parents pour qui la priorité absolue était que leurs enfants fassent de bonnes études. Les expressions « État républicain » et « école laïque », qu'elles ont si souvent employées, sont chargées de sens et nulle d'entre ces jeunes femmes n'aurait songé à mettre en cause sa propre scolarité pour quelque raison que ce soit, fût-elle religieuse.

Un des groupes a connu une forte émotion lorsque l'une de ses membres a évoqué sa vie personnelle, sans pouvoir contrôler ses propres émotions, provoquées par une situation familiale très dramatique. La réflexion sur soi n'est pas séparable d'une conscience des problèmes collectifs, mais ceux-ci ne prennent pas le dessus ; le ton des échanges n'est jamais polémique. Il n'y a ici aucune différence entre les femmes musulmanes et celles des premiers groupes étudiés, pour lesquelles l'origine culturelle n'avait pas occupé une place importante.

Les résultats auxquels nous sommes parvenus sont certes faciles à critiquer. Nous n'avons pas parlé avec des femmes qui, par conviction profonde, combattent le monde occidental – et en particulier la place qu'il fait aux femmes. Nous n'avons pas non plus entendu suffisamment la voix des femmes d'origine musulmane qui sont engagées dans le combat pour la laïcité comme les militantes anti-islamiques de « Ni putes ni soumises ». Mais ces critiques me troublent peu, car ceux et celles qui nous les adresseraient apporteraient de l'eau à notre moulin : il existe une grande diversité de réponses au passage d'une culture islamique à celle d'un pays sécularisé, et c'est pourquoi ce n'est pas le choc de deux cultures que nous observons, mais au contraire la diversité des formes de leur combinaison. Oui, il existe des deux côtés des positions extrêmes, un islam antioccidental et un laïcisme anti-islamique. Mais personne ne peut nier que dans l'immense entre-deux où se place la plus grande partie des femmes musulmanes en France se développent des formes complexes de combinaisons entre deux ou divers aspects de plusieurs cultures. Seuls ceux qui n'ont jamais parlé avec des filles voilées peuvent en donner une image caricaturale comme celle qu'on donne encore des religieuses catholiques cloîtrées.

Éric Macé et Nacira Guénif ont raison de penser que l'antiféminisme, qui ne peut plus défendre ses positions traditionnelles, reprend des forces en dénonçant tout ce qui s'écarte d'un égalitarisme dont le but final est de faire disparaître les différences entre hommes et femmes. Ce n'est pas l'affirmation d'une identité particulière, le plus souvent appuyée sur la conscience d'être victime d'une discrimination, qui déclenche par elle seule des réactions de rejet – et donc elle n'est pas directement responsable des violences.

Un de nos groupes a tenu une séance finale complètement apaisée, qui n'aurait pas été différente si les participantes s'étaient appelées

Nadine, Marie-Claude ou Françoise. Dois-je en conclure que les problèmes qu'on attribue aux femmes musulmanes avaient fini par s'évanouir ? Évidemment non. Certaines d'entre elles sont intégrées ou assimilées quand d'autres sont rejetées et révoltées. Doit-on en conclure qu'elles appartiennent quand même au même monde, ou au contraire à deux mondes entièrement différents ? La seule réponse acceptable est que la « nature des choses » n'existe pas, que la diversité est grande dans les manières de combiner des attitudes qui peuvent *a priori* apparaître comme incompatibles et qui pourtant doivent se combiner dans des sociétés qui sont de moins en moins homogènes, traversées par de fortes migrations, et où vivent ensemble des individus et des groupes de coutumes ou de religion, de langue et de formes de vie familiale différentes. Au lieu de nous interroger vainement sur l'unité ou la diversité de l'espèce humaine, interrogeons-nous sur les conditions de la communication entre les individus et les groupes.

6. La peur de la violence

Ce qui révèle le mieux la position de ces femmes est qu'elles abhorrent les positions extrêmes. Celles de « Ni putes ni soumises », d'un côté, mais, beaucoup plus, de l'autre, celles des islamistes religieux, et en particulier des salafistes. Si elles avaient vécu un choc de civilisations, elles se seraient identifiées à l'un des camps, ou auraient cherché à fuir le combat. Or, le plus important à leurs yeux est d'apprendre à vivre en tant que femmes musulmanes en France, et positivement françaises. La plupart d'entre elles ne renonceraient pour rien au monde à leur identité musulmane, mais pour rien au monde elles ne voudraient être embrigadées dans des organisations ou renvoyées sur des terres où les attitudes qu'elles combinent chaque jour sont considérées comme incompatibles.

Elles savent qu'elles doivent être toujours plusieurs femmes à la fois. Le rejet de l'islamisme violent n'est pas un signe de modération ; c'est le fruit de la conscience qu'elles ont acquise qu'elles n'existent que dans un processus de combinaison, de conflit, de complémentarité, de séparation aussi, de fusion parfois entre ces deux identités et toutes celles qui sont satellisées autour d'elles. Les femmes en noir, disent-elles, détruisent ce que nous voulons créer. Elles refusent l'autre, s'enferment dans un ailleurs de plus en plus lointain ; nous, au contraire, nous construisons de plus en plus solidement notre personnalité multiple et nous trouvons que le multiculturalisme en chacune est la condition même de la communication, de la possibilité vécue de se libérer du poids encore lourd de l'antiféminisme ou de l'antiarabisme qui reste si fort dans cette France qui ne peut plus croire dans sa grandeur passée, qui ne peut plus se croire un pays de héros chantés par l'humanité – et qui souffre de l'immobilité qu'elle s'impose à elle-même.

Évitons un contresens. J'ai montré que les femmes musulmanes vivant en France, celles que nous avons écoutées, ne vivent pas un choc de civilisations. Cette affirmation, que je crois solidement établie, ne signifie pas qu'il n'y a pas dans le monde des chocs entre les civilisations. Et si Samuel Huntington a suscité un intérêt aussi grand, c'est évidemment parce que chacun d'entre nous, en le lisant, pense à l'affrontement entre les religions. Mais au-delà, notre recherche éclaire la nature des « civilisations » dont parle Huntington.

Les musulmanes françaises étudiées vivent en séparant leurs appartenances et leurs rôles : elles sont femmes, musulmanes, algériennes ou marocaines, françaises, étudiantes ou employées de bureau, etc. Le choc des civilisations, au contraire, ne se produit que si une seule dimension englobe toutes les autres, si la religion est en même temps communauté, politique, économie, etc., situation qui n'est ni spontanée ni très fréquente, et qui est souvent le résultat d'un affrontement guerrier. Autrement dit, ce ne sont pas des civilisations au sens strict qui se font la guerre ; c'est la guerre qui crée ces agglomérés multidimensionnels que Huntington appelle des civilisations. Lorsque nous parlons de l'« islam », de quoi parlons-nous ? D'une croyance religieuse, de règles de droit et de vie, d'une population, d'un État, d'une ou plusieurs zones économiques ? Sans un affrontement direct avec un adversaire, l'« islam » n'existerait pas et nous parlerions tantôt de la religion musulmane, de la guerre d'Irak, de la faiblesse des États arabes, du passé colonial de la France ou de la Grande-Bretagne, etc. Le principe de laïcité, tel qu'il est appliqué en France, ajouté à la séparation des pouvoirs et à un pluralisme aussi bien culturel que politique, éloigne ce pays, et donc les musulmanes, françaises ou qui vivent en France, de la situation qui produit le choc des civilisations dont elles ont peur, puisque tous les aspects de leur vie sont assez indépendants les uns des autres pour assurer leur liberté. La liberté pour chacune de décider de sa propre existence est une valeur centrale pour ces femmes qui protestent contre l'imposition de règles communautaires ou de décisions parentales qui affectent les aspects les plus personnels de leur vie, comme le mariage. Un choc des civilisations signifierait en effet la ruine de tous leurs efforts et les obligerait à faire des choix qu'elles s'efforcent par tous les moyens d'éviter. De là aussi les efforts constamment faits par les plus religieuses d'entre elles pour délimiter le message religieux du Coran et le séparer des textes, des traditions ou des intérêts qui règlent la vie de leur communauté islamique. Aucune d'entre elles ne s'est dite disposée à accepter certaines dispositions extrêmes : toutes ont peur, néanmoins, d'une réaction violente de leur père si elles décidaient de se marier avec un non-musulman. La rupture avec la religion musulmane est rare ; tout autant l'est l'acceptation de l'ensemble des préceptes de la charia. Ces musulmanes ne vivent pas intégralement *dans* l'Islam et s'interrogent sur la manière de redéfinir l'islam comme une culture où elles pourraient trouver leur place.

La plupart des participantes rencontrées au cours des entretiens individuels ou à l'occasion des discussions de groupe ont révélé une forte personnalité en même temps qu'une histoire de vie marquée par des crises profondes. C'est pour donner une image plus concrète de ces femmes que je choisis d'évoquer pour terminer un témoignage, celui d'une femme de 34 ans, qui possède la double nationalité (française et algérienne) et vient d'un milieu social défavorisé. Sa famille vivait à Bobigny, et son père était un militant trotskiste. Elle défend l'école laïque et rappelle que les connaissances qu'elle y a apprises lui ont permis de monter une petite entreprise. Elle-même a rompu avec sa famille. Elle juge très négativement la vision que l'islam a de la femme ; elle ne se dit plus musulmane, mais elle revendique comme très positives les grandes valeurs de l'islam et accepte entièrement ses idéaux. Elle a voulu conquérir sa liberté sexuelle, ce qui est tout à fait conforme à la culture arabe, pense-t-elle : « Il y a une sensualité du peuple arabe que l'on ne peut pas nier. Les hommes ont peur du pouvoir des femmes. Pour moi, c'est le jour où j'ai découvert la sexualité que j'ai dit : "Je comprends pourquoi on nous entoure d'interdits." Ça donne un tel pouvoir sur les hommes. (Cette interprétation du voile comme protection de l'homme contre le désir puissant et destructeur de la femme a déjà été évoquée plus haut.) Quand je dis communauté, dit-elle, j'entends ce qui est solidarité, entraide, communautarisme, mais dans le bon sens du terme. Je continue à respecter les règles et la sagesse de l'Islam... mais je suis heureuse d'avoir utilisé mon libre arbitre dans ma vie. Ce qui m'embête beaucoup, c'est cette émergence de la jeunesse musulmane très pratiquante et qui, pour moi, ne comprend pas grand-chose aux messages de paix que peut donner une religion... Je me sens aussi bien fille de Danton que fille d'Abd el-Kader. » L'attachement à la solidarité qu'elle a connue dans le monde arabe, la défense des plus faibles, sont fortement liés chez elle à une volonté d'émancipation qui est entretenue par la grande force de ses désirs. Elle continue à se méfier des hommes, mais elle a confiance dans le mouvement général de libération qui vit en elle. Peu de participantes ont une aussi forte volonté de vivre que celle qu'elle a conquise au prix d'une rupture douloureuse avec sa famille, en particulier avec sa mère pour laquelle elle a gardé une grande admiration.

Cette longue citation témoigne bien de ce que, y compris dans les contextes où les femmes sont écrasées par les interdits et les injustices, elles parviennent toujours à se faire les agents de leur propre libération. Ces femmes musulmanes, attachées à la religion, ont fait des études, exercent le plus souvent des professions modernes, participent à la vie sociale de leur ville ou de leur quartier. Elles sont beaucoup plus souvent modernistes que traditionalistes, et ce serait une erreur de croire qu'elles sont dominées et manipulées par un ordre qu'il leur est impossible de fuir ou de modifier. Placées dans des conditions doublement difficiles, d'un côté par leur appartenance à une communauté qui cherche à contrôler la sexualité des femmes et, de l'autre, au monde français, ces femmes musulmanes n'en sont pas moins actrices de leur propre vie : elles visent avant tout à transformer leur destin. Et même si elles ne parviennent pas à dire comme les autres femmes que nous avons écoutées et avec la même force qu'elles : « Je suis une femme », elles sont capables de dire : « Un jour, moi ou ma fille, nous serons des femmes libres. »

TROISIÈME PARTIE

Résultats et interprétations

CHAPITRE IX

Ce qu'est ce livre et ce qu'il n'est pas

Il arrive souvent qu'on comprenne mieux, après la lecture d'un livre, ses raisons d'être et la nature du projet intellectuel auquel il a répondu. Dans le cas du livre qu'on vient de lire, cette remarque s'impose car il se place, par son titre même, dans le champ immense des études consacrées aux femmes et aux catégories de sexe *(gender studies)*, mais il n'appartient à aucun des ensembles de recherches et d'exposés auxquels nous sommes habitués. Il n'est pas consacré à la mesure des inégalités, des injustices et de toutes les formes de violence que subissent les femmes ; il n'est pas davantage consacré à l'histoire des luttes féministes, qui forment pourtant la toile de fond de témoignages qui sont post-féministes ; il ne se place pas non plus parmi les analyses qui cherchent à déconstruire les catégories de la pratique sociale qui concernent les femmes en mettant en cause les effets de l'hégémonie exercée par les relations hétérosexuelles et la domination du pouvoir masculin. Cette série de constatations négatives nous impose d'exposer clairement ce qu'est ce livre et ce qu'il n'est pas, en commençant par dire ce qu'il est et veut être.

Le rôle des femmes n'est plus cantonné depuis longtemps à certaines fonctions et à la revendication de droits. En exigeant à la fois l'égalité et la reconnaissance de leur différence, elles sont au cœur des grands débats de la pensée politique des pays démocratiques. En même temps, alors que progresse une globalisation économique qui s'accommode fort bien d'une grande variété de cultures, une frontière s'élève (et devient même infranchissable) entre des pays qui remettent en question le statut traditionnel des femmes et acceptent que celles-ci s'engagent dans l'action publique et ceux qui enferment les femmes (ou tentent de le faire) dans un statut de dépendance et d'infériorité. En Europe, en Amérique du Nord et dans d'autres régions aussi, le féminisme a occupé, depuis un demi-siècle, une place croissante dans la vie publique, et il a détruit successivement tous les aspects institutionnels de l'ancienne dépendance des femmes. Ce qui ne veut cependant pas dire que l'inégalité entre les « genres » (catégories définies par le sexe) ait disparu. De manière opposée, certaines religions, qu'elles soient organisées en églises, en cultes, en sectes ou en courants de spiritualité, constituent la barrière principale aux luttes pour l'émancipation des femmes. Et, plus grave encore, il existe une tendance dangereuse à faire de telles croyances l'élément intégrateur d'un ensemble à la fois social, politique et culturel. L'opposition de tels ensembles clos ne peut mener qu'à une confrontation violente.

Dans les pays de tradition catholique, les reproches les plus virulents faits à la papauté et à l'Église sont de ne pas permettre l'accès des femmes ou des hommes mariés à la prêtrise, de s'opposer à la régulation de la fécondité et à de nombreux aspects de la vie des femmes. Mais c'est l'islam qui apparaît le plus clairement comme l'archétype d'un système de normes imposées par la loi religieuse, mais aussi des décisions politiques et juridiques qui imposent le maintien (voire le renforcement) de la subordination des femmes. Au cours des récents débats en France sur l'interdiction du voile à l'école, après avoir entendu les enseignants s'exprimer comme les principaux défenseurs du principe de la laïcité, on a surtout noté l'intervention de femmes issues de pays de culture islamique et réclamant, outre le maintien strict de la laïcité d'État, des campagnes contre un islam raidi dans son opposition aux droits des femmes.

Les croyances religieuses sont souvent fondées sur la méfiance à l'égard des femmes, mais il faut se garder de tomber dans les excès des fondamentalistes qui identifient leurs croyances avec une forme particulière d'organisation sociale et politique. On ne peut donc pas juger le féminisme à partir de l'islam, ou, inversement, de l'évolution des mœurs, tous thèmes qui méritent des analyses beaucoup plus élaborées. Le but de ce livre est différent. Il cherche à définir la signification historique de l'action des femmes et des oppositions auxquelles elle se heurte. Le champ de travaux dont il relève est l'histoire culturelle.

1. La destruction du social

La transformation la plus générale à laquelle nous assistons est le déclin puis la disparition progressive des ensembles qu'on appelle *sociétés* et qui étaient gérés en fonction de leurs besoins, de leurs fonctions et de leurs normes propres. Certes, plus une société est capable d'action sur elle-même et plus elle se différencie, au point qu'elle se compose de sphères de plus en plus séparées les unes des autres. C'est ainsi qu'on a vu les dirigeants politiques s'opposer au pouvoir religieux et les maîtres de l'économie capitaliste combattre certaines formes de gouvernement. Le même processus se développe à tous les niveaux de la vie sociale. Mais malgré cette différenciation croissante, les fonctions sociales sont restées encore assez fortement liées les unes aux autres, surtout dans le cadre national : on a pu parler de la société anglaise ou française comme d'ensembles assez cohérents malgré le mélange partout du neuf et du vieux. C'est la mondialisation de l'économie capitaliste qui a fait éclater les « sociétés » en donnant une importance croissante aux flux transnationaux de biens et d'informations et à un système financier transformé par la transmission des informations en temps réel. Cette domination de l'économie mondiale a été associée à une hégémonie américaine de plus en plus manifeste à mesure que les États-Unis passaient d'un multilatéralisme adapté à la mondialisation de l'économie à un unilatéralisme qui traduit la priorité donnée à l'opposition ami-ennemi sur celle d'une économie et de ses concurrentes. La guerre, elle-même de plus en plus séparée de finalités économiques, a éclaté en violence guerrière destinée à affaiblir l'adversaire en recourant même au terrorisme.

À cette destruction de l'organisation et des institutions correspond une crise venue d'en bas, de la rupture des liens sociaux, de l'insécurité, des doutes sur les fonctions de la famille, de l'école et même du travail. Les classes sociales se fragmentent : les quartiers sont livrés à la violence de quelques-uns ; les échecs de tous ordres se multiplient et les personnalités surchargées ploient sous la charge et s'écroulent de plus en plus souvent.

Une telle évolution a fait descendre les changements les plus importants du niveau politique au niveau social, puis au niveau culturel où les cadres institutionnels sont les plus faibles, en même temps que la personnalité individuelle, sous tous ses aspects, est le plus directement engagée. C'est pourquoi aux éléments de crise s'est ajoutée l'affirmation d'un nouveau principe de construction de soi et d'orientation de l'action. La condition ouvrière avait été associée à une conscience ouvrière qui défendait les droits de l'homme au travail et donc la dignité de celui-ci et les conditions de sa liberté. Dans la société où nous sommes entrés depuis longtemps déjà, le lieu central, aussi bien de la domination que de la libération, est la *sexualité*, interprétée par les femmes avec qui nous avons parlé comme le processus le plus important de création de la personnalité. Ce rôle éminent de la sexualité provient de ce qu'elle est le plus éloignée du pouvoir étatique et des entreprises capitalistes où, dans le passé, se sont opérés les changements les plus chargés de sens. Dans la société post-industrielle, la sexualité a la même importance centrale que le travail avait dans la société industrielle ; mais dans les deux cas, il faut éviter l'erreur qui consiste à limiter l'analyse à l'étude de certains acteurs, comme les femmes ou la classe ouvrière.

Partir de la sexualité, c'est rencontrer un mode de domination que les femmes que nous avons écoutées ont souvent mentionné : la commercialisation du sexe et l'érotisation de la marchandise, et, face à ce pouvoir, la recherche par les femmes d'une construction de soi rendue possible par le contrôle de la reproduction. De même que les descriptions « psychologiques » des ouvriers nous éloignaient dangereusement d'une analyse des rapports de travail, de même, en s'abandonnant trop facilement à une « psychologie des femmes », on risque d'être entraîné vers des stéréotypes ou, dans le meilleur des cas, vers une analyse de la situation et des conduites des femmes qui nous ferait perdre de vue les transformations historiques qui donnent leur sens le plus général à nos observations.

C'est pourquoi il a été moins question ici de psychologie des femmes que de l'étude des conditions dans lesquelles elles deviennent sujets, et, en tant que telles, actrices principales des sociétés contemporaines. L'idée centrale ici est que c'est au niveau de la sexualité que la domination s'exerce le plus directement au profit du pouvoir masculin, de la même manière que le rapport de classes principal s'exerçait dans la société industrielle sur les ouvriers. C'est pourquoi les femmes ont formé un mouvement de libération des femmes.

Ici s'introduit une objection : pourquoi, quand on parle de sexualité, se réfère-t-on aux femmes plutôt qu'aux hommes ? Ne peut-on pas dire au contraire que les femmes exercent un certain pouvoir sur les hommes par la sexualité, alors qu'elles sont plus dépendantes d'eux juridiquement et économiquement ? Il ne suffit pas de répondre que le pouvoir éventuellement exercé par la femme sur la sexualité masculine ne supprime pas l'existence du pouvoir masculin, pas plus que la séduction déployée par les femmes du harem ne leur donnait du pouvoir sur le sultan. L'important est que les femmes, dans le nouveau paradigme où nous sommes entrés, sont non seulement l'acteur social central, mais, ce qui est plus important encore, la figure principale du sujet, c'est-à-dire de la capacité et de la volonté d'individus et de groupes de se constituer dans leur droit d'agir librement. Le mouvement féministe a rendu possible cette construction de la femme comme sujet, mais cette construction elle-même n'est apparue qu'après la période proprement féministe, et c'est au sein de la génération actuelle que la volonté de construction des femmes par elles-mêmes acquiert une importance centrale.

Ce décalage entre l'action féministe et la génération post-féministe est si étonnant qu'il faut en chercher l'explication. En fait, celle-ci a déjà été évoquée : le féminisme a longtemps été considéré comme une composante du mouvement ouvrier, qui donnait un sens général à l'action des femmes comme à celle des peuples colonisés. Cette conception, souvent issue de la pensée marxiste, a mis utilement l'accent sur les inégalités et les violences dont les femmes étaient victimes ; mais au prix de la pauvreté d'une analyse qui se souciait peu de la formation de la conscience féminine. Sur ce point aussi la comparaison avec le mouvement ouvrier est pertinente. La plus grande partie des études sur la classe ouvrière a longtemps porté sur le fonctionnement et les crises du capitalisme, quand presque rien n'était dit sur l'action ouvrière. Jusqu'à ce que la sociologie du travail se préoccupe de l'analyse de la conscience ouvrière.

Il serait faux et injuste de dire qu'après le temps des batailles est venu celui de la réflexion, car, au moins dans le cas français, la réflexion a été constamment présente pendant la grande période du mouvement féministe et l'a même précédée, surtout si l'on considère l'œuvre fondatrice de Simone de Beauvoir. La génération actuelle ne réfléchit ni mieux ni davantage que les précédentes à la « question des femmes » mais elle transforme une pensée de luttes et de libération en une expérience de conscience et de création de soi, ce qui est bien différent. Mais quel sens faut-il donner à cette recherche de soi ? S'agit-il d'un repli sur la vie privée, y compris sur des projets personnels novateurs, ou assiste-t-on à une redéfinition profonde de l'action collective ? Nos travaux ont apporté deux réponses opposées à cette interrogation.

En premier lieu, les femmes que nous avons écoutées rejetaient toutes les formes d'action « politique » et même, semble-t-il, d'action collective, en partie parce que la pensée politique leur semblait trop liée à des situations dépassées ; en partie aussi parce que l'action collective est submergée par une vague qui entraîne tout le monde vers un individualisme consommateur. Mais si le repli des femmes sur leur expérience privée est un obstacle à la formation d'une action collective, il entraîne aussi la création d'une conception profondément nouvelle de la personnalité et de la culture. Elle apparaît dans la définition même du but principal de l'action collective, qui, selon ces femmes, est moins la transformation des institutions sociales que du rapport de chacun à lui-même – et en particulier des femmes à elles-mêmes. Au cours de la dernière décennie, l'opposition établie par Régis Debray entre ceux qu'il appelait « républicains » et ceux qu'il appelait « démocrates » n'a cessé de se creuser. Les « républicains » ont gagné beaucoup de terrain ; mais le mouvement des femmes constitue la principale contre-offensive des « démocrates », c'est-à-dire de ceux et celles qui subordonnent les problèmes politiques à ceux de l'action sociale et culturelle.

Dans d'autres pays, en particulier en Grande-Bretagne, aux Pays-Bas ou aux États-Unis, la résistance des catégories politiques a été beaucoup plus faible, ce qui a permis le développement d'une pensée théorique des femmes sur les femmes qui n'a guère d'équivalent en France. Inversement, cette faiblesse théorique relative donne un relief particulier aux déclarations et aux attitudes que nous avons enregistrées.

Certes, elles sont peu connues et même souvent niées par les détenteurs du pouvoir intellectuel ; mais elles exercent une influence réelle sur les femmes, ce qui compense l'incapacité de celles-ci à organiser une action collective. C'est dans le domaine de la réflexion sur soi et de la construction de nouveaux modèles culturels que se manifeste la force de la pensée et de l'action post-féministes. La raison d'être principale de ce livre est précisément de mettre l'accent sur ce niveau positif de l'analyse, au lieu de répéter une fois de plus le poids des contraintes et des inégalités qui pèsent sur les femmes.

Rien ne nous avait préparés à percevoir une telle force et une telle originalité de la pensée post-féministe ; elle n'était mentionnée dans aucun livre ayant exercé une grande influence. Elle éclaire même un territoire où l'on ne voyait en général que dépendance, soumission ou fausse conscience. C'est bien parce que l'environnement politique et idéologique de la pensée et de l'action post-féministes est encore défavorable à la revendication d'une subjectivité féminine que l'originalité de nos résultats doit être soulignée, et doit même être considérée comme le signe d'une nouvelle orientation de la pensée et de l'action des femmes qui pourrait se reproduire dans d'autres secteurs de la société, et en particulier dans des mouvements de défense des minorités.

Le post-féminisme actuel tend à redonner la priorité à la société civile et surtout à la vie personnelle, face à un univers politique de plus en plus détaché de l'expérience vécue, mais auquel trop souvent les discours interprétatifs confèrent une priorité absolue, au point de nier les possibilités d'une action créatrice et inventive. Et si ce livre a un mérite, c'est d'abord de faire entendre la parole des femmes et de rendre clair que cette parole est très différente de ce que l'on dit et écrit sur les femmes, qu'elle est même opposée aux idées dominantes.

Ce livre, son titre et ses principaux résultats peuvent susciter des malentendus. Je ne dis pas que nous sommes entrés dans une société dominée par les femmes, dans laquelle la douceur, la sensibilité, le souci de l'autre remplaceraient la force, la rationalité, l'action instrumentale, qui ont été les caractéristiques dominantes des sociétés dont nous provenons et qui, en général, ont été dominées par les hommes – ces hommes qui ont imposé leur personnalité et leurs méthodes. Je rejette complètement, et même avec impatience, tout ce qui semble introduire l'idée d'une féminisation de la société. Une telle idée est aussi peu fondée que celle de la masculinisation des femmes qui accompagne l'arrivée de quelques-unes aux postes de direction. Ce qui a été dit ici est bien différent. Le mode occidental de modernisation a été polarisé ; il a opposé une élite dirigeante, en effet masculine, puissante, instruite, à des catégories définies par leur infériorité et leur dépendance. Salariés, colonisés, femmes ont été les plus importantes de ces catégories qui nc recevaient de sens que celui qui leur venait de l'extérieur. Ce modèle social a perdu de sa force, et aussi de sa dureté, à mesure que les catégories dominées se sont soulevées et ont exigé le respect de leurs droits. Au terme de cette évolution, le modèle occidental n'a plus de dynamisme, en même temps que se sont multipliés les garanties juridiques et les corporatismes, et surtout à mesure que tous ceux et celles qui avaient été dirigeants et dirigés tendaient à être réduits à tenir leur rôle de consommateurs plus ou moins riches.

Au même moment, nous voyons se développer, en général hors d'Europe, de nouveaux modes de développement, qui ne reposent pas sur des tensions internes mais sur la mobilisation de toutes les ressources dans les mains d'un État tout-puissant qui crée ainsi de vastes catégories d'exclus. C'est pourquoi le point de départ de ce livre a été cette interrogation : le monde occidental (au sens le plus large du terme) est-il dénué de tout principe moteur, de toute orientation dominant les intérêts particuliers et susceptible de générer à la fois de grandes initiatives et des débats brûlants ?

Cette étude repose sur l'idée qu'il existe un principe de cette nature, et que celui-ci exerce déjà une action mobilisatrice importante : c'est la recherche de la reconstruction, de la réintégration des éléments qui avaient été séparés et opposés par le modèle européen de modernisation. Tel est le sens de l'écologie politique et, dans une large mesure, des mouvements altermondialistes. Mais la catégorie concrète qui joue le rôle principal dans l'invention de ce nouveau modèle culturel, profondément opposé à celui qui a dominé notre expérience de la modernisation, est celle des *femmes*, parce qu'elles ont été la catégorie humaine la plus concrètement et la plus totalement dominée. Ce sont les femmes qui formulent les grands thèmes de la réconciliation du corps et de l'esprit, du passé et de l'avenir, du privé et du public, de l'intérêt et de l'émotion, de l'ordre et du mouvement et, par-dessus tout, des femmes et des hommes.

Un deuxième malentendu, presque aussi grave que le premier, serait de penser que je crois à la disparition de l'opposition, ou même de la différence, des hommes et des femmes et que nous entrons dans une société où le couple d'opposition homme/femme va disparaître ou perdre beaucoup de son importance. À l'appui de cette idée, on trouve la thèse que les catégories homme et femme sont des constructions sociales au service de la domination masculine d'une société obligatoirement hétérosexuelle. Pourquoi ne pas accepter l'éclatement des catégories homme et femme ? Pourquoi ne pas rejeter complètement l'idée qu'il existe deux et seulement deux genres, ce qui confère en effet un véritable monopole aux relations hétérosexuelles ? On peut rapprocher cette vision du thème réintroduit par Freud après bien des siècles de recherche d'une différenciation forte entre hommes et femmes : il n'existe, a-t-il affirmé, qu'une libido, qu'un ensemble de pulsions. On a vu inversement se constituer des associations de défense et d'expression de diverses catégories de choix sexuels, et plutôt que de défense des homosexuels on parle aujourd'hui avec raison de défense des LGBT (lesbiennes, gays, bisexuels et transsexuels). On peut aller plus loin encore et considérer que le sexe du partenaire ou celui de l'acteur n'ont qu'une importance limitée et qu'il faut donner plus d'importance à la nature de la relation : narcissique, sadomasochiste, etc.

J'ai défendu au contraire ici l'idée d'un renforcement de l'identité féminine, puisque les femmes sont les agents réels de la reconstruction qui est mise en œuvre, en acceptant cependant l'idée de l'affaiblissement d'une masculinité et d'une virilité dont beaucoup d'hommes déjà se jugent embarrassés, alors qu'ils reconnaissent volontiers que les femmes ont pris des initiatives qui s'appliquent à eux comme à elles. Ce qui a commandé la différence entre hommes et femmes a été le rapport de domination exercé par les hommes sur les femmes. Alors que l'homme peut se définir par son énergie et ses œuvres, sans référence à son rapport avec la femme, celle-ci est une création de l'homme. Si la célèbre formule de Simone de Beauvoir : « On ne naît pas femme, on le devient » peut signifier que le fonctionnement de la société sépare garçons et filles, hommes et femmes en leur attribuant des rôles et des comportements différents, on peut l'interpréter aussi comme l'idée que la femme est créée par un désir d'indépendance et de subjectivité. Les femmes que nous avons écoutées s'affirmaient comme femmes, se donnaient une identité positive, au lieu de ne se définir que par rapport aux hommes – et comme victimes. C'est cette conception de la femme qui est l'expression principale du renversement de la culture qui donne aux femmes une identité que ne leur confèrent ni leur réalité sexuelle ni leur personnalité, notions dangereusement vagues qui servent plutôt à masquer les effets de la domination subie. Cette conception de la construction de la femme par elle-même a été renforcée, semble-t-il, par l'influence des lesbiennes. Le rôle des gays, au contraire, a été de renforcer la diversité des conduites sexuelles, la recherche de la transgression et aussi l'abaissement de la frontière entre hommes et femmes. Les femmes se construisent d'autant plus solidement comme femmes que les conduites sexuelles des hommes et des femmes deviennent plus proches, jusqu'à la disparition au moins partielle des « genres » face à la généralisation de conduites proprement sexuelles.

2. Deux aspects de la société des femmes

La désexualisation de beaucoup de rôles sociaux ne constitue pas un argument contre la constitution de plus en plus active des femmes comme femmes, et surtout comme actrices centrales de la transformation culturelle. Comme chacun peut le constater en observant que les conduites sexuelles secondaires, comme les soins du corps, restent nettement différentes. L'égalité des droits ne s'oppose pas à la différence des genres de vie et des rapports à soi-même ; il est peu probable que nous entrions dans une société unisexe. Mais le plus important est que la société inventée par les femmes n'est pas une société pour les femmes mais pour tous, en particulier pour hommes et femmes, si on pense nécessaire de penser à l'aide de ces catégories, comme je le pense moi-même. Cette société n'est pas féminine, mais ses transformations les plus importantes sont liées au renversement par les femmes des relations inégales entre hommes et femmes. Parmi les transformations sociales et culturelles mises en œuvre par les femmes, deux ont une importance particulière. La première est que les catégories qui décrivent les acteurs sont maintenant plus importantes que celles qui décrivent les situations. La seconde est que l'obligation de choisir entre des solutions opposées a été remplacée par le désir de combiner le plus possible diverses solutions.

L'analyse des acteurs est devenue plus importante que celle des situations car nous ne croyons plus à ce que Jean-François Lyotard a appelé « les grands récits », aux philosophies de l'histoire, et en particulier aux couples d'opposition binaires. L'idée d'une infrastructure économique déterminant les formes de la vie politique et les idéologies nous est devenue étrangère. Nous savons que le résultat d'une action dépend de la connaissance que nous avons de ses motivations, des processus d'information et de décision qu'elle met en œuvre, de la prévision des réactions du milieu environnant. Il n'y a pas de logique économique ou militaire qui impose une décision ; celle-ci doit prendre en compte des comportements et des prévisions. Nous ne sommes pas entrés dans une société technicienne ou même cybernétique, mais au contraire dans un univers de plus en plus incertain, construit par les projets et les prévisions du comportement des décideurs.

La seconde caractéristique du fonctionnement de notre société est la recherche de la combinaison de solutions différentes, ce qui entraîne un refus des choix, la recherche non pas de compromis mais de la prise en considération de composantes tout à la fois opposées et dépendantes dans une situation donnée. J'ai déjà donné des exemples de cette conception, qu'on nomme *ambivalence* et qui s'impose peu à peu comme un mode de traitement des problèmes beaucoup plus efficace que l'ancienne méthode de choix, mais aussi beaucoup plus productrice d'incertitudes et de frustrations. Plus une société est simple, plus les limites du jeu des acteurs sont claires. Même si les souffrances sont grandes, les décalages entre les attentes et les expériences vécues sont faibles. Nous vivons au contraire dans un type de vie sociale où rien n'est simple et délimité, où les identités sont multiples et changeantes, où nous essayons tous de rendre compatibles la continuité et l'innovation, l'unité et la diversité et même le permis et l'interdit.

Ces deux observations n'ont pas pour but de dessiner à grands traits un nouveau type de société, mais de nous aider à répondre à des questions générales qu'il est maintenant possible de poser directement : pourquoi donner à cette société le nom de monde des femmes ? La référence faite aux femmes ne renvoie-t-elle pas à un aspect particulier de son fonctionnement qui ne commande pas les autres ? Mais aussi : ce type de vie sociale, tel qu'il a été défini, est peu intégrateur ; ne comporte-t-il pas de vastes zones étrangères à la grande œuvre de reconstruction et de réintégration qui définit centralement cette société ?

J'ai déjà, et à plusieurs reprises, apporté un début de réponse à la première de ces deux questions. Il faut maintenant s'expliquer tout à fait sur le premier point. Oui, cette société peut être appelée une *société de femmes* parce qu'elle repose sur le renversement de la dualité et de la hiérarchie les plus fortement installées, celles qui distinguaient et opposaient hommes et femmes. Dans bien des sociétés, c'est l'appartenance à la tribu, au clan, à la famille, qui organise le plus fortement les conduites ; dans d'autres, c'est le mode d'activité économique, et du même coup les conflits liés à la propriété et au travail et il existe bien d'autres types sociétaux. Celui dont j'ai déjà défini les principales caractéristiques reposait sur une expérience déchirée par la volonté d'une élite dirigeante de concentrer toutes les ressources dans ses mains. C'est contre ce modèle que la société qui naît devant nous se définit avant tout par une volonté de reconstruction du monde, portée surtout par les femmes, parce qu'elles ont été les victimes principales de cette concentration des ressources et du pouvoir.

Il faut maintenant nous éloigner de nos propres conclusions et chercher à les replacer dans l'ensemble de la situation et de l'action des femmes. Car les résultats, et donc les thèmes qui ont nourri les entretiens et les discussions de groupe que nous avons menés, ne recouvrent évidemment pas l'ensemble des conduites, des opinions et des attitudes des femmes ; est-il besoin de le dire ? Mais quel lieu occupent-ils dans cet ensemble divers et changeant, et surtout quel effet indirect ou même direct cette conscience de soi des femmes a-t-elle sur d'autres secteurs de leurs conduites ? Ce que notre regard a aperçu, c'est leur volonté d'être des femmes responsables d'elles-mêmes, et c'est aussi (et inséparablement) un désir de reconstruction de l'expérience humaine. Cette reconstruction ne peut pas prendre la forme d'un monument, d'un idéal du moi et de la société. Elle ne peut s'opérer que dans l'*ambivalence*, c'est-à-dire dans la liaison, certes forte, entre des orientations opposées, mais qui laisse subsister l'autonomie de chaque orientation – et même la présence en chacune d'elles de contenus et d'expériences directement opposés à d'autres. Les retrouvailles du corps et de l'esprit ne créent pas un être humain parfait en tout, d'une beauté hellénique en même temps que capable de percer les secrets les mieux gardés de la nature. De sorte que cette construction de soi est aussi une différenciation interne de l'expérience vécue. La gestion de cette pluralité des figures de soi est aussi importante (et aussi difficile) que le grand œuvre de réintégration des expériences de vie.

3. Une étrange alliance

Les données utilisées ici, aussi bien que la direction de nos propres analyses, conduisent clairement à donner au mouvement des femmes, et surtout à la génération post-féministe, un rôle déterminant dans la réélaboration d'une pensée du *sujet*. Ne parle-t-on pas partout des luttes pour les droits des femmes et contre les violences que celles-ci subissent ? Mais on peut présenter diverses interprétations de ces luttes. Et c'est précisément ce qui fait l'intérêt d'un livre où quatre des meilleures spécialistes des problèmes féminins, Sheila Benhabib, Judith Butler, Drucilla Cornell et Nancy Fraser, ont dialogué à l'initiative de Linda Nicholson et réuni leurs interventions dans *Feminist Contentions*, livre d'abord publié en allemand, puis révisé et publié en Grande-Bretagne et aux États-Unis en 1995 [1].

Un mot suffit à définir l'enjeu de ce dialogue et des raisons qu'il a de nous surprendre : il se réfère à la post-modernité. Le féminisme est défini ici comme appartenant fortement à un post-modernisme qui se définit avant tout comme la fin de l'homme, la fin de l'histoire et la fin de la métaphysique.

Pourquoi des déclarations aussi surprenantes quand on pouvait espérer que le féminisme écarterait l'idée d'une situation post-moderne et post-historique où le sujet serait une fois pour toutes mis à mort ? Parce qu'il existe aux États-Unis une tendance profonde, qui s'est développée fortement depuis les années soixante-dix et qui rejette le « grand récit » sur l'Amérique, sur son rôle de serviteur de valeurs universelles à la fois religieuses et libérales. Il existe aussi aux États-Unis un vif intérêt pour les nouvelles formes de crise sociale et

1. *Feminist Contentions. A Philosophical Exchange*, avec Sheila Benhabib, Judith Butler, Drucilla Cornell et Nancy Fraser, Lend and Nicholson, éd., New York et Londres, Routledge, 1995 (ce livre avait d'abord été publié en allemand sous le titre : *Der Streit um Differenz*, Francfort, Fischer Verlag, 1993).

d'action collective ; mais il faut reconnaître que ces deux tendances opposées coexistent et parfois se mêlent. En France, la situation est pire encore. Les Européens se sont dégagés depuis longtemps de la croyance au progrès ; ils ont une vision purement critique de la société. En partie parce que les totalitarismes en Europe ont employé un langage qui en appelait à l'homme, à son travail et à sa dignité, tous ces thèmes sont rejetés avec violence d'une manière si extrême que les réalités observables (et surtout les actions collectives) semblent constituer pour les intellectuels européens et surtout français des obstacles au développement de leur pensée plutôt que des objets nouveaux qui leur permettraient de renouveler leur analyse. C'est ainsi que, des deux côtés de l'Atlantique, la pensée sociale se veut avant tout un moyen de lutte contre les instruments travaillant au service de l'idéologie des groupes et des forces au pouvoir.

Elle tend à subordonner les mouvements sociaux à des forces politiques appuyées sur les intellectuels eux-mêmes, qui contribuent ainsi à accroître la dépendance des mouvements sociaux par rapport aux partis politiques. Les intellectuels philosophes résistent à reconnaître la subjectivité des mouvements, et même, plus simplement, à connaître et à écouter ceux qui participent à des activités nouvelles et qu'on n'ose plus appeler des militants. Même si l'on comprend les raisons qui font si fortement entendre la voix des philosophes, il est grand temps de revenir à la réalité, à la connaissance des faits et des documents et à renouer avec l'effort en vue d'analyser les conduites plutôt que d'enchaîner les concepts.

Revenons à l'étrange appel au post-modernisme. Cette notion devrait se dissoudre d'elle-même, du simple fait qu'elle ne définit jamais la modernité à laquelle elle prétend succéder et qu'elle veut abolir. Les architectes ont combattu le Bauhaus, Le Corbusier et même les gratte-ciel de New York et de Chicago. Travail critique nécessaire, qui s'opère constamment dans la vie de l'esprit. Mais pourquoi considérer que le rejet des formes géométriques et d'une idéologie vaguement scientiste exige la rupture avec la modernité ? Nous sommes nombreux à penser avec Lyotard que nous ne pouvons plus nous référer aux grands récits, c'est-à-dire aux philosophies de l'histoire ; mais de là à prétendre que la modernité se définissait précisément par les philosophies de l'histoire, il y a un pas qu'il ne faut pas franchir. J'ai défendu ici l'idée du rôle central des femmes dans la phase actuelle de nos transformations sociales. Nos sociétés, rompant avec le « progressisme » économique et militaire, ne se décomposent pas mais génèrent un principe d'intégration très nouveau, puisqu'il s'agit en fait de la volonté de réintégrer, de reconstruire un monde si longtemps déchiré. Nous ne sortons pas de l'histoire, nous cherchons à en écrire un nouveau chapitre, bien différent des précédents, mais qui ne se pose pas en rupture avec eux. Nous sommes plus que jamais dans la modernité.

La modernité ne se réduit pas à une idée du sujet valorisé comme un absolu, détaché de l'expérience sociale. Nous ne voulons plus, au contraire, nous qui sommes précisément modernes, séparer le sujet de ses luttes contre les forces impersonnelles qui le détruisent. N'est-ce pas cette expérience des transformations du milieu et de la personnalité elle-même que nous considérons comme propre à l'expérience de la modernité ? C'est pourquoi nous vivons plus certainement dans une société hypermoderne que dans une époque post-moderne. Plus grave encore : de quel droit peut-on conclure de la complexité des systèmes sociaux, et même du caractère incontournable des grands mécanismes capitalistes, que le sujet n'a plus aucune orientation propre et ne dispose plus d'aucun moyen d'agir sur son environnement ?

Croyons-nous vraiment que nous vivons dans un monde dans lequel nous ne sommes plus responsables de rien et où, par conséquent, nous ne pouvons plus être des acteurs – et encore moins des sujets ? L'intérêt passionné qu'ont suscité les mouvements féministes provient justement de ce que des actrices, des femmes-sujets, ont transformé un monde qui pourrait, sans elles, se réduire à des alignements de bureaux et de marchés. Que nous ayons tous été impressionnés par l'éclatement des sociétés, qui est une conséquence de la globalisation économique, ne justifie pas qu'on en conclue que nous avons perdu le sens des responsabilités et renoncé à toute action, comme si nous étions rendus impuissants par la puissance de l'argent, la violence de la guerre et la lourdeur des contrôles administratifs.

Mais je dois aussitôt modérer ces réactions trop vives à des textes qui sont destinés à comparer des interprétations plutôt qu'à proposer des analyses. Et d'autant plus que je retrouve l'essentiel de ma résistance à ces positions dans les textes de Judith Butler qui ont, entre autres grands mérites, celui de rappeler que sans « fondation » il n'y a pas de politique et qu'on ne peut pas enfermer un désir d'action dans une pure philosophie du discours. Nancy Fraser, de son côté, rappelle la transformation du temps opérée par la pensée contemporaine à la suite du « tournant linguistique ». Ici aussi, le féminisme et le post-féminisme sont en avance sur le discours politique. Et ce qu'ils rejettent en lui, c'est précisément qu'il place les acteurs *dans* une histoire et même, dans le pire des cas, *dans* une évolution qui leur donne leur sens, comme un agent de police vous indique le chemin pour parvenir à l'adresse indiquée. C'est l'action et la parole des femmes qui renversent le « cours de l'histoire », ce qui ne veut pas dire qu'elles reviennent en arrière : en fait, elles transforment les relations du passé et de l'avenir en parlant souvent au futur antérieur, comme le dit subtilement Drucilla Cornell.

Cette reconstruction de l'expérience personnelle et collective, qui est vécue par les hommes autant que par les femmes, est avant tout le fait des femmes, et la création d'une identité féminine est l'instrument nécessaire à cette reconstruction engagée au profit de tous. C'est dire que la recherche et la création de soi, qui sont au cœur de l'expérience féminine, ne constituent pas un lieu isolé du reste de la vie psychologique des femmes, mais sont au contraire en interaction constante avec ce qui semble le plus éloigné de cette création, les choix de consommation, les plaisirs des sens, les disciplines de la vie professionnelle, l'attachement à des traditions, à des groupes ou à des symboles.

Mais on ne peut pas suivre ces effets indirects de la conscience des femmes avant d'avoir indiqué brièvement quel est le principe unificateur des conduites dont on montrera ensuite plus longuement la diversité et les conflits internes.

L'orientation générale qui anime tous les secteurs des conduites des femmes et les unit entre eux est l'affirmation par les femmes de leur *subjectivité*. Ce qui est pensé ou senti par les femmes est toujours perçu et évalué par référence à la formation d'elles-mêmes sinon comme femmes-sujets, du moins comme femmes conscientes. Cette formule soulève des objections et même des dénégations. On dit que le je a toujours été plus présent dans le discours des femmes que dans celui des hommes, mais qu'il est le signe de la privation de subjectivité – et *a fortiori* de subjectivation – subie par les femmes. Le ton de subjectivité et d'intimité qu'on attribue souvent aux femmes tient en grande partie, dit-on, à ce qu'elles pénètrent, entre elles ou dans la relation mère-fille, les secrets de leur corps et de leurs sensations, qu'elles ne communiquent pas aux hommes. Dans un autre registre, la vie affective et cognitive des femmes est très occupée par les rapports aux enfants ; elle est centrée sur ceux-ci plutôt que sur les rapports entre elles-mêmes. Au point d'atteindre souvent au sacrifice ou à l'autoaccusation. Si le type de la femme qui vit pour son mari ou son amant est en recul, sous l'effet de la montée en puissance de la conscience de soi, les femmes restent fortement définies par des appartenances. Ce phénomène atteint un niveau extrême dans les systèmes familiaux traditionnels, parmi lesquels j'ai évoqué le cas coréen, bien exposé par la thèse récente de Miran Cheong, mais reste fortement présent dans des sociétés libéralisées où la femme est encore l'élément central de la famille, surtout depuis qu'elle contribue à ses dépenses. C'est donc un grand changement, parfois même un scandale pour les femmes, de dire je. On les accuse vite de négliger leurs devoirs à l'égard de la famille, des parents, des enfants et de leur conjoint. Les réunions entre femmes sont les lieux privilégiés où le je et le nous se dégagent de ce qui les recouvre et les interdit. Et souvent ce jugement négatif est renforcé par une condamnation sévère de la culture (et surtout de la presse) féminine. Mais c'est l'ambiguïté même de cette condamnation qui nous incite à parler avec beaucoup de modération des magazines pour femmes, au moins quand ils ne se cantonnent pas aux stéréotypes les plus traditionnels. Outre les magazines féminins, il y a aussi toutes ces séries télévisées dont les messages sont très variables, car certaines *telenovelas* brésiliennes ou le célèbre feuilleton *Sex in the city* mettent en scène des conduites autrefois condamnées. L'opposition évidente qui s'affirme entre les modèles de conduite féminine diffusés par ces magazines et ces programmes et ce que nous avons découvert dans notre recherche ne doit pas être interprétée comme la séparation infranchissable de deux univers : d'un pôle à l'autre, de la création de soi à la recherche utilitaire du plaisir, il existe un arc-en-ciel de conduites qu'il serait arbitraire de rejeter comme relevant de la pure culture de masse ou, au contraire, comme offrant le maximum de chances de libération.

Le désir de création de soi ne va pas sans une liberté du corps et de la sexualité en même temps que s'affirment des projets professionnels nouveaux et une conception différente des rapports aux autres. Dans l'ordre de la vie privée, cette combinaison d'un affaiblissement des barrières anciennes, de la réalisation des désirs personnels et de l'influence des médias détermine au plus haut point ce qu'il faut bien appeler les mœurs. Le fait le plus manifeste à cet égard est que l'affaiblissement des rôles sociaux des femmes les conduit à cultiver à la fois la volonté de création de soi, la réussite sociale et le plaisir. Mais cette pluralité d'orientations suppose une autonomie, une liberté plus grande en matière de sexualité, et personne ne doute que celle-ci se soit accrue dans un passé récent, même si le début du XXIe siècle est plutôt marqué du sceau de la restriction dans tous les ordres de liberté, en particulier sexuelle.

La sexualité, si elle ne se forme, comme je l'ai indiqué, qu'à travers des rapports affectifs avec d'autres et par l'introduction de la vie sexuelle dans la création de soi, a comme niveau de départ l'expression de plus en plus directe du désir, de ses objets et de ses pratiques. Les barrières opposées par les forces de contrôle social aux pratiques qui s'écartent soit de la préparation de la famille soit de l'amour romantique qui est censé aussi préparer les femmes à la tenue des rôles sociaux traditionnels – que peut devenir le Prince charmant sinon un mari ? – s'abaissent avec une lenteur et des difficultés justifiées par l'importance des enjeux, mais leur déclin n'en bouleverse pas moins la vie quotidienne. C'est pourquoi le débat le plus important est celui qui se forme autour de la pluralité désirable, acceptable ou condamnable des relations sexuelles et amoureuses. La ligne générale d'analyse dégagée des paroles prononcées par les femmes conduit à faire l'hypothèse que cette pluralité est positive si elle remplit un manque, à condition toutefois de ne pas sacrifier le durable à l'occasionnel, et surtout de protéger ce qui est le plus important pour soi-même. En termes plus proches de l'expérience vécue, la vie sexuelle en elle-même, la relation de couple et les rôles familiaux sont de plus en plus reconnus comme étant des composantes différentes de la vie personnelle, reconnaissance si bien établie qu'on s'étonne d'entendre dire ici et là que les relations sexuelles ou les relations de couple ne sont que propédeutiques pour la fondation d'une vie familiale. La relative faiblesse des références au couple dans nos enquêtes n'autorise-t-elle pas à penser que la sexualité et les rôles familiaux sont en ce moment des pôles plus forts ?

Mais par contrecoup, de fortes tendances tendent à unir ce qui se différencie. L'importance de la sexualité dans la vie d'un couple, la volonté de maintenir la relation de couple dans la vie familiale sont deux thèmes dont la présence est massive dans l'opinion publique et qui donnent des expressions concrètes aux orientations générales que nous avons découvertes dès le début de cette analyse.

Plus délicat à interpréter est le rôle que jouent la libération sexuelle et l'ouverture de la vie professionnelle dans la construction de soi des femmes. Celles que nous avons écoutées ont accordé une nette priorité à la sexualité sur l'emploi et le travail, dans le processus de la construction de soi. Mais s'il est nécessaire de confirmer l'importance capitale accordée par les femmes à la sexualité, il faut se garder de sous-estimer l'importance des rôles professionnels et économiques en se laissant entraîner par le thème très superficiel de la « fin du travail ». D'autant que si les femmes sont majoritaires dans les travaux non qualifiés, elles occupent, grâce à leurs études et malgré la discrimination et l'inégalité qui les frappent, des positions importantes non seulement dans les secteurs sociaux comme l'éducation, la santé et la justice, mais aussi dans le domaine des activités économiques. La revendication de l'égalité des chances professionnelles est la composante principale de la vision égalitariste qui occupe une place si importante au sein du mouvement féministe. Vision qui me vient logiquement à l'esprit au moment où je m'apprête à évoquer d'autres points de vue que celui qui a dominé notre recherche.

4. Le nationalisme féministe

Au plus loin de cette vision égalitariste s'est développée un nationalisme féministe qui insiste constamment sur les différences qui font la spécificité des femmes. Ces deux images des femmes sont en tout opposées l'une à l'autre, mais elles ont en commun d'être éloignées de celles présentées ici, au point même peut-être de ne pas percevoir son existence. C'est donc après avoir consacré tous mes efforts à dessiner une figure de femme féministe que je prends le risque d'évoquer d'autres figures de femmes, en espérant que celle dont je défends l'existence et l'importance ne sera pas renversée par les tempêtes contraires que les autres vont faire souffler sur elle. Ce qui en fait m'oblige à rejeter fermement ces figures, qui me font plutôt penser à des masques qu'à de vrais personnages.

La première peut être appelée révolutionnaire, car sa logique est bien celle des révolutions. La domination masculine croissante ne laisserait plus place qu'à la dénonciation et au déploiement de luttes aussi violentes que possible pour détruire une image scandaleuse de la femme et de l'usage qu'en fait l'homme. De grandes campagnes sont ainsi menées contre le viol et toutes les formes de violence, la pornographie, la prostitution. C. Mac Kinnon et A. Dworkin se sont illustrées aux États-Unis par la violence de leurs attaques. Leurs buts positifs sont de contribuer à mettre sur pied une force de résistance à la domination masculine, de prendre en charge un monde féminin bien décidé à repousser les attaques qu'il subit, conscient de la menace mortelle qui pèse sur lui et luttant pour se protéger du monde adverse et résister à une répression toujours plus forte. Voilà bien le langage classique des régimes révolutionnaires. C'est de ces campagnes que le féminisme a reçu une grande partie de sa puissance et de son succès ; c'est aussi la volonté de rupture avec les hommes qui a si fortement limité l'impact de ce mouvement parmi les femmes.

Il n'y a aucune objection à faire à la logique interne de cette conception révolutionnaire et quasi militaire du féminisme. Mais sa position de principe est arbitraire, pour ne pas dire surprenante. Car autant l'existence des inégalités, discriminations et divers types de violence est indiscutable, autant l'image d'une domination masculine totale sur des femmes privées de droits est invalidée par l'observation. Les suffragettes anglaises subissaient une domination très réelle, et l'on comprend que la violence se soit immiscée dans leur action ; mais les femmes américaines de 1990 (c'est surtout aux États-Unis que ce radicalisme s'est développé) disposent du droit de vote, accèdent largement à l'éducation et aux moyens de contrôle de leur fécondité, etc. Comment accepter une vue aussi dramatique de la situation, alors que nous avons une connaissance de plus en plus précise de la situation des femmes dans d'autres parties du monde ? C'est donc de manière arbitraire qu'est refusé tout accès des femmes à l'action et à la conscience. Et l'on n'est donc pas surpris de l'opposition rencontrée par les groupes radicaux, que Monique Wittig appelait les « guerrillères », ces femmes qui luttent non seulement pour étendre leur liberté d'action et de pensée, mais pour détruire les hommes.

En matière de prostitution, il existe de bons arguments pour défendre les thèses prohibitionnistes qui vont, comme en Suède, jusqu'à imposer une condamnation au client. Mais il en existe aussi pour y dénoncer un contrôle inquiétant des mœurs. Et cela prouve tout simplement qu'il est impossible de penser la prostitution seulement en termes de « problèmes sociaux », c'est-à-dire du point de vue de la collectivité. Comment en irait-il autrement, puisqu'il s'agit d'aménager, de rendre moins destructeurs des comportements qu'on condamne totalement, mais sans oser se donner comme but d'abolir des pratiques qui ont su résister à tous les changements de sociétés et de régimes ? La conclusion logique de ce raisonnement est qu'on ne peut rien dire sur ce sujet qui pourtant passionne l'opinion publique, qui juge la prostitution à la fois scandaleuse et inévitable. Mais s'en tenir là serait jugé comme une dérobade. Je suggère donc deux manières d'échapper au non-sens.

La première est évidemment d'écouter des prostituées – qui sont aussi dans une proportion croissante des prostitués –, car il ne faut pas les enfermer toutes et tous dans une catégorie trop nettement définie et marquée du sceau de la honte. On peut en effet douter qu'il existe des frontières tellement tranchées entre la prostitution et les bonnes mœurs, si l'on met à part les images de la prostitution que nous recevons surtout par les médias et qui correspondent aux cas les plus choquants, qui sont aussi ceux où la prostitution se mêle à l'esclavage et à la misère. Car les femmes obligées d'accepter un grand nombre de passes dans les pires conditions sont aussi celles à qui des hommes misérables, sans autre vie sexuelle, demandent une satisfaction réduite au minimum. Il y a loin de ces cas à ceux, assurément moins nombreux, des escortes ou des masseuses qui rendent des services sexuels à des hommes riches ou aisés. Cette volonté de décomposer une catégorie qui n'a d'autre unité que le jugement moral qui la rejette et souvent la réprime conduit à un jugement plus diversifié. L'effacement des frontières explique que certains veuillent tolérer des activités sexuelles non dépourvues de relations affectives mais multiples ou à temps très partiel, pratiquées librement, moyennant une rémunération qui peut prendre des formes très variables, mais qui est clairement reconnue comme le prix d'un acte sexuel.

Au lieu de condamner la prostitution, pourquoi ne pas se soucier de remplir ce vide sexuel qui frappe une grande partie de la population ? On ne peut atténuer le caractère choquant de la prostitution qu'en remplissant le plus complètement possible l'espace qui s'étend entre la prostitution pure et imposée et la passion amoureuse pure, deux cas probablement aussi minoritaires l'un que l'autre. On répondra à cette déclaration d'intention qu'elle suppose, pour être suivie d'effet, un changement dans les attitudes et les pratiques qui ne saurait être que lent. Mais ce reproche ne remet pas en cause l'esprit de mes remarques, et surtout pas la volonté qui m'anime de rompre avec la logique de stigmatisation.

La condamnation de la *pornographie* est plus difficile à expliquer et à justifier que celle de la prostitution, qui est définie par la rémunération d'actes sexuels qui ne seraient pas accomplis sans ce paiement. La pornographie, au contraire, s'est popularisée de telle manière, en particulier par le biais des cassettes vidéo, des films et des magazines, qu'on risque de parler dans le vide en l'attaquant (ce qui est également le cas quand on condamne la masturbation, pratique largement répandue dans la population). Il faut même aller plus loin et reconnaître que la distinction faite ici entre sexe et sexualité implique l'existence d'activités sexuelles privées de construction personnelle et interpersonnelle qui donnent son contenu et confèrent son importance à la sexualité. La pornographie n'est, je l'ai dit, que le niveau zéro de la sexualité.

La vague de campagnes antimasculines, qui a eu le grand mérite de dénoncer des conduites jusqu'alors tolérées, a fini par conduire à une véritable obsession du *harcèlement sexuel*. Cela a conduit à des propositions extrêmes, allant jusqu'à considérer comme un viol tel regard insistant. En fait, cette campagne a pris place dans une période particulière, celle de l'autocritique d'un Occident dont la puissance coloniale était en chute libre et qui doutait de plus en plus fort de la prétention des Occidentaux riches à s'identifier à l'universalisme des valeurs de la modernité. C'est cette vague d'autocritique qui a porté une partie des féministes vers des condamnations extrêmes qui peuvent conduire à un nouveau moralisme. La critique de ces excès a finalement réussi à enrayer un mouvement qui a été détruit plus efficacement encore par la réalité historique elle-même. Au-delà de l'indispensable reconnaissance de l'autre, les militants occidentaux (et surtout nord-américains) ont en effet été confrontés à la négation d'eux-mêmes par divers mouvements totalitaires à fondement religieux, ethnique ou national. Du coup, il leur est devenu impossible de répéter certains discours fort bien tournés mais irresponsables lorsque le terrorisme, surtout religieux, s'est imposé comme un problème majeur. L'aile la plus agressive du féminisme a suivi le même recul, pour s'interroger finalement sur les manières de combiner la différence et l'égalité, l'universalisme et le particularisme des cultures et des sociétés. Et c'est dans ce contexte, beaucoup plus riche du fait même de la vigueur de ses interrogations et de la diversité des réponses apportées, que s'inscrit mon propre travail : il a d'ailleurs mis à profit la réflexion des meilleures féministes, surtout nord-américaines, pour mieux se prémunir contre les idéologies autodestructrices qui avaient fleuri dans les années 1980-1990.

Ces observations montrent la facilité avec laquelle nos conclusions générales peuvent être confrontées à d'autres. Mais une objection surgit aussitôt, qui rappelle brutalement les limites de toutes les formes de féminisme : que pèsent les idées que nous avons développées ici face aux effets des programmes de télévision ?

Ce qui attire dans la culture de masse, et surtout dans la télévision, c'est qu'elle fait éclater les cadres sociaux et les conventions de langage. Les premiers films mettaient en scène l'activité des tribunaux, la vie des grandes familles ou les premiers émois amoureux. Mais cette télévision figurative a vite fait son temps. Celle d'aujourd'hui nous montre au contraire la réalité nue : le corps qui saigne, les armes qui tirent, l'amour qui se fait. À parler franchement, qui est vraiment hostile à cette façon de mettre en pièces le monde si étroit des bienséances et des bons sentiments ?

Il faut distinguer deux types de production. Les unes, de plus en plus nombreuses, visent à créer des objets de télévision, comme l'avait déjà compris McLuhan, ce qui consiste à vider les personnages et les situations de manière à ce que le public s'enthousiasme pour des figures et des histoires dont il se sent le *créateur associé*. On voit même se multiplier les émissions *trash*, voire proprement scatologiques, qui poussent avec cynisme (et jusqu'à l'extrême) leur fonction de destruction de la réalité et de détournement des demandes culturelles.

Mais à côté de ce type de programmes, la culture populaire (et en particulier la télévision) nous apporte d'autres modèles de création qui nous intéressent et nous émeuvent. D'abord, par le biais de l'ouverture au monde entier, aux pays lointains, à la vie de la planète et à l'histoire du monde. Nous sommes bouleversés par ces images qui nous mettent au contact direct d'événements qui, de plus en plus lointains, nous sont présentés à travers les émotions qu'ils suscitent.

Je ne m'attarde pas sur ce type d'apport positif, parce qu'il me semble relever en grande partie du modèle culturel d'autrefois, marqué par le goût de la découverte, de la conquête et du courage, modèle qui reste fortement masculin.

L'autre satisfaction que nous donne la culture populaire, comme avant elle le cinéma auquel elle continue de faire des emprunts massifs, c'est d'enfanter des personnages qui se forment, vivent, réfléchissent sur eux-mêmes presque complètement en dehors des cadres sociaux. Histoires d'amour ou de haine, changements de culture, découverte de soi à travers l'aventure ou romans d'apprentissage. Qui n'a pas reconnu, à la télévision comme au cinéma, ces signes de la présence de cette création de soi qui imprègne si fortement désormais la culture ? Ainsi les médias ne sont pas seulement l'ennemi ; ils sont tout autant un des lieux où émergent des thèmes culturels nouveaux, l'un de ceux où s'aperçoivent les figures qui inventent une nouvelle manière de créer.

Et les hommes ? On constate d'abord, je l'ai suggéré, qu'ils ne s'opposent pas à l'action des femmes ; au contraire, ils voudraient partager mieux leur temps entre la vie professionnelle et la vie personnelle ou familiale. Malheureusement, ils n'ont pas le choix car ils sont engagés pour la plupart d'entre eux dans un monde concurrentiel implacable.

On constate ensuite que les hommes, tout en participant au nouveau modèle de vie sociale, adoptent encore plus souvent des conduites qui débordent les limites de ce modèle. Ne conservent-ils pas une grande attirance pour les sciences et la technologie dans ce qu'elles ont de moins social ? Ne donnent-ils pas plus d'importance que les femmes à leurs performances sexuelles, tout en réussissant moins bien qu'elles à construire leur personnalité autour de leur sexualité ? Ne vivent-ils pas plus intensément les risques d'une société hypertechnique ? En un mot, ne cultivent-ils pas de plus en plus les activités dans lesquelles la subjectivité occupe une place assez faible ? Et, tout compte fait, ne cultivent-ils pas toujours ce qu'il y avait de plus actif dans l'ancien modèle culturel : la volonté de conquérir le monde et de défendre la raison ?

Quoi qu'il en soit, il reste que la catégorie des femmes occupe une position de plus en plus centrale, tandis que celle des hommes forme de moins en moins couple avec elle et perd de son importance : il est, du coup, de moins en moins important pour un homme d'exister au masculin. N'oublions cependant pas que, s'il est vrai que les femmes se sont emparées de la parole et ont mieux trouvé accès au sens de leur vie, les hommes restent les maîtres de l'argent, du pouvoir et des armes et que ce sont presque toujours eux qui prennent les décisions importantes. De sorte que, pour beaucoup, l'idée d'une société dominée ou gérée par les femmes apparaît comme une utopie coupée de la réalité. Si coupée même qu'elle risque de détourner les femmes de leurs tâches ou de leurs luttes réelles pour la réduction des inégalités et de la violence qui les frappent.

5. Les trois niveaux de l'analyse

Aucun autre terme ne permet, autant que celui de *différence*, de faire le point sur la démarche qui a inspiré notre recherche et qui la situe par rapport à d'autres. Le plus nécessaire est de distinguer trois niveaux dans l'analyse et la réflexion, car le thème de la différence s'applique très différemment dans chacun d'eux. Le premier est celui de l'expérience du corps, du sexe et de la sexualité ; le deuxième est celui du genre, de la construction sociale des rôles sexuels ; le troisième peut être désigné comme celui de la « vocation », afin d'insister sur ce que, dans divers types de sociétés, on considère comme ayant une signification non sociale mais fondatrice du social et de l'expérience des femmes en particulier. Cette distinction des trois niveaux de l'expérience et de l'analyse s'applique évidemment aussi aux hommes.

a) La différence est vécue en premier lieu par les femmes, par celles avec qui nous avons travaillé comme par les autres, comme étant liée plus étroitement à la grossesse qu'à la maternité. Car si la maternité est complémentaire de la paternité, c'est bien la femme seule qui porte l'enfant en formation, ce qui veut dire qu'il y a une mère primitive pour les hommes et pour les femmes, alors qu'il n'y a de père primitif pour personne. Mots simples qui ont le grand mérite d'éviter toute coupure entre ce qu'on n'ose pas appeler la physiologie et la psychologie, tant nous savons depuis longtemps, depuis bien avant Freud mais surtout grâce à lui, que les relations de l'enfant avec ses parents sont si fondamentales dans la formation de sa personnalité qu'elles ne sont pas isolables du rôle du corps de la femme – qui est aussi la femme-mère, celle qui porte en elle l'être vivant, fils ou fille, et le lait nourricier. Ces observations lourdes ne doivent d'aucune manière être entendues comme une récusation de l'idée d'absence de désir d'enfant chez un certain nombre de femmes.

C'est à partir de ces constatations élémentaires que s'est développé l'univers des connaissances sur la femme-mère. Elles n'ont pas été le fait de la psychanalyse à ses débuts, malgré l'intérêt porté par les premiers disciples femmes de Freud, mais une génération plus tard, grâce surtout à l'école anglaise de Melanie Klein et de Winnicott – et à l'enseignement de Jacques Lacan. La connaissance de la femme a conquis alors une place importante dans la théorie de la personnalité, puisque sa spécificité est d'être un sexe avant d'être un *genre*.

Ce fut un des thèmes les plus constants de notre analyse d'insister sur l'autonomie (et même la priorité) du sexe et du corps en général sur le *genre*. Ce qui nous a conduits à remplacer l'opposition classique du sexe et du *genre* par celle du *sexe* et de la *sexualité*. Cela, on l'a dit, correspond précisément à l'expérience de beaucoup de femmes d'aujourd'hui qui reconnaissent et font reconnaître que leur vie sexuelle est irréductible à tel aspect particulier des rôles sociaux qu'elles tiennent. La présence (et même l'omniprésence) des thèmes sexuels, en particulier dans le langage des femmes, est l'effet direct de la rupture de l'image « sociale » qui était donnée de la femme – et qu'elle donnait en grande partie elle-même.

Cet important mouvement des femmes vers l'autonomie de leur expérience sexuelle ne se retrouve pas de la même manière – ou au même niveau – chez les hommes, qui considèrent souvent leur liberté sexuelle relative comme faisant partie intégrante de leur personnage social.

b) La contrepartie de cette importance donnée à la différence au niveau sexuel est qu'au niveau du « genre » l'idée de différence n'a presque aucune place : elle est trop souvent convoquée pour masquer les effets de la domination sociale. C'est ici que la critique des féministes radicales s'est exercée avec le plus de force destructrice : le genre n'est pas une simple construction sociale du sexe ; il est l'effet de la domination masculine ou, plus largement, d'un ordre culturel ou social organisé autour de cette domination. Les jeux qui consistent à comparer l'esprit, les habitudes, les goûts des femmes et des hommes ne sont pas innocents ; ils visent toujours à déguiser en différences les effets de domination qui visent avant tout à définir la femme par rapport à l'homme. Ce type d'analyse a été si souvent développé ici qu'il n'est pas nécessaire de s'y attarder plus longtemps. Il n'est mentionné que pour faire apparaître plus clairement les relations entre les trois niveaux d'expérience et d'analyse.

c) Il est beaucoup plus difficile et beaucoup moins fréquent de reconnaître l'existence d'un troisième niveau et la place qu'y occupe le thème de la différence. Ce niveau, celui auquel nous a fait parvenir l'idée du retournement de l'histoire, du passage de la conquête du monde à la construction de nous-mêmes et où les femmes occupent la place centrale qui avait été celle des hommes pendant la longue période du triomphe du modèle européen de modernisation, fait-il une place à l'idée de différence ? Au premier niveau, cette place était immense ; au deuxième, presque nulle et nos efforts visent à la réduire toujours davantage. Peut-on maintenant parler de différence entre la société des hommes et la société des femmes telles que je les ai décrites ?

La réponse à cette question ne peut être que négative, car une différence n'existe qu'à l'intérieur d'un ensemble plus large et qui jouit une certaine unité. Or la société des femmes, comme celle des hommes, dans l'histoire occidentale et dans tous les autres types de modernisation, constitue des formes particulières, plus que différentes, de création d'ensembles historiques qu'on peut appeler des civilisations, puisque le mot insiste sur l'interdépendance des formes sociales et des formes culturelles. Ce dépassement, aussi bien du niveau social que du niveau culturel, n'est ni nouveau ni particulier à un type de civilisation. Car il existe partout et toujours une recherche de sens, de définition du bien et du mal, qui va plus loin que le besoin même de justice et que la recherche du plaisir ou du bonheur. La plus grave des insuffisances des analyses qui réduisent la condition féminine à la domination masculine est qu'elle nie l'existence, chez les femmes les plus dépendantes comme chez les plus libres, de ce souci de la création de soi. Or il existe, au moins dans les sociétés dites modernes, c'est-à-dire où l'individu ne se définit pas entièrement par ses appartenances, une constante création d'images de soi comme sources à la fois de vertus et de droits. La femme, qui fonde son identité personnelle et qui réclame la reconnaissance de ses droits sur son existence de mère ou, aussi bien, sur la protection que lui accorde une déesse-mère, contribue à la création d'une civilisation qui n'existerait pas sans cette réflexion des êtres humains sur eux-mêmes, sans leur capacité de se nommer, dans leur existence la plus concrète, la plus corporelle, d'un nom qui fait d'eux des dieux pour eux-mêmes, c'est-à-dire qui les autorise à dire je pour désigner en eux ce qui n'est plus le moi, changeant et fragmenté, mais le droit d'être créateur de soi-même et de se soumettre à cette création de soi.

Mais ne nous laissons pas absorber par ces idées de modernité et d'universalisme auxquelles je me suis déjà tant référé, et pas seulement pour repousser un multiculturalisme qui a déjà perdu beaucoup de la force qu'il avait conquise en critiquant l'identification en effet insupportable des pays les plus riches et dominants à la modernité. Car il faut récuser une autre conception philosophique, celle qui affirme que cette modernité universaliste a des fondements dans la nature humaine et ne saurait être réduite à une expérience historique particulière. Laissons-nous convaincre par Norberto Bobbio qui déclarait à la fin de sa vie que le plus important pour lui avait été de combattre toutes les tentatives visant à donner un fondement « naturel » aux droits de l'homme et d'affirmer sa conviction que cette idée avait des fondements historiques mais non pas métaphysiques. Ce que Michel Ignatieff a exprimé (de manière excessive) en parlant des *Human Rights as Political Idolatry* (Princeton University Press, 2001). Ce rejet d'une théorie du droit naturel ne signifie cependant pas que la conception universaliste soit exclusivement liée à une expérience historique particulière – et donc que nous devions accepter l'idée que dans d'autres civilisations cette notion ne fait pas partie de la pensée sociale. Car il existe une différence fondamentale entre sociétés modernes et non modernes (qui peuvent être pourtant contemporaines). Seules les premières ont acquis cette capacité de réfléchir sur elles-mêmes et aussi sur les autres au nom de catégories universalistes de jugement. On peut aisément concevoir de nouvelles grandes puissances qui rejetteraient l'idée des droits de l'homme tout en parvenant à conquérir le monde par la puissance de leur production et par leurs armements, mais cela n'enlève rien à la capacité unique des sociétés modernes de parler et d'agir au nom de droits qui sont universels. Les plus grandes menaces qui se sont déchaînées contre la modernité et l'universalisme des droits ont été le fait des régimes totalitaires, du régime nazi et des dirigeants communistes qui imposaient leur conception des besoins et des demandes des citoyens et aujourd'hui des communautarismes totalitaires qui mettent à mort les minorités dont l'existence menace, disent-ils, la pureté et l'homogénéité de la population. Il faut rejeter avec la même force un jusnaturalisme contredit par l'histoire et un historicisme qui réduit l'idée universaliste de la modernité à l'idéologie d'une société particulière.

Ne nous laissons pas entraîner dans ces perspectives si générales que nous risquons d'y perdre l'objet particulier de notre analyse. Mais comment ne pas interpréter en ces termes la déclaration première et constamment formulée par les femmes que nous avons écoutées : « Je suis une femme » ? Il ne s'agit pas seulement pour elles de se définir comme différentes d'un homme ou de protester contre la domination masculine, mais de se déclarer créatrices d'elles-mêmes, ce qui inclut la conscience de transmettre la vie tout autant que l'exigence de se définir et de se choisir en fonction de soi-même – et non pas seulement des rôles que leur assigne une société où dominent les hommes.

Cette affirmation, cette invention de soi est aujourd'hui celle des femmes qui n'ont plus à passer par aucun intermédiaire pour se proclamer créatrices d'elles-mêmes, et dont le moi peut enfin reposer sur un je qui le légitime. Elles peuvent dire je avant de se libérer d'une domination et de refuser d'être réduites à des fonctions sociales. Dans un monde de femmes, on peut imaginer qu'hommes et femmes partagent la même expérience fondamentale, introduite par les femmes mais destinée à tous ; mais on doit aussi maintenir l'idée qu'il existe deux sexes, et que, sur cette dualité et cette différence, se construisent non seulement une sexualité et l'ensemble d'une personnalité, mais ce qu'on peut appeler, plutôt qu'une conscience morale, mot qui implique la soumission à des normes qui s'imposent, une conscience créatrice de soi.

Plutôt que de comparer les contenus de ces mouvements autocréateurs, il faut reconnaître leur présence et leur diversité, qui font penser à un feu d'artifice plus qu'à une classification scientifique ou administrative.

Le mouvement même de cette recherche a consisté, en s'appuyant sur les analyses critiques qui ont détruit l'idée de genre, trop peu exigeante, à relier la conscience du corps à la conscience d'une volonté de libération qui va directement jusqu'à la création de soi. Ce n'était pas mon intention d'opposer une image aussi positive des femmes d'aujourd'hui aux images négatives si souvent transmises, et qui vont parfois jusqu'à faire disparaître les femmes en faisant d'elles de simples effets de la domination masculine. Mais, parce que cette recherche a été nourrie de paroles de femmes, j'ai été entraîné naturellement vers les rapports des femmes avec elles-mêmes plutôt que vers les injustices et les inégalités dont elles souffrent – et dont je n'ai, bien sûr, jamais été tenté de réduire le poids. Ce qui a fait passer peu à peu au premier plan non plus la condition des femmes, mais leur capacité d'action autocréatrice, qui devient la raison d'être principale de tous les individus, hommes ou femmes, salariés ou colonisés. Pour cette raison, ce livre ne relève pas complètement de la grande famille des *gender studies*, où se sont accumulées tant de richesses ; il est devenu de plus en plus, à la satisfaction de son auteur, un livre de sociologie générale.

CHAPITRE X

Réponses et conclusion

1. Au-delà de l'émancipation

Avant de conclure ce livre, je dois écarter un contresens qui déformerait toute ma démarche.

Il est tentant de dire que le sujet est une figure de l'individualisme occidental, délivré des règles de la communauté, de la tradition et des appareils de pouvoir. Et cela n'est-il pas plus vrai encore pour les femmes ? Soumises à leur fonction sociale et au pouvoir des hommes dans la plus grande partie du monde, elles mettent d'abord leurs espoirs dans la liberté de travailler, qui les libère de la tutelle maritale ou de la soumission à la belle-mère. À partir de là, elles cherchent, au-delà de la réussite professionnelle, l'indépendance économique, l'égalité juridique et la liberté sexuelle. L'émancipation n'est-elle pas le principe même de la formation du sujet ? Existe-t-il une autre image du sujet que celle de la femme libre, instruite, indépendante et agissant en fonction de ses préférences personnelles plutôt que des exigences de la famille et de la communauté ? En d'autres termes, la femme occidentale issue de la classe moyenne n'est-elle pas l'incarnation de l'idée de sujet, tandis que les idéaux féministes sont contredits par les pressions communautaires et les interdits religieux partout ailleurs dans le monde ? Et n'est-ce pas cette réalité qui a poussé des mouvements féministes, comme « Ni putes ni soumises » en France, à adopter des positions hostiles à l'islam ?

Je tiens à souligner ce qui oppose cette vision « libérale » à l'idée du sujet telle que je la définis, et telle que je la place au cœur de mon analyse. Le sujet ne relève pas de n'importe quelle forme d'individualisme ou d'émancipation : il est l'affirmation du droit de chacun à la liberté et à la responsabilité. Ce qui implique que la liberté individuelle soit conçue comme libération, d'un côté, mais aussi comme solidarité, de l'autre, et au moins autant comme la recherche de la production de soi-même contre tous les déterminants sociaux, culturels, psychologiques ou politiques qui réduisent un individu à n'être qu'un consommateur.

Assurément, l'émancipation de type occidental est la plus grande des forces mises au service de la femme en tant que sujet en formation. Mais cette femme émancipée peut tout aussi bien être le contraire d'un sujet, réduite à un ensemble de rôles professionnels par exemple ou à un objet de consommation sexuelle. Inversement, je reconnais la sincérité de cette déclaration d'une des femmes musulmanes qui participaient à nos groupes de discussion : « Certaines musulmanes s'émancipent de la religion ; moi, je m'émancipe par la religion. » Qui pourrait se satisfaire de considérer les religions comme de simples obstacles à l'exercice d'une liberté qui serait apportée par le « doux commerce » ?

Il n'est pas possible de se satisfaire d'une vision réduite à espérer le passage des sociétés closes aux sociétés ouvertes, du pouvoir de la communauté à la liberté individuelle et de la pauvreté à la richesse, même s'il n'est pas question de traiter avec désinvolture les avantages considérables qu'offrent les sociétés « libérales » occidentales. Il ne faut pas non plus se satisfaire de thèmes aussi vagues que la combinaison des cultures, la logique de passage de l'une à l'autre, etc. Mon projet, ici, n'est pas d'étudier le passage d'une culture à une autre ou les métissages et les hybridations qui se produisent au cours du passage en question. Ce que je cherche à voir, à entendre et à comprendre est la formation du sujet, le grand renversement par lequel l'individu – ou une collectivité –, considéré comme déterminé ou comme consommateur, devient créateur et conscient de lui-même ou d'elle-même, en premier lieu, ce qui a nécessairement des effets sur l'environnement social, les institutions et les représentations. Et la formation du sujet peut suivre autant de chemins qu'il existe de voies de modernisation.

C'est ainsi que, d'emblée, l'écoute de femmes d'origines diverses a retenu notre attention par la priorité qu'elles accordaient très spontanément au rapport au corps, à la sexualité et à la famille plutôt qu'à la situation de travail et de l'emploi – dont l'importance n'a pourtant jamais été niée. Nous n'avons pas aperçu deux cultures face à face ou même le passage de l'une à l'autre, mais une double ambivalence à l'égard de la culture de départ et à l'égard de la culture « moderne » et rationaliste. Ce qui laisse un grand espace de construction, réussie ou non, de soi comme sujet. C'est décidément la capacité de se créer comme sujet qui détermine les conduites qu'on décrit trop superficiellement en termes d'adaptation, de rejet ou de conflit. Et la construction des femmes comme sujets commence à travers les luttes pour l'égalité, mais ne s'affirme vraiment qu'avec la revendication de leur différence.

2. Comment accepter les différences ?

Le monde des femmes, de leurs représentations et de leurs projets, est d'une importance tellement capitale que j'ai voulu éviter, aussi complètement que possible, de replacer l'action des femmes dans un ordre plus large, celui des mouvements de défense des différences. Mais je ne peux pas achever ce livre sans l'avoir situé dans ce vaste ensemble de réflexions.

L'observation première est que se multiplient aujourd'hui les débats et les combats qui portent, au-delà de l'organisation de la société et ses modes de production, d'organisation, sur les orientations culturelles elles-mêmes, qu'il s'agisse des rapports qu'entretient l'humanité avec son environnement, de la question de la reconnaissance des femmes comme sujets, ou encore de la meilleure façon de reconnaître la pluralité des identités et des communautés, en particulier religieuses, sans pour autant porter atteinte à la liberté de chacun. Les revendications pour la reconnaissance des différences sont souvent liées à celles qui exigent une plus juste redistribution des biens. On peut même dire avec Louis Dumont qu'il n'existe pas de différence sans inégalité, mais à condition de ne pas parvenir à la conclusion fausse que les revendications culturelles ne sont importantes que dans la mesure où elles sont associées à des luttes économiques.

Le thème des différences culturelles n'occupe pas une place très étendue dans les réflexions de ceux qui veulent surtout reconnaître la juxtaposition de groupes ayant des croyances, des mœurs et des langues différentes. Car il n'y a pas d'autre solution alors que la tolérance, qui peut être exercée par la culture la plus forte ou être imposée par un pouvoir politique laïque, comme dans le cas français. Son importance s'accroît quand il est plus étroitement lié à d'autres aspects de la société, comme dans l'islam. Il s'agit alors de partager les valeurs de la modernité entre des groupes de genres différents séparés (et traversés) par de grandes différences, mais qui doivent être reconnus comme égaux à partir du moment où ils se rattachent de la même manière aux principes fondamentaux de la modernité.

3. De la différence à la subjectivation

Le thème de la différence est au cœur du mouvement féministe, qui a soutenu lui-même les minorités contre le pouvoir d'un milieu dominant qui prétendait s'identifier à l'universalisme de la raison, du progrès et de la nation. Le refus des différences et l'imposition à tous d'un modèle unique est particulièrement marqué en France et se manifeste dans tous les secteurs de la vie sociale. Il n'est pas suffisant de dire qu'il faut défendre l'esprit de citoyenneté contre le communautarisme, position qui a eu (et a) l'appui de la grande majorité des Français et de leurs élus ; il faut que cette position, que j'approuve, ne serve pas d'alibi pour empêcher l'élaboration de formes de pensée et d'organisation qui combinent la diversité culturelle et les conditions universalistes de la communication.

S'il est vrai qu'en France un mouvement vigoureux comme « Ni putes ni soumises » a pris des positions très critiques à l'égard de l'islam en général, cela ne doit pas être entendu comme une opposition générale à la diversité culturelle. La grande influence des féministes américaines a contribué à donner la priorité au thème de la différence, en particulier sur celui de l'égalité, qui est ambigu, comme l'ont dit les critiques de Simone de Beauvoir, et qui ne débouche pas sur des résultats satisfaisants, étant donné la résistance de la culture dominante.

Aucune analyse aujourd'hui ne saurait se tenir à l'écart de cette défense positive et active de la diversité culturelle ; mais on peut souhaiter aller plus loin et découvrir, dans le cas des femmes, comme dans d'autres, la vision d'ensemble qui confère à ces défenseurs de la diversité un rôle particulier dans la création de la société et de la culture. Ce fut, en leur temps, le cas des syndicalistes et des intellectuels anglais, qui ont voulu cherché à étendre la démocratie au champ des relations de travail. De la même manière, j'ai cherché ici à définir l'objectif le plus général de l'action des femmes : la reconstruction de la vie sociale qui avait été déchirée par un modèle de développement fortement polarisé qui reposait sur la concentration des biens et des pouvoirs entre les mains d'une élite dirigeante et de l'infériorisation des autres catégories.

Mais je veux aller au-delà du thème de la diversité, qui n'insiste pas assez par lui-même sur les rapports de domination – et encore moins sur les orientations et les actions culturelles et sociales qui permettent de détruire non pas un universalisme « abstrait », comme le disent certains de manière dangereuse, mais les rapports de domination, qui répriment les luttes pour la diversité et surtout celles qui associent le thème de la diversité à celui du renversement des polarisations sociales. Luttes qui vont bien au-delà de la défense de l'égalité. Tels sont les résultats de notre recherche et l'interprétation que j'en propose ; ils n'en reviennent pas à la revendication de l'égalité, mais ils ne se contentent pas non plus de la défense des différences. Ils sont même critiques à l'égard des discours différentialistes qui menacent la reconnaissance de l'enjeu commun aux acteurs en conflit, et donc la création d'une vision d'ensemble de la société dans laquelle différences, conflits, débats et conflits prennent leur place.

Le prix que semble payer la position dont je me fais l'interprète est qu'elle nourrit mieux un mouvement culturel qu'un mouvement social, ce qui peut aller, comme en témoignent nos documents, jusqu'au rejet de l'action politique en général et du féminisme organisé en particulier. Mais l'action transformatrice des femmes, et donc le féminisme, n'opèrent-ils pas partout aujourd'hui à travers des courants de pensée et d'action plutôt que sous l'effet d'organisations proprement politiques ? De sorte que nos résultats sont moins surprenants qu'il ne semble à première vue. Le plus important, toutefois, est qu'ils nous permettent d'affirmer que les femmes de la génération post-féministe n'ont pas des objectifs plus limités que leurs mères, mais apportent à leur société une orientation culturelle nouvelle et très chargée de conflictualité, en rupture avec une définition négative de l'action des femmes, qui se limiterait à renverser l'inégalité et les discriminations afin d'éliminer les différences entre les genres.

Notre étude, et en particulier l'analyse des déclarations et des conduites des femmes musulmanes vivant en France, nous offre un exemple très convaincant de la distance qui sépare la sociologie des acteurs et du sujet que je construis de toutes les études des conduites sociales commandées par des déterminants de divers types, et en premier lieu par la position des acteurs observés sur telle ou telle échelle hiérarchique de revenu ou autre. L'opposition est si grande, même, que je serais tenté de définir la démarche suivie ici comme une sociologie de la liberté. En définissant celle-ci comme une construction de soi-même rendant le sujet capable d'orientation et d'évaluation de ses propres conduites comme de celles des autres.

Après plusieurs décennies dominées par la recherche des déterminismes sociaux, la dénonciation des fausses consciences et la chasse à l'idée de sujet, devenu l'ennemi principal des philosophes sociaux les plus influents, voici donc que s'impose partout à nouveau cette idée de *sujet*. Comment n'en serais-je pas satisfait, moi qui, pendant si longtemps, ai défendu, presque seul, cette idée, repoussant les attaques et les contresens dont on l'accablait ? Mais ce n'est pas pur hasard si la sociologie du sujet trouve comme point d'application de sa méthode une étude sur les femmes, alors que celles-ci ont été presque constamment étudiées sous l'angle de la domination qu'elles subissent et dont elles sont les victimes. Car nous sommes en mesure aujourd'hui de nous opposer à la vieille idée selon laquelle l'acteur est incapable d'agir selon ses orientations dans un monde modelé par une domination.

L'idée de sujet nous fait entrer dans un monde où l'être humain devient sa propre fin au lieu de se mobiliser pour conquérir l'argent, le pouvoir, la célébrité – ou n'importe quel type de biens matériels ou symboliques. Cette orientation vers soi-même peut se manifester également à travers des images d'un lieu ou d'une société idéaux. Les femmes, moins définies que les hommes par les rôles sociaux, sont attirées vers ces mondes idéaux. Elles débordent l'organisation sociale par en bas et par en haut, par en bas par leur corps, par en haut à travers un besoin de dépassement de l'ordre social. D'où des reproches très souvent adressés par les hommes « modernes » aux femmes qu'ils accusent d'être attachées au monde privé, tandis qu'eux se préoccuperaient de la gestion du monde public où s'exerce la raison. Et qui pourrait contester qu'un tel jugement joue son rôle dans la justification de la domination masculine ?

En réalité, ce jugement tombe à plat lorsque l'on met en lumière le rôle qu'assument les femmes dans la reconstruction de la culture. En fait, ce que démontrent les femmes, c'est que l'attachement à la vie du corps comme à celle des cieux peut, à condition de ne pas refuser d'entrer dans le monde de la raison, porter une reconstruction dont les hommes comprennent le plus difficilement le sens, puisqu'ils ont au contraire créé une civilisation qui repose sur la séparation de la raison et du sentiment et sur le refoulement des dieux comme du corps.

Bref, il y a complémentarité plutôt qu'opposition entre l'universalisme agressif masculin et la reconstruction d'une expérience complète qu'entreprennent les femmes, qui, au lieu de choisir entre la raison et l'imaginaire, les unissent sans les confondre. En courant toujours le risque de retomber dans les conduites et les représentations nées de leur dépendance et qui imposent à l'action humaine des limites qui viennent du corps autant que des dieux.

Ainsi la société hypermoderne où vivent les femmes post-féministes est à la fois universaliste et globale ; elle vit à la fois l'expérience de la singularité et la pensée de l'universel.

Bien entendu, nous devons faire un certain effort pour combiner deux idées qui apparaissent si facilement comme opposées : d'un côté, l'universalisme, qui semble si destructeur de la diversité culturelle, comme le lui reprochent violemment les tenants du multiculturalisme ; de l'autre, l'idée de réintégration de tous les éléments de l'expérience. La réponse ne saurait être trouvée dans l'organisation des sociétés. Une société ne peut pas être à la fois servante de la raison et attachée à sa singularité. Le mélange des deux idéologies peut avoir les pires conséquences, en particulier quand elle identifie un *Volk* (une communauté) avec la raison universaliste, scientifique et technique. Et c'est bien l'acteur social qui, par son effet pour être sujet, réunit ce qui a été séparé, recrée cette singularité qui le protège et le fait en s'appuyant sur la raison et en se libérant des dominations subies. Ce qui définit la modernité, c'est qu'elle est l'union de deux principes complémentaires : la croyance en la raison et la défense des droits individuels conçus de manière universaliste. Le mouvement actuel des femmes est mené avant tout au nom des droits des femmes, en même temps qu'est condamnée l'accusation, portée par des hommes contre les femmes, d'être antirationnelles.

L'universalisme, quand ses deux composantes sont liées, celle de la raison et celle de la défense des droits personnels, constitue la définition centrale de la modernité. L'universalisme n'est ni l'attribut d'une société particulière ni la logique d'un seul type de modernisation. Cette séparation de la modernité et de la modernisation a été longuement analysée et justifiée dans la deuxième partie de mon livre *Un nouveau paradigme* (2005). Elle ne doit jamais être oubliée, surtout dans une étude qui porte sur les conséquences de la crise d'un modèle très particulier de modernisation : le modèle européen dans lequel s'est souvent exprimée l'idée que ce modèle était le *seul* chemin vers le triomphe de la modernité. Prétention qui doit être absolument rejetée.

4. Objections

Une fois bien comprise la nature de cette transformation des mœurs et des représentations de soi, je me sens capable de répondre aux critiques les plus directes qui me sont adressées. On me reproche d'oublier que la plupart des femmes sont étrangères aux thèmes dont je parle et, plus souvent encore, que ces préoccupations ne peuvent être le fait que de femmes qui ont des loisirs et suffisamment de ressources pour ne pas courir chaque jour du supermarché à l'école des enfants. D'autres, enfin, soutiennent que mes observations relèvent de la grande époque féministe, et que les jeunes femmes ont une telle aversion pour la politique qu'elles se soucient fort peu des thèmes féministes.

Je voudrais répondre brièvement à ces objections, qui ne sont le plus souvent que l'expression de préjugés. Les femmes avec qui nous avons travaillé n'appartenaient pas aux catégories privilégiées. Quoi qu'il en soit, je trouve surprenant qu'on puisse encore suggérer que seuls les riches ont des idées, comme si celles-ci étaient un luxe.

Mais c'est très au-delà de ce type d'objections que je veux me placer. J'ai choisi de fonder mes analyses sur des documents, des paroles de femmes. Cette méthode m'a permis, je crois, d'aller beaucoup plus loin que les descriptions et les conclusions les plus fréquemment proposées. Mais l'intensité de cette recherche a eu un prix : elle semble se concentrer sur ce qu'il y a de plus privé dans la vie des femmes, et être du coup affaiblie par l'absence d'engagement collectif et même de conscience des dimensions politiques, culturelles ou écologiques des problèmes évoqués.

Je ne suis pas en mesure d'entreprendre de recherche analogue dans d'autres parties du monde ou dans des situations plus difficiles qu'en France. Mais je souhaite que d'autres le fassent, parce que j'ai de nombreuses raisons de penser que les résultats obtenus seraient proches de ceux que je présente ici. La plus personnelle et la plus forte de ces raisons est que j'ai participé à des recherches sur les femmes qui étaient menées simultanément au Brésil et au Chili, notamment par François Dubet. Dans les *campamentos* chiliens, comme dans les *comunidades ecclesiais de base* du Brésil, les femmes, associées pour défendre leurs intérêts et ceux de leurs enfants (dans des familles très souvent monoparentales) parlaient aussi entre elles de leur sexualité et de leurs rapports avec les hommes. À Paris même, à l'intérieur du mouvement des sans-papiers qui a abouti à l'occupation de l'église Saint Bernard – ce qui déclencha une brutale répression policière –, se forma un groupe de femmes qu'un des leaders principaux du mouvement, Madgidène Cissé, nomma les *sans-papières* et qui surent à la fois participer à la lutte de tous et affirmer leur conscience de leur dépendance à l'égard des hommes. Dans un esprit bien différent, j'ai écouté dans plusieurs pays, et le plus longuement à Taïwan, des syndicalistes défendre l'idée qu'elles étaient des travailleuses du sexe. Chacun de ces exemples est limité, mais, ajoutés aux autres, et dans le contexte de la multiplication des départements d'études féminines dans les universités latino-américaines que j'ai visitées, ils nous incitent à partir à la recherche d'une conscience et d'une action féminines, qui, au-delà des différences considérables d'une situation à l'autre, sont les mêmes.

Me tournant maintenant dans une autre direction, je crois avoir montré que ma réflexion ne s'est pas limitée à la France. Je suis conscient de la présence, beaucoup plus manifeste, des thèmes féminins dans les pays scandinaves, en Grande-Bretagne et au Canada – et aussi dans le Québec francophone. Enfin, comment ne pas dire tout ce que nous devons au mouvement et à la pensée féministes des États-Unis qui ont conquis dans leur pays et en dehors une influence intellectuelle considérable et durable ?

Certes, la nature de nos résultats ne nous permet pas d'émettre des jugements valables pour l'ensemble de la population féminine de la planète ou même d'un seul pays, et je n'y prétends pas. En revanche, elle nous oblige à reconnaître l'importance des conduites positives, innovatrices de ces femmes qu'on ne voit souvent que comme des victimes. Les entretiens que nous avons réalisés n'étaient pas liés à des situations locales, encore moins à la vie politique du pays des répondantes. Au contraire, ils ont mis à jour une conscience de soi définie en termes généraux. Et ce sont les formes de passage (ou de non-passage) à l'action collective qui peuvent le plus varier d'une situation nationale à une autre. Il n'est donc pas illégitime de se placer dans l'hypothèse que dans le monde actuel existe un mouvement général de transformation culturelle qui modifie les rapports des femmes avec les hommes et avec elles-mêmes.

Toutes les réserves qui pourront être avancées contre une conclusion aussi immense seront écoutées attentivement ; mais le risque pris devait l'être au nom de la nature des résultats obtenus. Ce qui est propre aux sociétés occidentales, c'est que la parole des femmes se fait entendre au moment où s'épuise un mode particulier de modernisation, ce qui lui donne un ton qu'il est peu probable de retrouver dans un autre contexte. Dans ces sociétés vieillies, à la fois affaiblies et adoucies, une idée collective apparaît avec force : combattre les effets négatifs de la modernisation qui a créé des formes de domination extrêmes, qui a détruit la nature en la conquérant. Nous cherchons à recomposer l'expérience collective et individuelle qui a été déchirée, à rétablir des liens entre des termes que les phases antérieures de la modernisation avaient opposés les uns aux autres : entre le corps et l'esprit, l'intérêt et l'émotion, le différent et le même. Tel est le grand projet du monde présent, celui dont dépend notre survie, comme le disent avec force les militants de l'écologie politique. À l'intérieur de cette nouvelle orientation de nos sociétés, notre attention s'est fixée sur un problème central : qui sont les acteurs de cette reconstruction ? Qui occupe la place centrale qui fut celle des travailleurs manuels dans la société industrielle ou, dans un passé plus lointain, celle des marchands qui détruisirent le système féodal ?

Ma réponse est que ce sont les *femmes*, parce qu'elles ont été le plus complètement victimes de la polarisation de sociétés qui ont accumulé toutes les ressources dans les mains d'une élite dirigeante faite d'hommes blancs, adultes, maîtres ou propriétaires de toutes sortes de revenus et porteurs des armes. Les femmes ont été considérées alors comme des non-acteurs, privées de subjectivité, définies par leurs fonctions plus que par leur conscience.

Pour vérifier cette hypothèse, j'ai écouté et interrogé des voix de femmes, démarche assez peu fréquente puisque, le plus souvent, on parle des victimes comme réduites au silence plutôt que comme douées de parole. La démarche suivie ici, qui doit être perçue dans ses limites comme dans son originalité, est de montrer que la nouvelle affirmation de soi par les femmes est directement et profondément liée au renversement culturel que je viens d'évoquer. La contrepartie de ce qui fait des femmes les actrices sociales les plus importantes est que leur action n'est pas du type du mouvement social, comme l'avait été dans un passé encore récent le mouvement féministe lui-même. Conscience féminine et mutation sociale ne sont plus séparables et les femmes constituent un *mouvement culturel* plutôt qu'un mouvement social.

Autre critique : on me reproche d'accorder une importance excessive à la conscience féminine, au moment précisément où les combats féministes ont perdu de leur radicalité et de leur visibilité. Pourquoi choisir les femmes comme figures centrales de notre société, alors que les inégalités s'accroissent, que la violence s'intensifie au niveau international et que s'affrontent des armées et des terrorismes ? Pourquoi ne pas accorder aux grands débats politiques l'importance qu'ils méritent en ce qu'ils cherchent à combiner l'unité et la diversité, l'innovation et la tradition ? En fin de compte, ceux ou celles qui refusent le plus complètement mon mode d'approche sont ceux et celles qui croient que la dimension du genre disparaît peu à peu de la vie sociale.

En réponse à ces objections, je rappelle donc les deux hypothèses que j'ai présentées et dont j'espère avoir démontré la validité. La première est que les femmes, dans notre type de société, ne sont pas seulement des victimes ; elles sont encore plus des actrices, qui affirment leur rôle avec une vigueur qu'on trouve rarement dans les autres catégories sociales. De même qu'on a pu identifier l'existence d'un mouvement ouvrier là où d'autres ne voyaient que les effets des crises du capitalisme, je crois avoir fait entendre des voix beaucoup plus affirmatives et confiantes en elles-mêmes qu'on ne le prévoyait en général. La deuxième est que les femmes situent le rôle nouveau qu'elles assument dans un processus de renversement social qui nous fait passer d'une société dont le dynamisme vient de l'accumulation des ressources dans quelques mains, et qui implique donc de très fortes tensions internes, à un autre type de société qui s'efforce de recoudre ce qui a été déchiré et de remplacer les choix brutaux antérieurs par la recherche de solutions qui provoquent des réactions ambivalentes, parfois difficiles à assumer, mais qui sont préférées à des choix radicaux qu'un grand nombre jugent insupportables. C'est pourquoi je défends, en effet, l'idée que les débats et les conflits tournant autour de la situation, de l'action et des droits des femmes sont les plus importants de notre temps. Ce qui doit être affirmé avec d'autant plus de force que les luttes féministes semblent passer au deuxième plan de l'actualité.

Le renversement qui fait passer d'une société de conquérants du monde à une société de construction de soi a remplacé la société des hommes par une société des femmes. Il n'y a aucune raison de penser que l'infériorisation des femmes peut maintenant laisser la place à l'égalité. Aujourd'hui, les femmes ont *plus* de capacité que les hommes pour se comporter en sujets. À la fois parce qu'elles portent l'idéal historique qu'est la recomposition du monde et le dépassement des dualismes anciens et parce qu'elles prennent plus directement en charge leur corps, leur rôle de créatrices de vie, leur sexualité.

Nous avons vécu une longue période où les hommes ont géré l'historicité et créé la conscience de soi. Maintenant, depuis plusieurs décennies déjà et pour une durée indéterminée, peut-être sans fin prévisible, nous sommes dans une société et nous vivons des vies individuelles dont le « sens » est davantage dans les mains, dans la tête et dans le sexe des femmes que dans les mains, la tête et le sexe des hommes.

En résumé, l'important est de choisir : la catégorie des femmes, parce qu'elle a une définition non entièrement sociale, est-elle plus faible que celle dont le contenu est directement social, économique ou culturel ? Ou, au contraire, faut-il maintenir qu'au-dessus des groupes sociaux réels, de leurs intérêts et de leurs formes d'action collective, il est nécessaire de placer les femmes comme catégorie et comme agents au-dessus des hommes, parce qu'elles mettent en cause des problèmes et des orientations culturelles plus fondamentales ? La première réponse a été choisie par beaucoup, en particulier par les marxistes et surtout, en notre temps, par tous ceux et celles qui défendent le multiculturalisme, que celui-ci soit orienté vers la différence des acteurs ou vers la domination à combattre.

Je suis clairement de ceux qui choisissent la seconde réponse, sans sous-évaluer aucunement les problèmes de l'identité culturelle quand elle cherche à s'affirmer. L'universalisme, où je vois un attribut central de la modernité, est synonyme de défense des droits individuels autant que des résultats de la science. Et l'importance suprême du féminisme est qu'au-delà des luttes contre l'inégalité et l'injustice, il a formulé et défendu les droits fondamentaux de chaque femme qui peuvent se résumer dans une formule centrale : le droit d'être un individu libre, c'est-à-dire géré par ses propres orientations et par le respect de ses *capabilities*, selon le mot d'Amartya Sen que Paul Ricœur a bien traduit par « pouvoir être ». Cet individualisme universaliste, qui est au cœur de l'esprit des Lumières, n'est pas seulement le propre d'une culture particulière, celle de l'Europe des XVIIIe et XIXe siècles. C'est une part si importante de la définition de la modernité que l'importance centrale que je lui reconnais est une autre manière de rappeler que l'idée de la modernité commande celle *des* chemins de la modernisation.

Je dois ajouter un mot, pour répondre à l'argument selon lequel un homme ne saurait être un bon analyste de la situation et de l'action des femmes. Je suis en grande partie d'accord avec ce jugement, ratifié par le fait que presque tous les livres intéressants consacrés aux femmes ont été écrits par des femmes. Pas seulement parce que les femmes ont une sensibilité plus grande à l'égard des problèmes qui les touchent plus personnellement, mais parce que, sans les luttes menées par les femmes en faveur de leur cause, l'ensemble des réflexions actuelles, y compris les miennes, n'aurait pas pu se développer. En revanche, femmes et hommes se trouvent à égalité quand il s'agit d'interpréter la place des questions féminines dans l'ensemble des problèmes et des changements d'une culture. Si on admet ce point de vue, il n'y a aucune raison d'affirmer qu'une recherche menée par un homme est nécessairement meilleure ou pire que celles qui sont menées par des femmes. L'intérêt d'une recherche ne dépend-il pas davantage de la qualité de ses hypothèses et de ses méthodes de démonstration que de la personnalité du chercheur ?

5. Une sociologie de la liberté

La principale raison d'être de ce livre est, je l'ai dit, de contribuer concrètement à la défense d'une sociologie qui ne se définit plus comme l'étude des systèmes sociaux mais comme celle des acteurs, ce qui ne revient pas au même, dès lors qu'on définit l'acteur comme un être de droits, définition qui s'applique aussi à la face d'ombre de l'action sociale, celle qui détruit l'individu au nom d'un ordre, d'une communauté d'intérêts ou même de la raison.

Nous sortons d'un siècle dominé en grande partie par les totalitarismes, par les guerres civiles internationales, l'élimination des minorités et la destruction des libertés personnelles. L'élévation du niveau de vie et d'éducation dans certaines parties du monde et la diffusion d'institutions démocratiques sont impressionnantes, mais c'est la destruction de masse qui aura marqué le plus profondément le siècle qui vient de s'achever et qui nous donne aussi les raisons les plus fortes de défendre la liberté et les droits.

L'histoire des femmes elle aussi a été dominée par le refus de leur reconnaître droits et subjectivité. Les femmes ont été réduites à leurs fonctions sociales. De là, dans tous les domaines et dans toutes les parties du monde, le besoin que nous éprouvons d'écouter les voix, d'analyser les actions collectives qui prennent en charge leurs droits fondamentaux, notamment quand elles sont écrasées par les forces du mal, celles qui imposent des valeurs, des normes et des formes de vie aux femmes au nom d'un intérêt supérieur ou de la prétendue supériorité « naturelle » des hommes.

Nous avons écouté depuis deux siècles la voix des citoyens qui ont renversé l'État absolu, celle des travailleurs qui ont défendu leurs droits dans l'entreprise, celle des peuples colonisés se libérant d'une domination étrangère et celle des femmes rejetant la domination masculine. Mais le cas que nous venons d'étudier, celui du post-féminisme, nous engage à aller plus loin, car il ne s'agit plus désormais de combattre une domination au nom d'une vérité objective ou d'une volonté collective, mais de donner directement comme but à l'action collective la proclamation de la liberté, celle de sujets créateurs et libérateurs d'eux-mêmes. Ce qui rend caduque le type de sociologie reposant sur l'idée d'un système social gérant ses fonctions principales en vue de son intégration et de sa capacité de gérer ses changements.

C'est cet affrontement entre les déterminismes et les pouvoirs sociaux, d'un côté, et la revendication des droits et du *droit d'avoir des droits* que la sociologie doit considérer comme l'objet central de ses analyses et de ses observations. Les luttes menées par les mouvements de libération de tous ordres ont rendu possible ce renversement de la pensée sociale. Mais dans le passé, c'est souvent une évolution inverse qui s'est produite, transformant des mouvements de libération en pouvoirs autoritaires. Car, si les dominations ne sont jamais complètes, elles ne disparaissent jamais non plus. Les sciences sociales ne peuvent pas se contenter de critiquer les systèmes autoritaires et toutes les formes de domination. Elles doivent aussi convaincre que jamais aucun acteur n'est réduit à l'impuissance et à la fausse conscience, et que partout se font entendre des voix qui parlent d'actions possibles. La conscience des femmes que nous avons étudiées nous a permis de nous approcher du sens de leur propre existence. Ce qui devrait inviter d'autres chercheurs à opérer dans d'autres champs le même renversement de l'analyse et à y découvrir partout la création d'acteurs nouveaux, de nouvelles figures du sujet qui s'opposent aux ordres établis. Notre tâche à tous est de construire cette pensée du sujet, des mouvements sociaux, des libertés et des libérations qui nous manque tant.

Bibliographie

Rachel ADAMS et David SAVRAN, *The Masculinity Studies Reader*, Malden, Mass., Blackwell, 2002 (contient beaucoup de textes classiques).

Denis ALTMAN, *Homosexuality, Oppression and Liberation*, New York, 1971.

Sara AHMED et Jacky STACEY, *Thinking through the Skin*, New York, Routledge, 2001.

Sylviane AGACINSKI, *Politique des sexes* (utiliser la 2e éd. précédée de : *Mise au point sur la parité*), Paris, Seuil, 1998, 2001.

—, *Métaphysique des sexes. Masculin/Féminin aux sources du christianisme*, Paris, Seuil, « Librairie du XXIe siècle », 2005.

Marina ARIZA, *Mujeres Migrantes en República Dominicana*, Mexico, IIS, 2000.

Fadela AMARA, *Ni putes ni soumises*, Paris, La Découverte, 2003.

Élisabeth BADINTER, *L'un est l'autre. Des relations des hommes et femmes*, Paris, O. Jacob, 1986.

—, *Fausse route*, Paris, O. Jacob, 2003.

Christine BARD, Christian BAUDELOT, Janine MOSSUZ-LAVAU (dir.), *Quand les femmes s'en mêlent. Genre et politique*, Paris, La Martinière, 2004.

Georges BATAILLE, *L'Érotisme*, Paris, Minuit, 1957.

Philippe BATAILLE et Françoise GASPARD, *Comment les femmes changent la politique*, La Découverte, 1999.

Valeria BAZTTAGLIA (dir.), *Ce sexe qui nous dépasse*, in *Cosmopolitiques*, n° 4, Aube, 2003.

Simone de BEAUVOIR, *Le Deuxième Sexe* (1949). T. I : *Les faits et les mythes*; t. II : *L'expérience vécue*, Paris, Gallimard, « Folio » (2 tomes), 1997.

Brett BEEMYN et Mickey ELIASON (dir.), *Queer Studies. A Lesbian, Gay, Bisexual and Transgender Anthology*, New York University Press, 1996.

Sylvia BENHABIB, Judith BUTLER, Drucilla CORNELL, Nancy FRASER, *Feminist Contentions. A Philosophical Exchange*, Routledge, 1995.

Nicole BENOIT, Edgar MORIN, Bernard PAILLARD, *La Femme majeure. Nouvelle féminité, nouveau féminisme*, Paris, Seuil, 1973.

Leo BERSANI, *Homos*, Harvard University Press, trad. fr. *Homos*, Paris, O. Jacob, 1995.

Annie BIDET-MORDEL (dir.), « Les Rapports sociaux de sexe », *Actuel Marx*, n° 30, Paris, PUF, 2001.

Mark BLASIUS (dir.), *Sexual Identity. Queer Politics*, Princeton, 2001.

Marie-Hélène BOURCIER, *Queer zones. Politiques des identités sexuelles, des représentations et des savoirs*, Paris, Balland, 2001.

Pierre BOURDIEU, *La Domination masculine*, Paris, Seuil, « Liber », 1998.

Dounia BOUZAR et Saïda KADA, *L'une voilée, l'autre pas. Le témoignage de deux musulmanes françaises*, Paris, Albin Michel, 2003.

Ramonina BREA et Isis DUARTE, *Entre la Calle y la Casa*, Santo Domingo, Profamilia, 1997.

Cristina BRUSCHINI et Sandra UNBEHAUM (dir.), *Gênero, tecnocracia e sociedade brasileira*, São Paulo, 2002.

Judith BUTLER, *Gender Trouble : Feminism and the Subversion of Identity*, Routledge, 1990, nouv. éd. 1997.

—, *The Psychic Life of Power. Theories in Subjection*, 1997, trad. fr. : *La Vie psychique du pouvoir*, Paris, Leo Scherer, 2002.

—, *Bodies that Matter : On the discursive Limits of Sex*, Routledge, 1993.

—, *Excitable Speech. A Politics of the Performative*, Londres et New York, Routledge, 1997, trad. fr. : *Le Pouvoir des mots. Politique du performatif*, Paris, Éd. Amsterdam, 2004.

Judith BUTLER et Joan W. SCOTT (dir.), *Feminists Theorize the Political*, Routledge, 1992 (en particulier la 4e partie : *Critical Practices*).

Cahiers de doléances des femmes, 1789, Paris, Des Femmes, 1981.

Christine CASTELAIN-MEUNIER, *La Place des hommes et les métamorphoses de la famille*, Paris, PUF, 2002.

—, *Les Métamorphoses du masculin*, Paris, PUF, 2005.

Carme CASTELLS (dir.), *Perspectivas feministas en Teoria Política*, Barcelone, Paídos, 1996.

Chahla CHAFIQ et Fahrad KHOSROKHAVAR, *Femmes sous le voile face à la loi islamique*, Paris, Éd. du Félin, 1995.

Noëlle CHATELET, *La Tête en bas*, Paris, Seuil, 2002.

Nancy J. CHODOROV, *The Reproduction of Mothering. Psychanalysis and the Sociology of Gender*, University of California Press, 1978.

—, *The Power of Feelings. Personal Meaning in Psychoanalysis, Gender and Culture*, Yale University Press, 1999.

Jean L. COHEN, *Regulating Intimacy. A new Legal Paradigm*, Princeton University Press, 2002.

Les Communautés électives. Une subjectivation Queer, in *L'Unebévue*, Paris, EPEL, 2000.

Drucilla CORNELL, *The Imaginary Domain. Abortion, Pornography and Sexual Harrassment*, Routledge, 1995.

Drucilla CORNELL (dir.), *Feminism and Pornography*, Oxford, 2000. (La 1re partie comprend des textes des principales adversaires féministes de la pornographie : Andrea Dworkin et Catharina A. Mackinnon. Dans la 4e partie, un article de Judith Butler, d'une tout autre orientation.)

Krassimira DASKALOVA (dir.), *Voices of their own. Oral history Interviews of Women, Sofia*, Poles, 2004 (recueil de témoignages).

Angela DAVIS, *Women, Race and Class*, 1re éd. 1981, Vintage, 1983.

Christine DETREZ, *La Construction sociale du corps*, Paris, Seuil, « Inédit », 2002.

Josephine DONOVAN, *Feminist Theory. The Intellectual Tradition*, Continuum New York, 1985, nouv. éd. 1992, 2000.

Andrea DWORKIN, *Intercourse*, Free Press, 1987.

Jean Bethke ELSHTAIN, *Public Man, Private Woman*, Princeton, 1981.

Stephen M. ENGEL, *The Unfinished Revolution. Social Movement Theory and the Gay and Lesbian Movement*, Cambridge, 2001.

Joanne ENTWISTLE, *The Fashioned Body*, Polity, 2001 (livre général sur la mode).

Feminist Theory. A Critique of Ideologies, in *Signs*, automne 1981.

Les femmes s'entêtent (présenté par Simone de Beauvoir), in *Les Temps modernes*, avril-mai 1974 (témoignages).

Kathy FERGUSON, *The Man Question : Visions of Subjectivity in Feminist Theory*, University of California Press, 1993.

Jean-Louis FLANDRIN, *Le Sexe et l'Occident. Évolution des attitudes et des comportements*, Paris, Seuil, « Points », 1981.

Florianopolis, in *Estudos Feministas*, sept. 2000.

Michel FOUCAULT, *Histoire de la sexualité*. Tome I : *La Volonté de savoir*, Paris, Gallimard, 1976.

Antoinette FOUQUE, *Il y a deux sexes*, Paris, Gallimard, 1955, nouv. éd. augmentée, 2004.

Geneviève FRAISSE, *Les Femmes et leur histoire*, Paris, Gallimard, 1998.

—, *Muse de la Raison. Démocratie et exclusion des femmes en France*, Paris, Gallimard, 1995 (1re éd. 1989).

—, *La Controverse des sexes*, Paris, PUF, 2001.

Sigmund FREUD, « Le moi et le ça », in *Essais de Psychologie*, Paris, Payot, nouv. éd., 1963.

Nancy FRASER, *Justice Interruptus. Critical Reflections on the « postsocialist » condition*, Routledge, 1997 (cf. 3e partie : Interventions féministes).

Mary MC CLINTOK FULKERSON, *Changing the Subject. Women's Discourses and Feminist Theology*, Minneapolis Fortress Press, 1994.

Marjorie GARBER, *Bisexuality and the Eroticism of Everyday Life*, New York, Routledge, 2000.

Delphine GARDEY et Ilana LÖWY (dir.), *L'Invention du naturel. Les sciences et la fabrication du masculin et du féminin*, Paris, EAC, 2000.

Françoise GASPARD (dir.), *Les Femmes dans la prise de décision en France et en Europe*, Paris, L'Harmattan, 1997 (sur la parité).

Françoise GASPARD et Fahrad KHOSROKHAVAR, *Le Foulard et la République*, Paris, La Découverte, 1995.

Gender Equality, Striving for Jutice in an Unequal World, UNRSID, 2005 (après Beijing).

Genre et politique : Débats et perspectives (textes réunis et présentés par Thanh HUYEN BALLMER CAO, Véronique MOTTIER et Léa

SGIER). Textes d'une dizaine d'auteurs, en particulier de Chantal Mouffe : *Féminisme, citoyenneté et démocratie plurielle*, p. 167-199.

Anthony GIDDENS, *The Transformation of Intimacy. Sexuality, Love and Eroticism in Modern Societies*, Londres, Polity, 1992.

Carol GILLIGAN, *In a Different Voice*, Harvard, 1982 (un grand classique).

Erving GOFFMAN, *L'Arrangement des sexes*, La Dispute, 2002, trad. fr. d'un article de *Theory and Society*, 1977.

Nilüfer GÖLE, *Musulmanes et modernes. Voile et civilisation en Turquie*, Paris, La Découverte, 1993.

—, *Interpénétrations. L'Islam et l'Europe*, Paris, Galaade, 2005.

Eva GOTHLIN, *Sexe et existence. La philosophie de Simone de Beauvoir, 1991-1996*, Paris, Michalon, 2001, trad. fr.

Wladimir GRANOFF, *La Pensée et le féminin*, Paris, Flammarion, 2004.

German GREER, *The Female Eunuque*, 1970, republié constamment jusqu'en 2003.

André GREEN, *Les Chaînes d'Eros. Actualité du sexuel*, Paris, O. Jacob, 1997.

Nacira GUÉNIF-SOUILAMAS et Éric MACÉ, *Les Féministes et le garçon arabe*, La Tour d'Aigues, Éd. de l'Aube, 2004.

Martine GROSS, *L'Homoparentalité*, Paris, PUF, « Que sais-je ? », 2003.

— (dir.), *Homoparentalités. État des lieux*, Paris, Erès, 2005.

Carol GOULD, *Gender, Key Concepts in Critical Theory*, Humanity Books, 1997.

Martine GUILBERT et Viviane ISAMBERT-JAMATI, *Travail féminin et travail à domicile*, Paris, CNRS, 1956.

David M. HALPERIN, *Saint Foucault. Towards a Gay Hagiography*, Oxford University Press, 1995, trad. fr. EPEL, 2000.

Nathalie HEINICH, *Les Ambivalences de l'émancipation féminine*, Paris, Albin Michel, 2003.

Françoise HÉRITIER, *Masculin/Féminin*. Tome I : *La pensée de la différence*, tome II : *Dissoudre la hiérarchie*, Paris, O. Jacob, 1996, 2002.

Anne C. HERMANN et Abigaïl J. STEWART, *Theorizing Feminism. Parallel Trends in the Humanities and Social Sciences*, Westview, 2001.

Homme/Femme, in *Terrain*, n° 42, Maison des sciences de l'homme, 2004.

Marie-Claude HURTIG, Michèle KAIL et Hélène ROUCH, *Sexe et genre. De la hiérarchie entre les sexes*, Paris, CNRS, 1991.
Luce IRIGARAY, *Ce sexe qui n'en est pas un*, Paris, Minuit, 1973.
—, *Speculum. De l'autre femme*, Paris, Minuit, 1974.
—, *Éthique de la différence sexuelle* (recueil de cours), Paris, Minuit, 1984.
—, *Être deux*, Grasset, 1992.
Diana CROWLEY JACK, *Silencing the Self. Women and Depression*, Harper, 1993.
Annamarie JAGOSE, *Queer Theory. An introduction*, New York University Press, 1996.
Inoam KACHACHI, *Parole d'Irakiennes*, Paris, Serpent à plumes, 2003.
Jonathan Ned KATZ, *The Invention of Heterosexuality* (préf. de Gore Vidal), Penguin, 1996.
Julia KRISTEVA, *Le Génie féminin*, volume 2 : *Mélanie Klein*, Paris, Gallimard, « Folio Essais », 2000.
Thomas W. LAQUEUR, *La Fabrique du sexe. Essai sur le corps et le genre en Occident*, trad. fr., Paris, Gallimard, 1992.
Teresa de LAURENTIS, *The Practice of Love*, University of Indiana Press, 1999.
Jacqueline LAUFER, Catherine MARRY et Margaret MARUANI (dir.), *Masculin-Féminin : questions pour les sciences de l'homme*, Paris, PUF, 2001.
Annick LE GUEN, *De mères en filles. Images de la féminité*, Paris, PUF, 2001.
Jacqueline HUPPERT-LAUFER, *La Féminité neutralisée ? Les femmes cadres dans l'entreprise*, Paris, Flammarion, 1982.
Gilles LIPOVETSKY, *La Troisième Femme*, Paris, Gallimard, 1997.
Christine LEMOINE et Ingrid RENARD (dir.), *Attirances. Lesbiennes fems et lesbiennes butchs*, Éd. Gaies et lesbiennes, Penguin, 1995.
Catharine MAC KINNON, *Feminism unmodified : Discourses on Life and Law*, Harvard University Press, 1989.
—, *Toward a Feminist Theory of State*, Harvard University Press, 1989.
Dominique MEDA, *Le Temps des femmes. Pour un nouveau partage des rôles*, Paris, Flammarion, « Champs », 2001.
Fatima MERNISSI, *Beyond the Veil. Male-female Dynamics in Modern Muslim Societies*, 1re éd. en anglais, 1975, 1re éd. en fr., Tierce, 1982, nouv. éd., Indiana University Press, 1987.

Kate MILLETT, *Sexual Politics*, New York, Doubleday, 1969, trad. fr. : *La Politique du mâle*, Paris, Stock, 1971 (un classique souvent réédité).

Nicole-Claude MATHIEU, *L'Arraisonnement des femmes. Essais en anthropologie des sexes*, Paris, EHESS, 1985.

—, *L'Anatomie politique. Catégorisation des idéologies de sexe*, Paris, Côté Femmes, 1991.

Annelise MAUGUE, *L'Identité masculine en crise au tournant du siècle*, Paris, Rivages, 1987 ; Paris, Payot, 2001.

Angela MILES, *Integrative Feminism. Building Global Vision, 1960's to 90's*, Routledge, 1996.

Andrée MICHEL, *Femmes, sexisme et société*, Paris, PUF, 1977.

Juliet MITCHELL, *Woman's Estate*, New York, Vintage, 1973.

Chantal MOUFFE (dir.), *Dimension of Radical Democracy : Pluralism, Citizenship, Community*, Londres, Verso, 1992.

Véronique NAHOUM GRAPPE, *Le Féminisme*, Paris, Hachette, 1996.

Martha C. NUSSBAUM, *Sex and Social Justice*, Oxford University Press, 1999.

—, *Women and Human Development. The Capability Approach*, Cambridge, 2000.

Ruwen OGIEN, *Penser la pornographie*, Paris, PUF, 2003.

Mona OZOUF, *Les Mots des femmes. Essai sur la singularité française*, Paris, Fayard, 1995.

François POULAIN de la BARRE, *De l'égalité des deux sexes : 1673*, Paris, Fayard, 1984.

Béatrice PRECIADO, *Manifeste contre-sexuel*, trad. fr., Paris, Balland, 2000.

A. RAUCH, *L'Identité masculine. Permanences et mutations*, Paris, La Documentation française, 2003.

Lilian RUBIN, *Intimate Strangers. Men and Women*, Vogell Hayes, 1983.

Ruth ROSEN, *The World Split Open. How the Modern Women's movement changed America*, Penguin, 2000.

Sarah SALI, *Judith Butler*, Routledge, 2002.

Theodore R. SCHATSKI et Wolfgang NATTER (dir.), *The Social and Political Body*, Guiford, 1996.

Joan WALLACH SCOTT (dir.), *Feminism and History*, Oxford, 1996.

—, *Only Paradox is to Offer : French Feminists and the Rights of Men*, 1996.

Ève KOSOVSKI SEDGWICK, *Epistemology of the Closet*, University of California Press, 1990. (Sur le traitement de l'homosexualité dans de grands textes littéraires, par exemple *Esther* de Racine et Proust. Un des livres les plus influents, avec ceux de J. Butler.)

Touching, Feeling, Affect, Pedagogy, Performativity, Durham, 2003.

Evelyne SERDJENIAN, *L'Égalité des chances ou les enjeux de la mixité*, Paris, Éd. d'Organisation, 1988.

François de SINGLY, *Libres ensemble. L'individualisme dans la vie commune*, Paris, Pocket, 2003.

—, *Le Soi, le couple, la famille*, Paris, Pocket, 2005.

Edith SIZOO, *Par-delà le féminisme*, Paris, Éd. Ch. L. Mayer, 2003 (trad. de l'anglais. L'auteure est néerlandaise).

Valérie STEELE, *Fetish, Fashion, Sex and Power*, 1996, trad. fr. : *Fétiche, mode, sexe et pouvoir*, Paris, Éd. Abbeville, 1997.

Edouard STEIN (dir.), *Forms of Desire. Sexual orientation and the Social Constructionist Theory*, Routledge, 1990-1992.

Teresa LAURENTIS, « Queer Theory : Lesbian and Gay Sexualities », *Differences : a Journal of Feminist Cultural Studies*, volume 3, 1991.

Françoise THÉBAUD (dir.), *le XX*[e] *siècle*, in Georges DUBY et Michelle PERROT, *Histoire des femmes en Occident*, tome V, Paris, Plon, 1992.

Alain TOURAINE, *Pourrons-nous vivre ensemble ? Égaux et différents*, Paris, Fayard, 1997.

—, *Un nouveau paradigme*, Paris, Fayard, 2005.

L'Un et l'autre sexe, in *Esprit*, mars-avril 2001.

Gore VIDAL, *Sexually Speaking*, Leis, 1999.

Michael WARNER, *Fear of a Queer Planet : Queer Politics and Social Theory*, University of Minnesota Press, 1993.

Elizabeth WEED et Naomie SCHOR (dir.), *Feminism meets Queer Theory*, Indiana University Press, 1997.

D. WELZER LANG, *Les hommes aussi changent*, Paris, Payot, 2004.

Monique WITTIG, *The Straight Man and Other Essays*, 1992, trad., Paris, Balland, 2001.

Naomi WOLF, *The Beauty Myth. How Images of Beauty are used against Women*, Morrow, 1991, Vintage, 1997.

Iris Marion YOUNG, *Justice and the Politics of Difference*, Princeton University Press, 1990.

Index des notions

A
Acteur : 9, 24-26, 33, 34, 36, 40-42, 52, 55, 57, 58, 60, 63, 70, 74, 76, 79, 83-85, 101, 111, 112, 123, 124, 127, 143, 145, 152, 155, 186, 187, 191-193, 197, 198, 217, 218, 220, 223, 225-227.
Actrice : 11, 23, 27, 28, 32, 34, 35, 36, 48, 51, 56, 97, 101-104, 116, 126-128, 139, 146, 159, 173, 179, 187, 192, 197, 223, 224.
Africaines-américaines : 150.
Altermondialisme : 135.
Ambivalence : 82-84, 89, 90, 103, 136, 142, 143, 160, 169-171, 173, 193, 194.
Amour : 23, 48, 79, 124, 133, 137, 140, 160, 165, 200, 205, 206.

C
Capitalisme : 9, 19, 24, 25, 76, 115, 143, 187, 224.
Christianisme : 92, 136, 161.
Citoyenneté : 55, 56, 61, 113, 134, 157, 216.
Classe ouvrière : 9, 26, 32, 52, 56, 59, 104, 147, 186, 187.
Clitoris : 87.
Commercialisation : 186.
Communautarisme : 41, 120, 147, 149, 158, 170, 179, 211, 216.
Conflit : 9, 11, 26, 32, 36, 43, 55-58, 63, 76, 95, 96, 101, 105, 109-111, 124, 126-129, 133, 135, 137, 139, 146, 157, 160, 162, 176, 194, 198, 215, 217, 224.
Construction de soi : 33, 47, 49, 50, 53-57, 59, 60, 65-67, 71, 74-78, 86, 112, 144, 145, 154, 164, 165, 169, 186, 195, 201, 224.
Corps : 22, 25, 45, 46, 54, 56, 57, 66-68, 71, 72, 76-78, 90, 102, 113, 121, 122, 134-136, 140, 154, 156, 164, 190, 192, 194, 198, 199, 205, 207, 208, 212, 215, 219, 222, 224.
Couple : 23, 27, 32, 70, 78, 79, 87, 96, 99, 124, 140, 143, 155, 156, 191, 193, 200, 201, 206.
Culture : 10, 27, 35-37, 54, 56, 58, 60, 65, 66, 71, 73, 75, 88, 90, 91, 103-106, 111, 120, 122, 124, 126-128, 131, 136-143, 150, 151, 153, 154, 158-161, 166, 170-172, 175, 178, 184, 188, 192, 199, 205, 206, 214-217, 219, 225, 226.

D
Décolonisation : 24, 56, 61, 134, 147.
Démocratie : 35, 40-43, 60, 61, 112, 114, 116-120, 143, 145, 149, 217.
Dépendance : 9, 24, 26, 33, 39, 45, 49-51, 59, 60, 88, 102-104, 112, 118, 123, 133, 138, 148, 151, 153, 164-166, 171, 173, 184, 189, 190, 196, 219, 221.
Désexualisation : 122-125, 192.
Désir : 23, 26, 36, 56, 60, 67, 71-76, 81, 85, 86, 90, 96, 97, 121, 123, 133, 135, 144, 154, 156, 166, 168, 173, 179, 191, 192, 194, 197, 199, 200, 208.
Différence : 17, 24, 26, 33, 38, 39, 48, 54, 62, 68, 72, 80, 81, 88, 90, 98, 99, 101, 105, 117, 119, 139, 141, 146-148, 151, 152, 157, 173, 175, 184, 191, 192, 201, 205, 207-211, 215-218, 221, 225.
Différentialisme : 146.
Discrimination : 22, 66, 67, 101, 105, 125, 138, 150, 157, 160, 161, 168-171, 175, 201, 202, 218.
Domination masculine : 17-19, 21, 22, 24, 25, 27, 32, 33, 38, 45, 50-52, 62, 69, 70, 72, 95, 102, 103, 109, 111, 119, 138, 191, 202, 208, 209, 211, 212, 219.
Drags : 27.
Droits : 29, 32, 40-44, 46, 51, 56, 60, 61, 81, 84, 86, 91, 105, 111, 117, 132, 143, 147, 149, 151-153, 157, 158, 162, 171, 183, 184, 186, 190, 192, 195, 202, 210, 211, 220, 224-227.

E
Émancipation : 111, 159, 160, 163-165, 169, 170, 179, 184, 213, 214.
Enquête : 10, 13, 51, 52, 60, 78, 85, 96, 200.

F
Famille : 19, 23, 32, 51, 69, 79, 87, 113, 117, 137, 142, 157, 162-164, 168, 170, 171, 173, 178, 179, 185, 194, 199, 200, 205, 212, 213, 215, 221.
Féminisme : 22, 31, 35, 36, 38, 45, 48, 52, 55, 62, 97, 101, 102, 110, 113-115, 119, 120, 129, 137, 139, 144, 146, 152, 153, 156, 159, 165, 184, 185, 187, 195, 198, 202, 205, 217, 225.

G
Gays : 27, 43, 44, 70, 78-81, 125, 140, 152, 191, 192.
Genre : 17-22, 24, 27, 38, 43, 47, 56, 68-74, 79-81, 97, 98, 100, 105, 112, 119, 121, 141, 149, 150, 151, 183, 184, 191, 192, 207, 208, 212, 216, 218, 223.
Globalisation : 25, 58, 76, 118, 184, 197.
Grossesse : 53, 76, 207.
Guérilla : 35.

H
Harcèlement : 23, 66, 68, 121, 125, 150, 204.
Hégémonie : 19, 74, 183, 185.
Hétérosexualité : 22, 47, 55, 81, 152.
Homosexualité : 80-82, 125, 152.
Humanisme : 42.

I
Identité : 20-23, 26, 32, 33, 37, 38, 43, 44, 47, 53, 54, 69-71, 80, 85,

103, 118, 140, 147, 149, 152, 154, 156, 158, 172, 175, 176, 191-193, 198, 210, 215, 225.
Individualisme : 42, 55, 57, 58, 98, 128, 129, 136, 153, 155, 162, 188, 213, 214, 225.
Inégalité : 17, 22-24, 26, 38, 46, 61, 67, 68, 95, 101, 104, 118, 119, 128, 129, 138, 158, 165, 183, 184, 187, 189, 201, 202, 207, 212, 216, 218, 223, 225.
Intervention sociologique : 14, 29.
Islam : 35, 127, 153, 159, 160, 162, 166, 168, 170-172, 175, 177-179, 184, 185, 214, 216.

L
Laïcité : 119, 149, 172-175, 177, 184.
Lesbiennes : 20, 27, 28, 35, 43, 44, 70, 78-81, 140, 150, 152, 191, 192.
Libération : 21, 24, 25, 28, 36, 42, 44, 46, 48-50, 54-56, 58, 61, 69, 76-78, 82, 85, 89, 92, 103, 105, 110, 112, 114, 126, 127, 131, 132, 136-138, 169, 179, 186-188, 199, 201, 212, 214, 227.
Liquide : 65.

M
Mai 68 : 26, 58.
Marxisme : 79, 139.
Maternité : 53, 56, 76, 97, 207.
Médias : 96, 110, 112, 119, 120, 124-126, 200, 203, 206.
Mère : 45, 77, 79, 83, 97, 98, 133, 154, 179, 207, 210, 218.
Méthode : 9, 28, 66, 157, 189, 193, 218, 221, 226.
Minorités : 116, 120, 152, 189, 211, 216, 226.
Mixité : 17, 38, 98, 132.
Modernisation : 28, 113, 132-136, 138-140, 142, 150, 153-155, 190, 209, 215, 220, 222, 225.
Modernité : 84, 136, 143, 144, 153, 155, 165, 171, 196, 197, 204, 210, 211, 216, 220, 225.
Mouvement ouvrier : 32, 34, 51, 55, 61, 103, 111, 128, 134, 147, 187, 224.
Mouvement social : 9, 24, 26, 55, 101, 110, 111, 114, 124, 126-129, 131, 139, 217, 223.
Multiculturalisme : 21, 55, 147, 151, 158, 177, 210, 219, 225.

N
Nationalisme féministe : 21, 201.
Nature : 10, 18, 20, 27, 37, 39, 40, 42, 44, 54, 55, 66, 68, 70-72, 79, 88, 91, 96, 112, 120, 122, 124, 127, 136-140, 142, 143, 150, 154, 172, 176, 177, 183, 190, 191, 195, 210, 220, 222.
Nature féminine : 18, 20, 27, 54, 55, 68.

O
Occident : 20, 127, 160, 204.
ONG : 114, 116.

P
Parité : 13, 29, 38, 115, 118, 119.
Parole : 28, 29, 34, 38, 45, 48, 50, 51, 60, 62, 75, 86, 88, 91, 95, 100, 102, 105, 107, 111, 118, 123, 145, 146, 157, 160, 167, 189, 198, 200, 207, 212, 221-223.
Partis : 24, 35, 114, 115, 118, 125, 196.
Paternité : 105, 207.
Patriarcal : 112, 126.
Performativité : 55.
Politique : 22, 24-26, 31-33, 35, 36, 38, 39, 41, 42, 51, 52, 55, 58, 62, 66, 70, 86, 97-99, 105, 106, 110,

112-120, 124-129, 131, 134-137, 139-141, 144, 145, 147, 149-153, 174, 177, 184-186, 188-190, 193, 196-198, 214, 216, 217, 220-223.
Pornographie : 73, 122, 124, 125, 202, 204.
Post-industrielle : 186.
Post-modernisme : 195, 196.
Prostitution : 78, 123, 202-204.
Psychologie féminine : 52, 54, 71, 132.
Publicité : 56, 68, 120, 122, 123, 126, 156.

Q
Queer : 17, 19, 27, 32, 44, 54, 62, 69-71, 80, 81, 89.

R
Race : 149-151.
Recherches : 26, 30, 44, 51, 59, 183, 221.
Reconnaissance : 18, 27, 44, 59, 60, 71, 75, 81, 84, 89, 92, 118, 120, 143, 147, 148, 157, 184, 200, 204, 210, 215, 217.
Réflexivité : 144.
Relativisme culturel : 70, 111, 147, 151.
Religion : 42, 58, 149, 153-155, 160-162, 165, 169, 170, 176-179, 184, 214.
Révolution : 25, 34, 41-43, 51, 58, 84, 92, 134, 143, 202.
Révolution française : 42, 134.

S
Sciences sociales : 14, 24, 45, 50, 62, 110, 162, 227.
Séduction : 67, 97, 121, 124, 125, 166, 187.
Sentiments : 21.
Sexe : 17-20, 27, 34, 38, 39, 44, 59, 67, 69-77, 79-81, 90, 96, 103, 119, 123, 154, 183, 184, 186, 191, 204, 207, 208, 211, 221, 224.
Sexisme : 107, 235.
Sexualité : 10, 18, 19, 27, 33, 43, 44, 65-67, 69-78, 80, 81, 85-88, 90, 97, 101, 102, 104, 112, 116, 117, 119, 121-127, 129, 132, 136, 138, 140, 154, 156, 163-166, 168, 171, 173, 178, 179, 186, 187, 199-201, 204, 206-208, 211, 215, 221, 224.
Sida : 79.
Société civile : 58, 117, 189.
Sociologie : 10, 24, 29, 39, 45, 62, 187, 212, 218, 226, 227.
Soi, *self* : 49, 53.
Spiritualité : 161, 162, 184.
Subjectivation : 61, 74, 198, 216.
Subjectivité : 21, 36, 37, 40, 44, 51, 53, 54, 59, 122, 125, 133, 138, 189, 191, 196, 198, 206, 223, 226.
Suffragettes : 202.
Sujet : 25, 27, 38, 40, 41, 45, 46, 48, 50, 54, 57-61, 63, 65, 72-76, 85, 89-92, 97, 104, 122, 124, 133, 134, 143, 145, 148, 155, 164, 187, 195, 197, 203, 213-215, 218, 220, 224, 227.
Supériorité : 86, 100, 101, 125, 141, 142, 226.

T
Télévision : 79, 122, 124, 205, 206.
Terrorisme : 185, 204, 223.
Totalitarisme : 110, 196, 226.
Transsexuels : 27, 70, 191.
Travail : 14, 23, 26, 27, 29, 34, 40, 46, 48, 51, 52, 57, 66, 70, 77, 83, 90, 100, 102, 109, 110, 121, 122, 124, 128, 129, 134, 136, 141, 142, 148, 155, 156, 164, 166, 167, 186, 187, 194, 196, 201, 205, 215, 217.
Travestis : 27, 70.

U
Unisexe : 17, 20, 49, 91, 192.
Universalisme : 39, 91, 146, 147, 153, 157, 158, 204, 205, 210, 211, 216, 217, 219, 220, 225.
Utilitarisme : 41, 136.

V
Victime : 10, 26, 31, 38, 51, 62, 72, 86, 89, 96, 102, 107, 138, 146, 149, 163, 167, 169, 174, 175, 187, 192, 194, 218, 222-224.
Viol : 89, 123, 166, 202, 204.
Violence : 17, 22, 24, 26, 46, 51, 61, 66, 71, 89, 102, 104, 106, 128, 141, 145, 171, 172, 175, 176, 183, 185-187, 195-197, 202, 207, 223.
Voile : 149, 153, 158, 165, 167, 168, 170, 174, 179, 184.

Table des matières

Présentation 9
Remerciements 13

PREMIÈRE PARTIE
L'affirmation

Chapitre premier
Les femmes veulent-elles supprimer les femmes ? 17
1. La critique radicale des *queer* 17
2. Les femmes comme actrices de l'histoire 23
3. Note de méthode 28

Chapitre II
Je suis une femme 31
1. L'affirmation 31
2. La chute des idéologies de la domination 34
3. Débats anciens 37
4. Le sujet, les droits et la démocratie 40
5. Le rôle des lesbiennes 43

Chapitre III
La construction de soi 47
1. Le regard sur soi 47
2. Changement de perspective 50
3. Quand le privé devient public 55

Chapitre IV
La sexualité 65
1. Sexe et sexualité 67
2. La destruction du genre 68
3. Le sexe contre le genre 71
4. Gays et lesbiennes 79
5. L'ambivalence 82
Conclusion 88

DEUXIÈME PARTIE
De la société des hommes à la société des femmes

Chapitre V
Les femmes et les hommes 95
1. La parole des femmes contre les discours sur les femmes 95
2. Les hommes, au loin 97
3. Le mythe de la domination absolue 101

Chapitre VI
De l'expérience personnelle à l'action collective 109
1. Ce n'est pas un mouvement social 110
2. Contre les politiques 113
3. La parité 118
4. Contre les médias 119
5. La transformation du champ culturel 127

Chapitre VII
Le renversement de l'histoire 131
1. Le modèle occidental de modernisation 132
2. La recomposition du monde 135

3. Pourquoi les femmes ? 137
4. Les droits sociaux et culturels 146
5. Genre, classe, race 149
6. Le social et le non-social 154

Chapitre VIII
Femmes musulmanes 159
1. Deux erreurs complémentaires 159
2. L'émancipation 163
3. L'enfermement 166
4. La double ambivalence 169
5. Le voile 174
6. La peur de la violence 176

TROISIÈME PARTIE
Résultats et interprétations

Chapitre IX
Ce qu'est ce livre et ce qu'il n'est pas 183
1. La destruction du social 185
2. Deux aspects de la société des femmes 192
3. Une étrange alliance 195
4. Le nationalisme féministe 201
5. Les trois niveaux de l'analyse 207

Chapitre X
Réponses et conclusion 213
1. Au-delà de l'émancipation 213
2. Comment accepter les différences ? 215
3. De la différence à la subjectivation 216
4. Objections 220
5. Une sociologie de la liberté 226

Bibliographie 229
Index des notions 237

Ce livre a été composé en Garamond par Palimpseste à Paris

Impression réalisée sur CAMERON par
BRODARD ET TAUPIN
La Flèche

pour le compte des Éditions Fayard
en février 2006

Dépôt légal : février 2006
N° d'édition : 68294 – N° d'impression : 34231
ISBN : 2-213-62900-5
35-10-3100-1/01